すべての若者が生きられる未来を

家族・教育・仕事からの排除に抗して

すべての若者が生きられる未来を

家族・教育・仕事からの
排除に抗して

宮本みち子 編

岩波書店

はじめに

人口減少が進む二一世紀の日本は、少ない労働力人口が社会発展にとって重大なブレーキとなる不安を抱えている。それにもかかわらず、若い世代を社会の共有財として大事に育てようという意識も取り組みも希薄である。親から独立し自分自身の生活基盤を整え、職業人として家庭人として社会人として社会に参画することができない若者たちとその予備軍が増えているにもかかわらずである。

二〇年以上前には校内暴力や暴走族や深夜徘徊する若者たちの姿が、若者問題の定番だったが、その後の光景は様変わりした。くらしの先行きが見えず、相談する友人や知人がいない、社会的に孤立した若者たちが非常に多くなったのである。一九八〇年代から目立ち始めた不登校の青少年の問題は、九〇年代にはひきこもる若者の増加へとつながり、二〇〇二年には「ひきこもりガイドライン」が国から示される段階に入ったが、無業の若者やさまざまな生きづらさを抱えて逡巡する若者の増加に歯止めがかからないまま現在に至っている。しかも、経済的に困窮する若者が増加したことは、若者問題が新たなステージに入ったことを象徴している。

これらの変化を本書は「成人期への移行に伴うリスクの時代」ととらえる。家族、学校、企業などの社会制度が成人期へのスムーズな移行を担保する力が弱まり、工業化時代に確立した「学校から仕事」への太いレールが自明のものではなくなったのである。その結果若者は、列車旅行ではなくジグザグでリスクのある自動車旅行の人生を、選択と自己責任を強制されるなかで歩まなければならなくなった。

このような傾向は若者全体に均一の影響を及ぼしたわけではない。リスクは社会階層の違いによって異なる様相を見せている。高い教育を受け恵まれた家族を持つ若者層が存在する一方で、学校でも家庭でも複雑で困難な状況に置かれ、それが労働市場での不利に結びつき、連鎖的に社会から排除されていく若者が目立っている。また、安定した仕事が少なく失業率の高い地域に居住する若者問題など、地域間格差が拡大している。ジェンダー間でも現れ方は異なる。男・女それぞれに特有の形態で負の影響が及んでいるのである。日本社会がこのような様相を明確に持つようになったのは一九九〇年代末以後であった。

本書が対象とする若者たちは、学校教育における不登校や中退、複雑な家族関係、心身の不調やハンディキャップ、希薄な友人関係、仕事を通した社会関係の不在という点で共通している。総じて確固とした帰属する場がなく、不安定な社会関係しか築けない点に特徴がある。そこに貧困が結びついていることも多い。つまり、これらの若者が抱えている問題は、成育歴や学校歴、さまざまな負の体験、心身の条件などと密接にかかわり、効率重視の傾向が強まる労働市場に入れない原因となっている。

これらの若者に対する社会保障等のセーフティ・ネットは未整備で、最終的には家族福祉の受け皿が多くを負わされている点にこの国の限界がある。家族の援助を受けることができない若者は生存の危機に晒されることになる。もっとも懸念されるのは、彼ら彼女らが将来、生計を維持することができなくなるのではないかという点である。

人生のスタートの段階で逡巡する多くの若者たちが、適切な支援の手もないまま放置されている。どのような境遇にある若者も自分自身の生活基盤を築くことができ、社会のメンバーとして参加できるためにはどのような制度や社会資源、その他の環境条件が必要だろうか。このような課題に応える社会政策を、本書は〈若者移行政策〉と名付ける。本書は、若者移行政策の定立をめざして、つぎのような柱で述べていく。

- 学校教育を改革する。
- 学校と仕事をつなぐ移行システムを作る。
- 就労に困難を抱え社会的に孤立した若者への支援を制度化する。
- 地方自治体と地域コミュニティの環境を整備する。
- 若者をエンパワメントする。
- 若者の社会保障制度を強化する。

本書は、二〇〇七年に日本学術振興会から科学研究費を得て研究チームを編成し、七年にわたる共同研究・活動を継続してきた成果をまとめたものである。このチームは、大学研究者と若者支援に従事する民間実践者、さらに地方自治体職員とで編成されている。混成チームのメリットは、研究者と実践者と行政職員が一体となることで、理論が実践の場で活かされ、その結果を理論化することができたことである。私たちは、日本の若者の実態を把握すること、および若者政策や若者支援の方法を検討することと併行して、毎年海外調査に出かけた。先進工業国が抱える現代特有の若者問題とは何かを把握し、日本の若者問題をグローバルな視野で見ようとしてきた。そのなかで、もっとも恵まれない若者の実態を摑むこと、および各国がどのような取り組みをしているかを探った。

労働市場の不安定化と家族の多様化が進み、社会格差が拡大するなかで、リスクを抱える子どもや若者が増加しているのは共通する現象であるが、そのことを認識し社会的課題として取り組んでいる国では、どのような状況におかれた若者にも帰属する場所があり、困窮して路頭に迷わないための仕組みがある。国内外の動向を踏まえて、日本における若者移行政策の定立に向けた作業をすることが本書の目的である。本書が、日本における若者問題の解決に資することができれば幸いである。

本書の刊行に際して CR Fixed Income Fund ILP に出版助成をいただいた。出版事情の悪いなかで本書を刊行できたことに厚くお礼申し上げる。

岩波書店の編集者大橋久美さんには終始、大変お世話になった。七年にわたる研究活動の成果をまとめる段で、それぞれの事情が重なって執筆の足並みが揃わず、苦労した。大橋さんの粘り強い働きかけがなかったら実現しなかったかもしれない。長い歴史のある岩波書店から刊行できたことを深く感謝する。

二〇一五年八月

宮本みち子

すべての若者が生きられる未来を

目次

装丁＝森　裕昌

序章　移行期の若者たちのいま

宮本みち子

はじめに――青年期から成人期への移行とは何か

人生行路（ライフコース）には青年期を経て一人前の大人になるまでの時期がある。従来から、ライフコース論ではこの過程を「青年期から成人期への移行の時期」と設定してきた。工業化以前の時代には移行期はごく短いものであったが、工業化が始まり教育水準があがるとともに、恵まれた若者たちの間で移行期が姿を現した。さらにポスト工業化の段階に入ると、高学歴化と晩婚化とが相まって全体的に移行のプロセスが長期化するようになった。経済的にも非経済的にも親から完全に独立するに至らない時期が大衆的規模で出現したのである。これは心理学の世界ではモラトリアム期（執行猶予期）と呼ばれてきたが、筆者は青年期と成人期に挟まれた新しいライフステージと位置づけ、それを「ポスト青年期」と称してきた（宮本みち子二〇〇二、二〇〇四）。

仕事の安定性の如何によって、この段階の様相は異なったものになる。一九八〇年代には〝独身貴族〟、一九九〇年代には〝パラサイトシングル〟（親に寄生する未婚者）と名付けられた若者が、二〇〇〇年代になると〝社会的弱者〟へと転じるのは、労働市場の悪化と関係している。

若者が成人期へと移行していく様相は、社会経済構造や文化・慣習によって規定されている。「成人期への移行」の型は、工業化の時代とポスト工業化の時代とでは異なる。工業化時代に、子ども期から成人期までの一本の順序だった連続的なルートが形を整えた。教育は人生の初期段階のものとされ、教育を受ける生徒・学生は学ぶ人、社会人・職業人は働く人と完全に分断されていたが、学校卒業と就職とは連続的につながっていた。経済成長段階にあった先進工業国には若者の仕事が潤沢にあった。多くの若者はそうした条件に支えられて就職するなかで、大人としての基礎条件を整えることができたのである。就職できれば結婚し子どもを持つことは自明のことであった。

ところが、ポスト工業化の時代に入ると、移行期が長くなるだけでなく、一歩一歩完全な大人の段階へと近づいていくような「直線的移行」から、より複雑な「ジグザグな移行」へと変化が始まった。欧米諸国では一九八〇年代以後顕在化するが、それと比べると日本の経験は一〇年から二〇年遅く、移行パターンの変化が始まったのは一九九〇年代の末から二〇〇〇年代に入ってからであった。ライフコースの個人化・多様化・流動化である。それだけでなく若者の生活基盤が弱体化し、不安定さが目立つようになった。国によって開始時期に違いがあるとはいえ、このような変化は、先進工業国に共通する現象だった。

若者たちの背後には社会構造の劇的変化があった。日本に限らず多くの先進工業国において、一九八〇年代以降、失業、非自発的なパートタイム労働、有期限雇用、一時的労働が増加した。それと並行して、離婚・再婚の増加、家族関係の複雑化、単身世帯の増加など、家族の変容が進んだ。総じて、企業、近代家族、労働組合、福祉国家、などの近代の社会装置の解体、つまり社会の液状化ともいうべき社会構造の転換が起こったのである。その結果、慣習や規範に搦め捕られてきた人々の自由度が増し、選択肢が拡大し、それまでの社会装置に代わって個人が社会を構成する最小の再生産単位となる傾向が強まった。しかし同時に、あらゆる選択の結果が自己責任に帰する傾向も強まった。

成人期への移行の時期には特有の課題がある。第一に、安定した職業生活の基礎固めをすること、第二に、親の家を出て、独立した生活基盤を築くこと、第三に、社会のフルメンバーとしての権利を獲得し、義務を果たすことができるようになること、第四に、社会関係を作り社会的役割を取得し社会に参画すること、などである。ところが、上記のような変化にともなって、これらの課題を果たすことが容易ではなくなった。とくに、不利な諸条件を持つ若者にとって、これらの課題を果たすことが自明とはいえなくなり、深刻な問題が発生するようになったのである。

一　若者の移行過程の変容とリスク

工業化時代に完成した若者の人生行路に大きな異変が生じたのは、一九九〇年代の終盤頃からだった。パート・アルバイトという形態で働く三〇代中盤までの未婚の若者（フリーター）が急増したのがこの頃であるが、その後、不安定雇用の若者や無業状態の若者やひきこもる若者など、多様な姿が確認されるようになった。つまり、「最終学校を卒業して仕事の世界に船出していく」という標準的道筋を外れてしまう若者が目立つようになったのである。

また、たとえ仕事の世界に入ったとしても低賃金の不安定就労を続け、行く先の展望を持てない若者も多くなった。工業化時代に多くの人々が抱いた「人並みのくらし」、つまり結婚、持ち家、子どもの教育のワンセットが、若者たちの目標や希望ではなくなっていくだけでなく、それに代わる新しい目標や希望を抱けない若者たちが増加した。なかでも、生存できる基盤を築けるかどうかに直面する若者たちが増加したのは、成熟段階に達した日本では予期しなかった事態であった。それだけではなく、社会関係を持てない人々の増加も進んだ。貧困と社会的孤立はセットであるが、貧困とはいえない人々のなかにも社会的孤立に悩む人々が増加したのである。この現象は若者において顕著であった。それにもかかわらず欧米諸国に比べると困窮する若者は顕在化しにくい。なぜかといえば低所得の若者の多くは親と同居を続けているからで、若者の問題は家族というベールに隠されてしまうのである。困窮する実態は、若者より子どもにおいて認識されるようになった。

二〇〇〇年代は子どもの貧困化が進み、二〇〇九年の政府の試算では一八歳未満の六人に一人が貧困という状態に達した。これらの子どもたちは幼少期から家庭でも学校でも不利な状況におかれ、社会へ出る段階で時代の波をもろに蒙っている。

生活基盤を築くことができない若者が親によって支えられるという構図は、今後、低所得の親たちが増加すれば成り立たなくなっていくであろう。そうでなくても、親が高齢期に入った段階で矛盾が露呈するだろう。

リスクの多様化・階層化・普遍化——新しいリスク

二〇世紀型福祉国家には、三つの社会経済的条件があった。それは、①持続的な経済成長を背景とする完全雇用、②豊富な労働力人口と低い高齢者比率という人口構造、③高い婚姻率・低い離婚率と男性世帯主の賃金収入によって支えられた安定度の高い家族、である。日本に限ってみれば、一九六〇年代から七〇年代初頭にわたる重化学工業中心の高度経済成長期に、独特の社会的枠組みのなかで「日本型(戦後型)青年期」が出現した。先の三つの条件が崩れたことと、工業化時代の青年期モデルの変容・崩壊は密接に関係している。そこに、若者の新しい社会的リスクが生じるのである。

高学歴化が進む一方で、これまで雇用セクターによる生活保障と家族セクター(とくに親)による養育・扶養によって吸収されていたリスクが吸収されなくなると、経済的に頼れる親を持った若者と、それができない若者へと二極化し、特定の若者たちにとくに大きなダメージを及ぼすようになる。

これらをまとめると、困難な若者たちをめぐる現代社会のリスクが見えてくる。それは、つぎの三点で整理できる。第一は、リスクの多様化である。安定した雇用と家族を前提に機能していた社会保障システムが機能しなくなり、従来からの疾病・老齢・失業というような典型的なリスクに、社会保障の網をかぶせるだけでは十分とはいえなくなる。若者が直面する困難は従来の社会保障の枠を超えるものが多くなったため、社会保障システムは多様なリスクに対処することが求められる。この現象はリスクの個別化と見ることもできる(宮本太郎二〇〇六b)。

第二は、リスクの階層化である。リスクに対処する力は社会階層によって歴然とした差がある。若者にとっては、生まれ育った家庭の社会階層とみてよいだろう。とくに、親の仕事の不安定が子どもの生育過程に不利をもたらし、それが子どもたちの将来の不安定雇用につながるという貧困の世代間連鎖がうまれ、子ども世代でより悪化している。なかでも、高学歴社会のなかで、義務教育のみで、または高校中退で学校を去る者は、過去とは比べものにならないほど不利な状況に立たされている。

第三は、リスクの普遍化である。生活の安定を担保していた完全雇用と、稼ぎ手としての男性世帯主がいる核家族という構造が不安定になったことが、成人期への移行のプロセスにある若者にリスクをもたらしている。しかも、これらのリスクの芽は幼少期に生じていることが少なくない。

アメリカの経済学者タイラー・コーエンは、アメリカの労働市場の変化をつぎのように明快にまとめている。

マネジメントに携わる人の給料がさらに高くなり、職場の士気がいっそう重視されるようになり、真面目で従順な働き手に対するニーズが高まる。高所得層の中で所得の格差が拡大し、知的能力の高いエリートの収入が大きく伸び、サービス分野でフリーランスとして働く人が多くなる。そして、技能の高くない人たちは職探しに苦労する。これが労働市場の未来像、新しい仕事の世界だ(コーエン二〇一四：七七)。

リスクをもたらすこのような構造のなかで、学校から仕事へとつながる安定したトラックから脱落した若者は、それ以後の人生トラックにおいて複合的なリスクを抱える状況に陥っている。

崩壊した「学校から仕事への移行」の変容と、進む若者の二極化

一九九〇年代の終盤から二〇〇〇年代にかけて、学校から仕事へのストレートな移行という標準的なパターンが崩れた。最後に卒業した学校からスムーズに就職できていない者の比率は、九〇年代後半以降、急激に増えた。八〇年代末に中学を卒業した集団を先頭に、最終学校卒業時に「就職」以外で学校を離れる者が増加し、最も新しい世代では三割以上が「就職」も進学もしていない状態にある

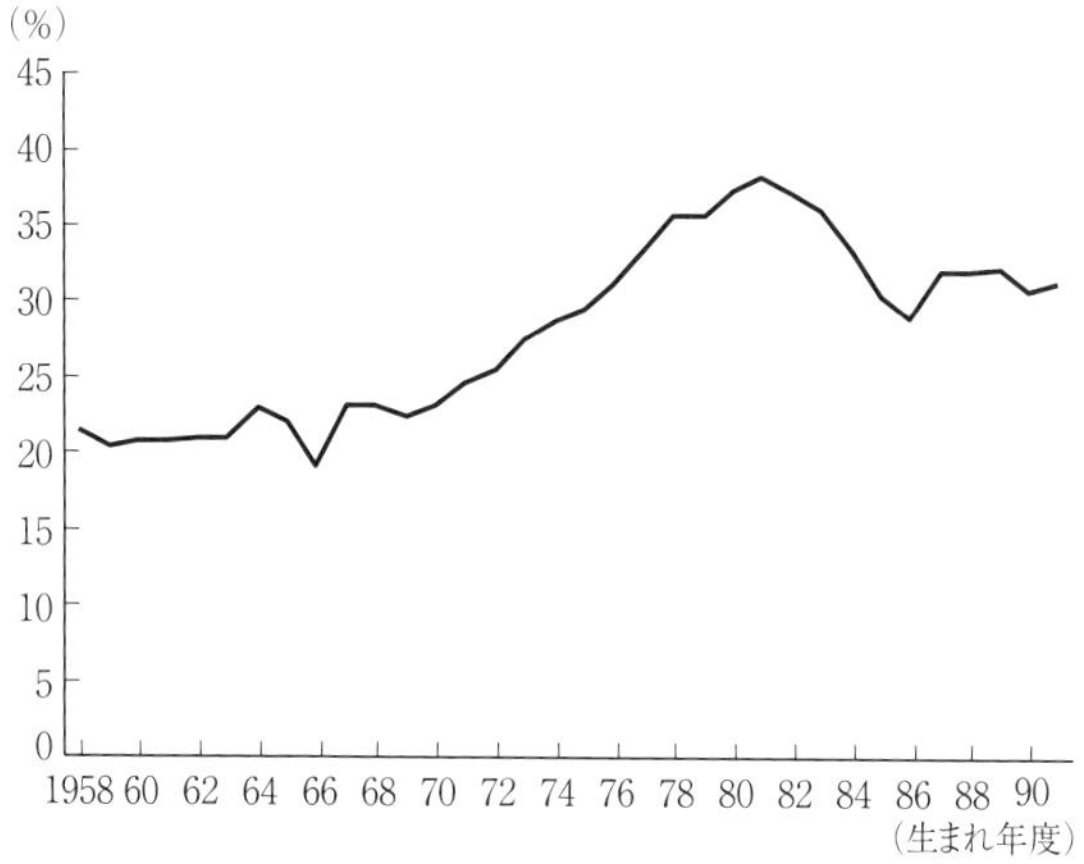

図1　最終学校(中学～大学院博士課程)卒業時に「就職」しなかった者の割合

(注1)新卒就職者比率＝(15年後中卒就職者数＋18年後高卒就職者数＋20年後短大・高専・専門学校卒就職者数＋22年後大卒就職者数＋24年後大学院修士卒就職者数(＋研修医)＋27年後大学院博士卒就職者数)／15年後中卒者数×100
(注2)2012年度卒以降の統計では，短大・高専・大学・大学院卒については，フルタイム1年以上の有期雇用が就職から別掲されたので，ここではこれを新卒就職から除外した．
(注3)大学院修士'15～'16年度卒，博士'15～'19年度卒については推計．
(出所)小杉礼子「増加する若年非正規雇用者の実態とその問題点」(文部省「学校基本調査」より作成)．

『日本労働研究雑誌』490号をもとに，小杉氏より新しいデータを追加した図の提供を受けた．

（図1）。より詳細に見ていくと、二〇歳未満の失業率や非正規雇用率は著しく高く、中卒または高卒資格で二〇歳未満であると、それだけで正社員の対象からははずされつつある。

失業率が高く有効求人倍率が低い地方では、正規雇用と非正規雇用の間にそれほど差が見られないほど、不安定で低賃金の職場が増えている。進学と就職のために多くの若者は郷里を出ていき、地元に残った若者たちは不安定な仕事と低所得に悩んでいる。

失業率、フリーター率、ニート（無業者）率に見る就業上のタイプは、学歴と見事な相関を描いている

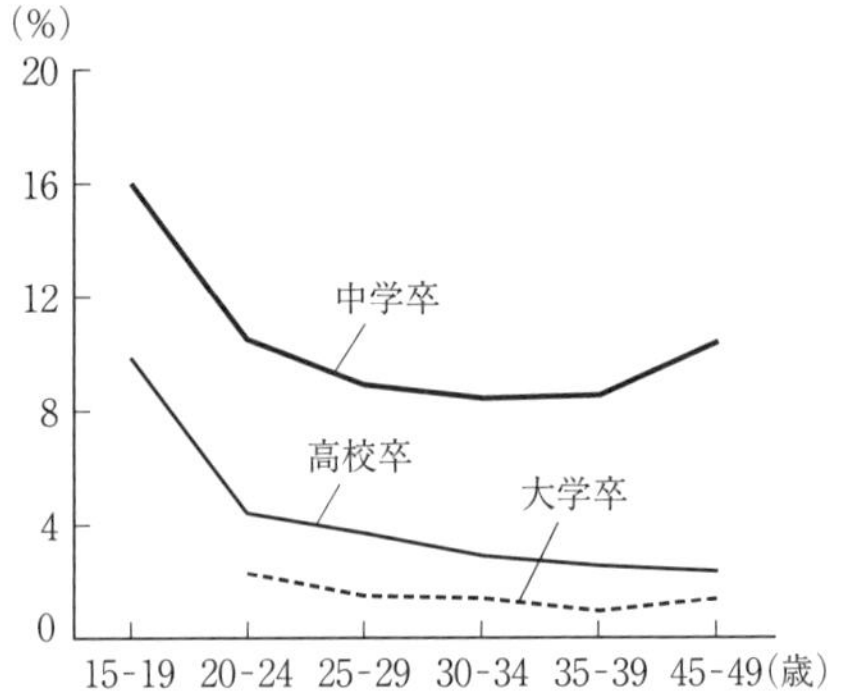

図2　学歴別ニートの比率(2002年)

(出所)小杉礼子・堀有喜衣『若者の包括的な移行支援に関する予備的検討』JILPT 資料シリーズ No. 15, 労働政策研究・研修機構編, 2006年8月.

（図2）。中卒、高校中退、高卒など、学歴が低いほど不安定な就労状況に入りやすい。とくに、卒業時に就職環境が悪かった人たちは、その後も不利な状況を引きずっている。その典型は、二〇〇一年から〇五年に卒業したグループで、この世代の困窮は団塊ジュニア世代以上に壮年期に深刻な課題となると予想されている（労働政策研究・研修機構編二〇一二）。

ＩＴ化とグローバル化のなかで、高学歴労働者への需要が高まり、正規雇用は大卒者に限られ、中卒、高卒者は非正規雇用へと押し込まれている。学歴が低いほどフリーターの比率は高く、その割合は増加の傾向にある。図には示していないが、失業者（求職活動をしている不就業者）にも同じ傾向が見

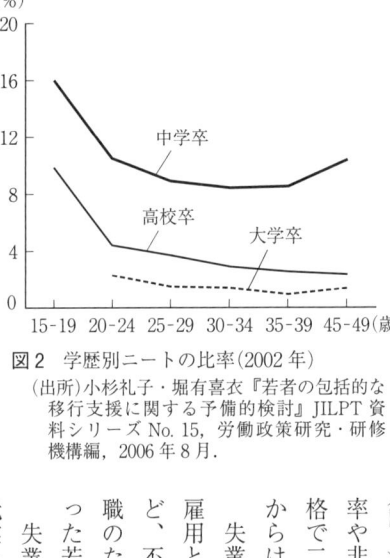

られる。この傾向は過去一〇年間でより明確になっている。若年就業者の三分の一は非正規雇用者であるが、学歴が低いほど就業上の不安定さが増している。しかも、学歴は家庭の所得との相関が高い。
しかし、若者問題は非大卒者に限った問題ではない。四年制大学進学率が五〇%を超え、専門学校や短大を合わせると八割以上が高等教育機関に進学している。就職が厳しいことを理由に進学率が上昇したが、教育投資に見合う効果が上がっているとはいえない。文部科学省の『学校基本調査』によれば、二〇〇〇年代に大学等に入学した人のうち毎年五万人程度が途中で退学している。労働政策研究・研修機構の調査によれば大学等中退者の六割が正規雇用労働の経験がないが、この数値は中卒・高校中退者とほぼ同じ水準となっており、就職先がなかなか見つからないという状況を反映している。また進路未決定のまま卒業する者やフリーターのまま卒業する者が少なくないことが大学にとって重大な問題となっている（労働政策研究・研修機構二〇一五）。

非正規雇用を初職とした者が正規雇用に転ずる確率は低く、正規雇用者が同じ企業内（内部労働市場）を異動するのに対して、非正規雇用者は企業から企業へと外部労働市場を移動している。技能や技術を持たない若者が失業しやすく、不安定な雇用状況に置かれるようになったのは、若者を企業内部に抱えて失業させなかった日本型雇用慣行が明確に転換したことを示している。

就労という点で問題を抱えている若者のなかに各学校段階での不登校や中退を経験した者が多いことが認識されるようになったのは、若者の就労支援事業が始まってからである。高校中退者の問題は最も大きいが、高等教育段階での中退者にも、不登校歴、心身の疾病や障がい問題、家族関係や経済問題を複合的に抱える例が少なからず見られ、それが就労困難につながっている。つまり、労働市場における格差拡大のダメージは、これらの若者に集中しているのである。

二　若者の移行をめぐる諸相

親に〝パラサイト〟する若者の実像

建築学の平山洋介は、若者の人生の道筋に輪郭を与えるのは、「家族」「仕事」そして「住宅」の推移だという。親の家を出て賃貸住宅を確保し、仕事に就き、そして、結婚し、家族を持ち、安定した雇用のもとで、所得を増やし、より良い借家に移り住み、さらに持ち家を取得する、というパターンがライフコースの社会標準を意味した。ところが、雇用と所得の不安定さは、若者の離家《りか》(親の家を出ること)を阻み、親の家に留まる(世帯内単身者)を増加させた(ビッグイシュー基金編二〇一四)。

平山らは大都市の若年低所得者調査(二〇歳～三九歳の未婚者、年収二〇〇万円未満。学生は除く)を実施し、興味深い事実を明らかにしている。その前にまず、個人年収二〇〇万円未満の若年・未婚者は、どの程度の規模の集団かをおさえておこう。平山は、就業構造基本調査(二〇一二年)によれば、全体の三〇%がそれに該当していることを挙げている。平山らの調査では無業者も含むので、年収二〇〇万円未満の低所得者はより大きな集団を形成しているだろうと平山は推測している。

対象者の四人に三人は親と同居している。結婚に関する意向として、「結婚したいと思わない」(三四・一%)、「将来、結婚したいが、結婚できるかわからない」(二〇・三%)、「将来、結婚したいが、結婚できないと思う」(一八・八%)、「わからない」(一七・八%)と答えている。結婚をして親から独立するという道筋を描けない若者たちが多い。これらの若者の四割弱が無職、二割強が非求職である。親同居の若者の多くは無職で、親元に住むことで生活を維持する状況にあった。これらの若者の四三％は預貯金がなく、三割弱が五〇万円未満である。さらに、約六割が雇用保険に加入していない。

健康保険に関しては、「国民健康保険の保険料を自分で納めている」が二六・一％、「勤務先健康保険等に加入している」が一二・三％であった。「親・親族が国民健康保険の保険料を負担している」が二二・〇％、「親・親族の勤務先健康保険等に加入」が一一・九％である。他方、「健康保険に加入していない」が一〇・四％、「わからない」が一三・八％である。

さいごに、公的年金保険の加入に関しては、「国民年金の保険料を自分で納めている」が二五・五％、「勤務先の厚生・共済年金などへの加入」が一二・一％である。残りの若者は、「保険料免除・猶予」「親・親族の支援を受けている」が計約三割、「加入していない」「わからない」が計約三割である。

これらの若者の過去の経験を調べた結果、家庭、学校、仕事、病気・事故などの苦難を経験している例が多かった。たとえば三人に一人が「いじめ」を経験、三割弱が「うつ病などの精神的な問題」を経験していた。

この調査で把握された低所得・未婚者の特徴は、地域若者サポートステーションに来所する若者像と極めて似通っている(宮本みち子二〇一五)。つまり、若年無業者(いわゆるニート)かそれに近い不安定就労者の実像があぶりだされたといってよかろう。

就労困難者の実態

典型的な雇用ルートに乗れないだけでなく、就労そのものが困難な若者の存在は、二〇〇〇年代の中盤にさしかかる頃開始された若者就労支援事業のなかで、時間の経過にともなって明確になってきた。若年無業者の若者の多くは、諸事情が重なって就労に距離のある状態と見ることができる。その外縁に、失業者のほか、非正規労働者、アルバイトと失業を繰り返している人、求職活動をやめた人がいる。無業者と不安定就労者の境界はあいまいであり、両者の間を移動している例も少なくない。

これらの若者問題の大きな課題は、若者の実像を把握しにくいことである。なぜなら無業であるために所属する場がなく、その存在は把握されないからである。これらの人々のなかには制度・サービスの埒外にあって適切な支援を受けられない人が少なくないことが予想される。

このことは、二〇一一年に内閣府が実施した高校中退調査(「高等学校中途退学者の意識に関する調査」)の結果などとも符合する。進学率が低く、就職も困難な定時制高校や偏差値の低い普通高校には、心身のハンディや複雑な家庭事情を抱え、アルバイトに追われたまま卒業して不安定就労者(無業期間を含む)になるか、アルバイトに就くことさえ困難なケースが少なくない。こういった事態は若者支援機関の来所者とも通底しているが、家庭が経済的に恵まれ、家族関係が機能している若者と比較すると、若者支援機関を利用する比率は低い。つまり、若者支援機関を利用できる若者は相対的に恵まれた家庭があるか、それに代わる社会関係を持っているということになる。

二〇一三年に全国で一六〇カ所に達した地域若者サポートステーション(通称サポステ)は、無業状態の若者を支援する厚生労働省の事業として現在に至っている。いくつかのサポステの登録者の内訳から、就労困難者の実態を見てみよう。

サポステAは、二〇〇七年五月の開所から二〇一三年二月現在、一一〇四人が登録している(表1)。就労率の内訳を見ると、就労・アルバイト・短期就労・就学・高校卒業認定取得など〝進路決定〟した者が三二一人(二九%)である。ここでいう就労とは一日八時間、週五日間を一般企業や店舗などの事業所で勤務することと定義しておく。つぎに、「電話のみで来所せず」「本人が一回のみ来所」「保護者の来所のみ」を合わせると二二〇人(二〇%)である。残る五六三人(五一%)は現在相談中または中期から長期の滞留状態にある。そのうちの三〇九人(現在相談中または滞留者の五五%で、総数の二八%に相当する)は、なんらかの障がいや疾病を抱えているのではないかと疑われるケースである。

表1　サポステAの登録者の内訳

状況	人数(%)
進路決定(就労・アルバイト・短期就労・就学・高校認定)	321(29)
現在相談中または中長期滞留 (うち障がい・疾病の疑いあり：55%)	563(51)
来所せず・1回のみ・保護者のみ	220(20)
計	1104(100)

(注) データは2007年5月～2013年2月

障がいや疾病が疑われるケースはかなり多い。上記と集計期間が少しずれるが、同サポステで二〇一二年一〇月までに新規登録した九九五人を見ると、約五〇〇人が滞留しているが、その中で障がい・疾病件数は三六二件であった(複数の障がい・疾病をもつ場合を含む)。診断ありが一八三人、診断なしが一七九人である。ここでいう〝診断〟は、医療機関を受診している(病名がついて通院しているか、通院していたという意味)程度であり、障害者手帳を保持しているのは五・三%(二〇〇七〜一〇年の四年間に限る)に過ぎない。なお、ここでの見立ては実際にインテークや相談にあたっているキャリアカウンセラー、産業カウンセラー、臨床心理士の見立てであり、医学上の診断ではない。筆者との面談の中で、サポステのスタッフはつぎのように語っている。

参加者の属性を見ると、自力でハローワークに行けない人たち。病気、障がい、貧困、DVなどのいわゆる問題がない者は一〇〇名中三一名しかいない。(健康や家庭に)問題がない人でも、八年とか一五年ひきこもりなどを抱える人がうちに来る。これらの若者は、やがて親が働けなくなり、生保(生活保護)が始まるだろう。親が働けているうちに子ども(若者)を社会に出していかないと生保に行ってしまう。これから未来がある人たちを何とかここで下支えして、社会に押し出す中間的就労を成立させるためにも、諸条件で難しいところもあるが、皆さんのお知恵を借りたい。

要約すると、就労に距離があると見立てられた若者は約半数を占めている。さらにその半数は支援をしても出口(就職)が相当難しいことが見込まれるケースで、残る半数は一般就労に到達するまでに、体験や訓練を丁寧に継続することが必要とされる。これらの若者には、中間的就労の必要性と有効性が認識されている。「ハローワークにつなぐことが可能」と見立てられる割合は少なく、半数前後は「困難度が高い」と予想される。そのなかの、三~五割は中間的就労を含むプログラムを通して就労が可能になるだろうと見立てられているが、就職先が決まった後も、フォローアップが必要とされている。総じていえることは、さまざまな阻害要因を持つ若者に対しては、在学中も社会へ出た後も、個々人の状態に対応した丁寧な支援が必要だということなのである。

さらにいえば、中卒や高校を中退した若者や、卒業したとはいえ学力にハンディのある若者の学び直しの機会が少ない状況を改め、学び直しができる多様な機会を広げることや、就業に役立つ技能や資格取得のための学びの場を用意する必要がある。

複合的リスクを抱える若者

若者が育つ家庭の貧困化は、一九九〇年代から二〇〇〇年代にかけて親の所得が減少したことに原因があった。学校現場では、親の失業や倒産、離婚、病気や障がい、DVやいじめの経験などの複合的な困難を抱えた生徒が、長引く不況下で目立つようになり、教師の力だけではどうにもならない状況が見られる。しかも、このような生徒は特定の高校に集中している。

二〇一一年に内閣官房社会的包摂推進室は、さまざまな問題を抱えた若者の幼少期から現在までのプロセスを分析した。対象とした事例は高校中退、ホームレス、非正規就労、生活保護受給、シングルマザー、薬物・アルコール依存、自殺などの問題を抱えた一八歳から三九歳の五三事例である。

これらの事例が抱える潜在リスクは重複しており、「社会的排除」に陥ったプロセスも類似していた。別々の社会問題として扱われてきたものが、「社会的排除」というひとつの社会問題として統一的にとらえることができることがわかった（社会的排除リスク調査チーム二〇一二）。

報告書では社会的排除に陥る一番大きな問題（キー・リスク）を、それが起こるライフステージと場所で見て三つに分類している。

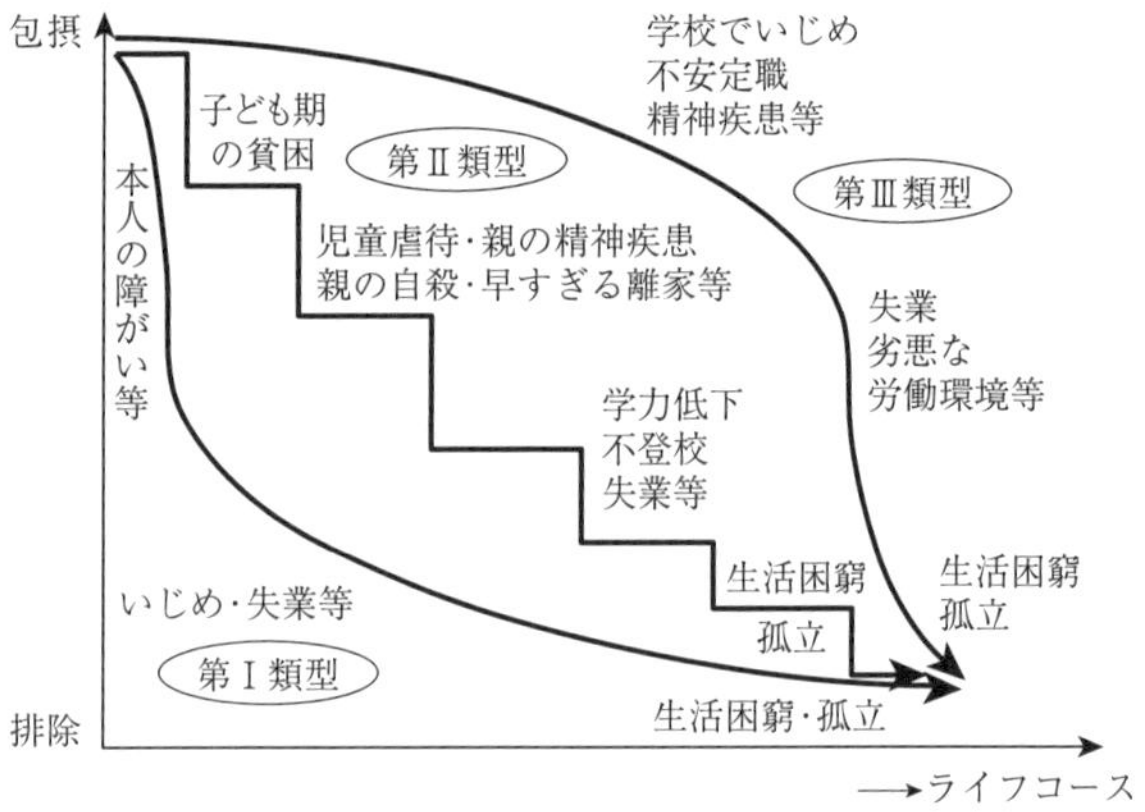

図3　社会的排除のプロセス
（出所）社会的排除リスク調査チーム（2012）

第Ⅰ類型：知的障がいや発達障がいなどの「本人の持つ〝生きづらさ〟」で、最も早い時期に問題が表出する。

第Ⅱ類型：子ども期の貧困や児童虐待などの「家庭環境の問題」で、子ども期に表出する。

第Ⅲ類型：いじめや不安定就労などの「学校や職場の環境の問題」で、就労など比較的遅い時期に問題が表出する。

これらのリスクが単一に発生することは稀で、複合していることが多い。その実態に対する理解を深めることによって、どの時点での介入・支援が必要であるかを見極めることができる可能性がある。このような問題意識を関係者が共有して、社会的排除の状態まで至らないような環境を整える必要があることを、報告書は問題提起している。

若年女性の問題

さいごに、若年女性に関しておさえておきたい。男女別に見ると非正規雇用の増加は、男性より女性に顕著である。男女ともに非婚化が進んでいることを考えると、結婚または出産まで働いたあと家庭に入るという女性に特有のライフコースが衰退し、安定した職場にも家庭にも帰属することのできない女性が増加しているという実態がある。不安定就労に関する議論においては、女性はなかなか表に出てこない。全般的に女性も男性も若いときに非正社員として働く傾向が強まっているが、男性に比べると圧倒的に非正規が多く、とくに有期契約の契約社員や派遣社員が多い。男性のなかにはやがて正社員になる人も出てくるが、女性はその後もずっと非正社員に留まりやすい。非婚率が上昇している状況で、かつてのように、〝家事手伝い〟という状態を経て結婚していく生き方は現実的ではなくなっているにもかかわらず、である。若者支援団体で働くワーカーのつぎの語りは、若い女性の状況をよく表している。

相談に来る女性たちの様子を見ていると「自分のやりたい仕事・やりがいのある仕事に就かなければならない」「働かなければならない」といったプレッシャーを感じ、それを自分で解決しようとして追いつめられているように見えます。少し前の時代には、家事を切り盛りすることに長けている女性は結婚し、家庭を支えることで認められていましたが、それでは「認められない」と感じている方が多いように思います。男性も「仕事をしなければならない」とプレッシャーを感じており、それは女性よりも顕著に現れているかもしれませんが、女性には女性特有のプレッシャーがあるように感じています。

人口減少に直面する地方では、若年女性が大都市圏に流出することが「人口急減」を招いているが、大都市若年層の非婚率は高く出生率は低い。そのことは、大都市に流出した若年女性がシングルのまま不安定な仕事を続けている現実と重なっていく。若年女性の貧困化が危惧されるのである。

女性のなかでも、もっとも厳しい状況に晒されているのは、低所得家庭や複雑な家族関係のなかで、家族などによって自立を阻害されている女性たちである。第3章で紹介されるように、女性は自分自身のための自立より、親のため家族のため夫のために生きることを強いられ、そのことで自己存在を確認する傾向があり、困難な状態から脱出しようという動機づけが男性ほど働かない傾向がある。

結婚というものに逃げ込めるとは限らなくなっているなかで、不安定な就労を続ける女性たちの将来に展望がもてるのか。これは新しい問題といえるだろう。

三　若者の移行を支援する

就労困難な若者とは——OECDのレポートから

ＯＥＣＤの分析によれば、学校教育を離れた後、安定した仕事に就くことが困難な若者には、「取り残された若者」と「うまく入り込めなかった新参者」の二つの集団がある。「取り残された若者」は、さまざまな不利益が累積している若者たちで、仕事に就かず、職業訓練を受けておらず、後期中等教育を受けていない若者（ＮＥＥＴ）がその核をなしている。高校中退者、移民や少数民族の出身者、貧しい地域・農村・過疎地の若者のなかに見られる(OECD 2010: OECD編著二〇一〇)。

海外では移民(二世を含む)がコアになっている。日本では今のところ切り離して議論されているが、今後は一体化して議論すべき段階に入るにちがいない。日本の現状では不登校や中退などの学校歴、障がいや疾病その他の個人が抱えるハンディや生活歴の問題が大きい。日本の農村や過疎地の若者にも当てはまるような気がするが、残念ながらデータはない。

一方、「うまく入り込めなかった新参者」は、学校修了資格は持っていることが多いが、職業資格や技能を持たず、好調な経済成長期でさえ、安定した雇用を得るのが難しい状態にあり、一時的な仕事、失業、無業状態の間を頻繁に行ったり来たりしている若者たちである。

これらリスクのある若者集団の最小規模は、データが入手可能な欧州諸国の推計によれば、二〇〇五〜〇七年に一五〜二九歳の若者の一八%で、そのうちの四五%が「うまく入り込めなかった新参者」、五五%が「取り残された若者」だった。不況になるとこれらの若者の数は増加し、好況になると減少するが、もっとも不利な条件を持ったコアの若者は、好況になっても仕事の世界に入ることが困難だった(OECD 2010: OECD編著二〇一〇)。

一九九〇年代後半以後、欧米における長期失業者対策は、失業者と非労働力を包含した概念である「不就業」(non-employment)削減のための包括的な改革へと変化した。日本においても若年長期失業者と不就業(無業)という現象が少し遅れて出ていたのだが、取り組み開始はもっと遅かった。これらの若者の減少に向けた包括的な改革段階に入っているとはいえない状態にある。

不就労の若者をできる限り少なくするためには、低学歴のまま学校を離れる数を減らすだけでなく、教育経路を多様化し、多様な方法によって学力を上げる方策がとられている（イギリス、オランダ、カナダ）。また、学校を離れた後できるだけすぐに求職活動を開始するための支援や、認定試験や修了資格を得るためのプログラムに参加するよう支援することが重要だとされている。

労働市場は高度化し、職業上の技能や高いコンピテンシーを持たない者は、将来性のない単純労務の世界から脱することができない。しかも、最低賃金水準まで落ち込むような労働市場が拡大していて、ここに格差の拡大が顕著に現れている。

前述のＯＥＣＤの国際比較レビューは、就労で最も不利な状況に置かれた若年に必要ないくつかの条件をあげている。そのなかで重要な点と思われるものをあげておこう。

- 教育段階でのハンディキャップに対する早期対応。
- パソコン技術、基本的な技能資格など労働市場で必要とされる技能の獲得を強化すること。学校以外の訓練プログラムと労働体験と助言のセット。
- 企業の積極的関与が極めて重要。そのため、採用する企業や実習受け入れ企業（中小企業がよい）への補助金も効果がある。
- 高校中退後、安定した仕事に就けない若者に対してはとくに配慮が必要。

若者が学校を中退するのを防ぎ、また、学校から職業への急激な移行に適応できなくなるのを防止するには、学業の妨げにならない程度の仕事、インターンシップ、実習が役立つといわれている。また、実習と一体化しリアルな実社会ともつながった教育は、学校からのドロップアウトを防止する効果もある。さらに、技能と職業能力を高めるための学習機会は、単に仕事に就くためだけでなく、個人的・市民的・社会的にも重要である。幅の広い能力を形成するためにはインフォーマル学習（組織的ではない学習過程全般）、およびノンフォーマル教育（正規の学校教育の枠外である目的をもって行われる教育）も必要である。ただ皮肉なことには、恵まれた若者ほど、このような教育機会へ積極的に参加する傾向があり、むしろ格差を拡大する結果ともなっている。不利な条件を持つ若者に参加を促すきめ細かな働きかけを強め、多様化する学習機会への参加において格差を拡大させないことが必要である。

学校教育の再検討

若者就労支援の現場の取り組みが進むなかで、支援またはエンパワメントの方法がしだいに整備されてきた。早期発見・早期サポート（入り口）開始は非常に重要なことである。その後のプロセスでは、多様な支援メニューが必要である。とくに就労への距離がある若者に関しては、一般就労への迂回した道筋が必要という認識は支援現場で共有されている。

複合的な要因を抱えて就労困難に陥っている若者に対して福祉的要素を加味した就労支援を実施するには、多くの人材と社会資源が必要である。もし、学校に在籍している間に、これらの一部をスタートできれば、カバーできる人数は増え、もっと効果があがるものと思われる。

就職が厳しくなっているからという理由で、進学率を引き上げるという方法には多くの問題がある。大学教育の水ぶくれ状態は、深刻な課題を突きつけている。いわゆる学校制度のなかで学び続けることを望まない生徒も少なくはない。

日本では、普通高校への期待が高く、それからはずれた教育機関は、〝劣等〟のレッテルが張られやすい。教育に〝差別〟や〝格差〟を持ち込んでいるのではないかという世論を恐れるあまり、自立の困難に直面する若者に対して、必要とされる教育・訓練がないがしろにされている。「仕事に就くための学び」が担保されているとは言い難い現実がある。この難問をどうやって突破したらよいかを真剣に考えなければならない。

もういちど中退問題に戻ろう。中退後に進学・復学する場合にも課題がある。卒業資格を与えることに重点が置かれ、進学、復学を問わず、とりあえず学校教育機関に居場所を確保するというルートだけでは、不登校や中退問題の解決にならない。学ぶ目的があいまいなままの進学で再び問題が生じていることを軽視できない。

また、中退直後「どうしていいかわからなかった」という約一割の若者（社会的排除リスク調査チーム二〇一二：一二）を含め、進学するか転校をするのか、それとも働くかを決めかねて何もしていない状態が続いている若者が一歩踏み出すための場が用意されてはいない。逡巡している中退者を放置せず、継続的に接し相談に乗る場が必要であるのと並んで、社会体験やリハビリテーションの意味合いを持つさまざまな活動への参加を促し、これからの道を探る場を作る必要がある。孤立しがちな中退者が人とのつながりを得るためにも効果的である。

諸外国の多くが、音楽やアートや手工芸やスポーツなどの活動や、ボランティア活動を、社会との接点を持つための方法として評価し、社会への参加を進めようとしている。これらの活動を通して、自分を見つめ直すこと、仲間作り、自己有用感の獲得、働くことに意欲を感じ、やりたいことを発見することが可能となっている。先に紹介した内閣府の中退者調査のなかで、「仲間と出会え、一緒に活動できる施設」に対する希望を持つ者が中退者の五割を超えていることとも合致する。それは中退者に限らない。在学中の若者のなかにも、ここに書いたような新しい機会を必要とする例が少なくないはずである。そのためには学校と諸機関の連携体制が必要なのである。

学校から仕事への移行支援

日本で「成人期への移行」に対する社会的関心が高まったのは主に二つの現象からだった。ひとつは、若年雇用問題の発生、もうひとつは、非婚化による急激な出生率の低下だった。両者は、国の行方を左右する大きな社会的課題と認識され、二〇〇〇年代にかけて取り組みが本格化した。これと並行して、長期不登校、ひきこもり、無業者(ニート)が増加し、自立困難に陥っている若者の増加が顕著になり、このような状態に悩む若者と家族の苦しみは、当事者任せにできないところまできていた。

これらの問題は長いこと別々に論じられ、縦割り行政のなかで、まったく異なる部局で扱われていた。しかし、二〇〇〇年代に入って若者問題の取り組みが進むにしたがって、あらためて相互に密接に関係していると認識されていった。表2は、一連の法律や施策をまとめたものである。

政府が若者の雇用問題について包括的な支援計画を打ち出したのは、二〇〇三年四月に四閣僚(文部科学省・厚生労働省・経済産業省の各大臣、経済財政政策担当大臣)が出席する若者自立・挑戦戦略会議が開催され、六月に「若者自立・挑戦プラン」が策定されてからである。このプランの目標は、「フリーター が約二〇〇万人、若年失業者・無業者が約一〇〇万人と増加している現状を踏まえ、当面三年間で、人材対策の強化を通じ、若年者の働く意欲を喚起しつつ、全てのやる気のある若年者の職業的

表2　主な若者支援施策

2003年4月	4省庁大臣の「若者自立・挑戦戦略会議」開催
2003年6月	若者自立・挑戦プランの策定
2004年	全国にジョブカフェ設置，若者の就職支援開始
2005年	全国20カ所で若者自立塾が開設
2006年	全国25カ所で地域若者サポートステーション開設
2008年	リーマンショック
2009年	子ども・若者育成支援推進法成立，翌年実施→子ども・若者ビジョンへ
	生活困窮者と社会的孤立者支援の開始
2011年	求職者支援制度開始
2013年6月	子どもの貧困対策法成立(2015年4月実施)
2013年12月	生活困窮者自立支援法成立(2015年4月実施)
2015年4月	勤労青少年福祉法等の一部を改正する法律案(青少年の雇用の促進等に関する法律)成立(2015年10月〜2016年4月実施)

自立を促進し、もって若年失業者等の増加傾向を転換させることを目指す」というものであった。また、プランのなかには、キャリア教育・職業教育、日本版デュアル・システム(フリーターの職業訓練)、インターンシップ、トライアル雇用、若者自立塾、ジョブカフェ、就職機会の創出などの項目があがっていた。

その具体的な取り組みとして、二〇〇四年から各県に若者、とくにフリーターの就労を支援するジョブカフェ(各地で名称は異なる)が設置され、地域の実情に合わせ、情報提供・カウンセリングなどを行う就職支援が始まった。その後、ニートの状態にある若者を支援する若者自立塾や地域若者サポートステーションが開設された。そして、教育機関と職場とをセットにした日本版デュアル・システムが始まった。これらの施策のひとつひとつは、欧米諸国で実施しているプログラムをヒントにしたものであった。

「若者自立・挑戦プラン」は当初三年間の計画だったが、二〇〇八年のリーマンショックなどにより若者の雇用状況が好転しなかったため、緊急人材育成・就職支援基金事業は、二〇一一年一〇月より求職者支援制度（職業訓練の実施等による特定求職者の就職の支援に関する法律）となり恒久的な制度となった。雇用保険に加入していない求職者に、職業訓練の機会を与えるもので、低所得者には経済給付もある。ただし、厳しい財政状況から、政府はこれを雇用保険制度の付帯事業のひとつとして位置づけ、雇用保険を財源とし、国庫負担は二分の一と定めたため使用者側の反発は強く、予算に制約があるため、にわかに就職することが困難と見込まれる若者は対象から外された。

二〇一〇年以後は、生活困窮者への取り組みが始まり、増加する経済的困窮者と社会的孤立者への支援が始まった。その背景に、生活保護受給者がこの一〇年間に急増して、放置すればさらに増加し、財政負担が大きな問題となりつつあったからである。とくに若年層を含む現役世代における増加が懸念されるため、「福祉から就労へ」の積極的福祉政策に転じようとしている。また、就労可能な者に対して生活保護受給に至る前の段階から早期に就労・教育相談支援等を行うことにより、生活困窮状態からの脱却を可能にすることをめざす生活困窮者自立支援法が二〇一三年一二月に成立した。同年六月には子どもの貧困対策法も成立し、両法律に基づく取り組みが二〇一五年度から全国で始まった。

それらの事情のなかで、生活保護世帯や生活困窮世帯の子どもに対する学習支援や、高校中退者等に対する自立支援の取り組みも始まっている。

子ども・若者育成支援推進法の成立

これらの施策と並んで二〇一〇年四月に施行の「子ども・若者育成支援推進法」についても述べて

おこう。

若者自立支援が進むなかで、支援を必要としている子どもや若者の実態がしだいに明らかになり、不登校の児童生徒、高止まり状態の高校中退者、若年無業者、ひきこもりの若者の存在が、理解されるようになってきた。そのなかには、家庭の貧困と深い関係を持ったケースも少なくない。精神疾患や発達障がいなど、心身の問題を抱えているケースも少なからずあった。また、支援の現場を通して、学校時につまずいている子どもたちが発見され、若者の問題は、彼ら彼女らの前史である乳幼児期や子ども期に根があることもわかってきた。

このように、実態が少しずつ明らかになると、新たな課題が見えてくる。支援機関に来る若者は、困難を抱える若者の一部であり、現状のシステムではたとえば家庭が崩壊しているなど困難度の高い若者を把握することは難しく、彼らとつながることができない。また、学校教育が終わってしまうと、社会関係が断ち切られるため、早期に発見してすみやかに支援を開始し、継続的に支援や見守りを続ける必要がある。しかし、いままで社会的包摂の機能があった地域社会は衰退しており、新たな仕掛けを作らない限りは困難な問題を抱える若者を救うことはできないだろう。そこで、公的責任において、若者の自立を保障する社会システムを確立するため、二〇一〇年四月に「子ども・若者育成支援推進法」が施行されたのである。

この法律は、二〇〇〇年代に顕在化した子ども・若者の問題に対して、国と地方公共団体と民間が連携して取り組むための基本理念を打ち立てたもので、同年七月には、推進法を具体化し、五年間の長期計画「子ども・若者ビジョン」が策定された。

子ども・若者育成支援推進法（対象は〇歳から三〇代までであるが、実際は思春期から三〇代までの施策が中心）の主なねらいは、困難を抱える子ども・若者を放置せず、早期に継続的な支援を行い、ドロップアウトを防ぎ、社会的・職業的自立を保障することであった。推進法は、これまでばらばらだった行政や民間の諸機関がネットワークとして協働するための「子ども・若者支援地域協議会」を設置し、関係機関が連携しながら継続的に支援していく体制を構築するよう自治体に求めている。また、包括的支援のためにつぎのような仕組みを作ることを条件としている。

- 子ども・若者総合相談センター

　子ども・若者に関する相談に応じ、関係機関の紹介や、必要な情報提供や助言を行うという役割を果たす。

- 指定支援機関

　公的機関と連携して、協議会の支援全般の主導的役割を果たす。

- 調整機関

　協議会が効果的に動くために、協議会の事務局機能を果たし、支援の実施状況を把握し、必要に応じて他の関係機関との連絡調整を行うという役割を果たす。

これらの条件がそろい、子ども・若者支援地域協議会が整備されたとしても、これを実際に機能させていくのは、現場で若者支援に携わる地方自治体の担当者や民間支援団体のワーカーである。

二〇一五年度中盤の段階で、推進法の理念にのっとって子ども・若者支援地域協議会を設置した自治体は八一である。全国をカバーする段階にはない。

若者支援の法的整備の課題

若者の移行を対象とした法律はあるだろうか。現在、対象別の基本法には、高齢社会対策基本法、障害者基本法、男女共同参画社会基本法があり、若者に関しては子ども・若者育成支援推進法がある。また、雇用対策基本法としては雇用対策法があり、高齢者・障がい者・青少年・女性に関しても職業安定のための施策を国の責務として規定している。これをベースに対象別に見ると、高年齢者雇用安定法、障害者雇用促進法、男女雇用機会均等法(男女とも性別による差別禁止等が法制化されている)がある。「ニート」の増加や、若者を使い捨てにする「ブラック企業」の出現など、若年労働者に関する新たな問題が発生するなかで、青少年の雇用の促進を図り、その能力を有効に発揮できる環境を整備する目的で、「青少年の雇用の促進等に関する法律」(既存の勤労青少年福祉法の一部を改正)が二〇一五年度に成立した。

しかし、若者の移行保障にとって必要な法的整備は、雇用対策に限定するものではない。移行期を構成する各構成要素(教育・就労・住宅・保健医療・生計その他)を、領域横断的に、一人の若者のために発動できる体制を作ることが必要である。とくに、親の責任に委ねることなく、若者自身で支援を受けながら自立することができる仕組みを作らなければならない。本書はその可能性を探ろうとしている。

四　本書の構成

本書の構成はつぎの通りである。

第1章〈教育のなかの困難——教育からの排除〉は、学校教育現場で社会的排除のリスクのある生徒たちの実態と課題を明らかにする。とくに成育歴、家庭、心身の状態など複合的なリスクが学校教育からの排除をもたらしていることを示す。学校と地域資源の接続、地域資源の掘り起こしと学校への統合、学校を教育・福祉・労働などの多面的機能を持ったプラットフォームへと実現する必要があることを示す。

第2章〈学校から仕事への移行を支える——学び直しの場をつくる〉。減少のきざしが見えないひきこもりやニートの若者は、学校教育からのドロップアウト（不登校や中退）と密接に関係している。しかし、「学校から会社へ」の太いレールを前提とした学校制度と会社制度は、これらの若者たちの教育・就労のチャンスを奪ってしまう。学校という帰属の場を失い社会関係を喪失した若者を社会的排除という概念で分析する。これらの若者にとって、学校と労働の世界との橋渡しをする制度（学校と仕事をつなぐ移行システム）が必要であることを示す。

第3章〈若者支援の変遷と日本社会が直面する課題——支援の現場から（1）〉は、一九九〇年代以後、青少年や若者支援の現場がどのような変化を遂げてきたのかを示し、複合的なリスクを抱えているさまざまな若者の実態をリアルに描く。また、これらの若者に対する支援サービスと社会制度の実態から、現行制度や社会環境が就労困難な若者を救済しうるのか、その限界はどこにあるのかを提起する。

第4章〈就労困難な若者の実像――支援の現場から(2)〉は、三〇年近く前から生きづらさを抱えた子どもたちの支援をしてきた民間団体が、しだいに若者たちの支援へと発展した一〇年の取り組みを通して、支援を求める若者の実像を明らかにする。単なるカウンセリングや職業紹介では若者の継続的な自立・就労にはつながらない実態を踏まえて、若者支援とは何か、有効な方法とは何かを明らかにする。

第5章〈若者を支える自治体の挑戦――横浜市における子ども・若者政策の展開〉は、横浜市の若者施策の展開を整理し、就労困難な若者の増加という現実に対して、地方自治体は何をすればよいのか、どのような政策を構築する必要があるのかを示す。とくに、青少年行政と福祉行政と労働行政の融合が必要であること、および包摂的な地域コミュニティ作りへとつなげていく構想と取り組みを述べる。

第6章〈困難をはねかえす道筋――若者の主体化のために〉は、若者の社会的排除について、とりわけ、社会的に不利な条件におかれた若者の主体化に着目する。弱者に対する「支援」は、しばしば、エンパワメントとは逆方向に作用し、本人の無力性を一層際立たせる結果になりやすい。若者支援が、ラベリングを通じてさらなる弱体化を引き起こすのではなく、むしろ、脱スティグマ化を通じてエンパワメントにつながる文脈の要素を提案する。

第7章〈若者政策における所得保障と雇用サービスの国際比較――日本・オランダ・オーストラリア・イギリス・フィンランド〉は、国際比較という観点から若者に対する所得保障と雇用サービスの取り組みを整理して、日本に対する社会政策上の示唆を導き出す。日本は、若者の所得保障の捕捉率が低いことに特徴がある。そのことが、第一に、若者の社会サービスに対するアクセスを著しく阻害している。第二に、所得保障の欠如によって、社会サービスとのアクセスを喪失してしまうことで、若者が抱えるニーズを適切に判断する機会が失われることを示し、日本における若者政策・若者の生活保障政策への示唆を示す。

おわりに〈若者移行政策を構想する〉。若者移行政策は、若者期に特有のリスクとニーズに対するセーフティ・ネットの構築というミッションを持っているが、若者の自立を担保する社会保障制度は極めて弱体である。社会的に孤立し就労困難な若者の増加に歯止めをかけるためには、所得保障と就労支援サービスのセット、教育・福祉・労働・保健医療制度・住宅の連携が必要であることを示す。また、ターゲットを絞った支援サービスだけでなく、若者の社会参加とエンパワメントを若者移行政策に位置付けるべきであることを提言する。

参考文献

ＯＥＣＤ編著（二〇一〇）『日本の若者と雇用――ＯＥＣＤ若年者雇用レビュー　日本』濱口桂一郎監訳・中島ゆり訳、明石書店。

金川めぐみ（二〇〇八）「若者をめぐる家族・福祉政策」、脇田滋・井上英夫・木下秀雄編『若者の雇用・社会保障――主体形成と制度・政策の課題』日本評論社。

コーエン、タイラー（二〇一四）『大格差――機械の知能は仕事と所得をどう変えるか』池村千秋訳、ＮＴＴ出版。

社会的排除リスク調査チーム（二〇一二）『社会的排除にいたるプロセス――若年ケース・スタディから見る排除の過程』内閣官房社会的包摂推進室／内閣府政策統括官（経済社会システム担当）。

ビッグイシュー基金編（二〇一四）『若者の住宅問題――住宅政策提案書［調査編］ 若年・未婚・低所得層の居住実態調査』住宅政策提案・検討委員会、ビッグイシュー基金。

ビッグイシュー基金編（二〇一五）『若者政策提案書――若者が未来社会をつくるために』若者政策提案・検討委員会、ビッグイシュー基金。

宮本太郎（二〇〇六ａ）「新しい社会的リスクと人生前半・中盤の社会保障」『ＮＩＲＡ政策研究』一九巻二号。

――（二〇〇六ｂ）「ポスト福祉国家のガバナンス――新しい政治対抗」『思想』九八三号。

宮本みち子（二〇〇二）『若者が〈社会的弱者〉に転落する』洋泉社新書ｙ。

――（二〇〇四）『ポスト青年期と親子戦略――大人になる意味と形の変容』勁草書房。

――（二〇〇六）「若者政策の展開――成人期への移行保障の枠組み」『思想』九八三号。

――（二〇一〇）「困難な条件をもつ若者に対する就労支援――包括的支援がなぜ必要か」『都市問題』一〇一巻一二号。

――（二〇一二）『若者が無縁化する――仕事・福祉・コミュニティでつなぐ』ちくま新書。

――（二〇一五）「若年無業者と地域若者サポートステーション事業」『季刊社会保障研究』五一巻一号。

労働政策研究・研修機構編（二〇一二）『若年者の就業状況・キャリア・職業能力開発の現状②――平成二四年版「就業構造基本調査」より』労働政策研究・研修機構。

――（二〇一五）『大学等中退者の就労と意識に関する研究』労働政策研究・研修機構。

OECD (2008) *OECD Employment Outlook*, 2008 Edition, OECD Publishing.

OECD (2010) *Off to a Good Start? Jobs for Youth*, OECD Publishing.

第1章　教育のなかの困難
――教育からの排除――

長須正明

はじめに

人生には、その前後で生活が変わるような節目がある。多くの人が経験するものとしては入学・卒業、就職・離退職、結婚などがあり、それは人生キャリアにおいては移行（transition）とよばれている。学校生活は、ほとんどの人が経験する社会的経験であり、多くの場合、程度の差はあっても楽しい経験と嫌な・つらい経験の両方を含んでいる。日本の学校教育の特徴のひとつは学習集団が生活集団でもあることであるが、それは学校がそのすべての教育活動を通じて子どもたちを社会化する（socialization）機能をもつことを示している。学校は、子どもたちが学校生活を通じて社会適応できるように指導している。とくに、何らかの困難を抱えている子どもたちに対しては、学校・教職員はそのニーズを把握して個別の支援計画・指導計画をつくり、手厚い指導を行っている（特別支援教育）。学校・教職員は、社会適応のための指導をすると同時に環境を調整しながら教育を行っているのである。

青年期の前倒しと成人期に入る時期の遅延、高等教育機関への進学率の上昇、結婚や出産など新たな家族形成時期の高年齢化等によって、移行を一律にとらえることはますます困難になっているが、子どもたちにとって、学校生活（生徒・学生）から働く生活（社会人・職業生活人）への移行は、青年期から成人期への移行でもあり、重要な社会的発達課題の一つである。学校生活である程度の達成を経験し人間関係形成のスキルを身につけていても、働く世界への移行がうまくいくとは限らない。学校がかなり手厚く個に応じた指導をしてきたのに対して、働く世界への移行の場面では能力はもちろん、人間性まで「社会の側」の基準で選別されるからである。その意味で、困難を抱える若者は、その固有の問題を抱えると同時に「移行」が困難な若者でもある。

本章では、日本的雇用の人材戦略と組織編成原理を概観し、それに乗れない（就職できない＝移行が困難な）人たちの排除の諸相を見る。つぎに、学校教育に内包される排除の要因を「自己責任」「地域による格差」「カリキュラム」「社会経済階層と家庭の文化」に注目して見ていく。その上で、教育、とくに学校教育に含まれる困難、なかでも「中退」に象徴されるリスクについて考える。最後に、「困難を抱える個人を、情報を途切れさすことなく地域につなぎ見守り支援し続ける」学校を起点とするケアの発想に立つ包括的支援システムの構築と運用を社会的排除に抗する実践例として紹介する。

一　日本的雇用「新卒一括採用」の特質と社会的排除
——移行困難のリスク

中川洋一郎（二〇一四）は、「「新卒一括採用」は、定型的な作業しかさせない労働者ならともかく、大卒など高学歴者に関する限り、日本以外の国では、ほとんど理解不可能な採用形態である」として、その理由を「それは、日本と世界(特に、欧米)とでは、「人と仕事の合体の仕方」、すなわち、組織編成原理が真逆だからである。なぜ、真逆なのか。それは、日本型が原基的組織(バンドという親族組織)の根幹部分を保存しているのに対して、欧米型がおよそ七千年前に出現した初期遊牧組織の末裔、すなわち、原基的組織から分離した派生型だからである」(中川二〇一四：一〇一―一〇二)と説明している。

中川は、フランス語 attribuer(英語では attribution)を「割り振り」と訳してキーワードにして、欧米型は「仕事←人」(上から下へ、「あらかじめ仕事を確定してから、その仕事に人を割り振る」)、日本型は「人←仕事」(上から下へ、「まず人を確定してから、その確定された人に対して、仕事を与えていく」)と説明している。また、新卒一括採用に関して、「就業未経験の学卒者を一度にまとめて採用する際の選定基準は、彼(女)らの「今、何ができるか」という固有技術・技能だけではない。現状で持っている能力はもとより重要だが、もっと重視されるのが、潜在能力あるいは将来性・適性(将来、何ができるか)である。〔……〕日本企業における採用人事で、選定基準が「現在」以上に「将来」に重きを置いていることは明らかである」と述べる。この指摘は、本章で分析する青年から成人への移行に関しても重要な示唆になっている。

大学卒業時に円滑な移行ができない(＝就職がうまくいかない)ことは、現在のみならず、将来をも規定してしまう、あるいは少なくともそうした認識をいだかせるということである。だから、就職活動中の大学生がエントリーした企業等で次のステップに進めない通知を何度も受け取った後に、「もうこれ以上傷つきたくない」と言って就職活動自体から撤退してしまうのは、会社からの不採用通知を「現在の自分はもちろん、人間としての将来を否定された」と感じてのことというのもうなずける。中退して大学卒業時の求人に応募できず、より厳しい選考・選別が待っている一般求人への応募しかできない場合や、非正規雇用を余儀なくされる場合、さらには就業経験がないためにスキルをほとんど身につけていない場合は、より深刻な「社会に居場所がもてない」リスクを抱えていることになる。

「社会に居場所がもてない」という状況は、「社会的排除(social exclusion)」の概念で説明される。「社会的排除」は、とくに一九九〇年代以降EUおよび加盟諸国の政策文書にみられるようになった用語である。「社会からのけ者にされてしまった者」は「社会の中にいるべき場所をもてない者」＝「排除または疎外された者」、またそうした認識を持つに至った者を意味する。

たとえば、就職したものの早期に離職したある若者は次のようにウェブ上で語っている(「"Think or Die" 社会の中に自分の居場所を見つけろ」)。

僕は最初勤めた会社を辞めたときに、自分はまるで社会に必要とされていないのではないか、という思いになったことがある。そして、それは錯覚ではなく事実だった。それまでは、大企業の正社員ということで社会的信用があったし、仕事を与えられているのだから社会的に役割があり、居場所のある状態だったと言っていい。しかし、その会社という看板が無くなったら最後、極端な話、基本的には誰に会ってもゴミを見るような目で見られるのである。要するに、会社にいようがいまいが自分自体に価値を持っている人は少ない。〔……〕辞めて気づくのである。〔……〕だから、自分の価値を創っていかないといけない。そうでなければ、社会的にはゴミ同然なのだ。しかし、それは一度ゴミになってみないとわからないことなのかもしれない。

就職して、大企業の正社員になるという「移行」を一度クリアした人でさえも「社会のゴミ同然で居場所がない」と感じるのだから、一度も移行できない人が深刻な無力感、自己否定に陥るのは想像に難くない。単にその時点での能力で選別されるというよりも、将来の努力の可能性、ひいては人格そのものを否定されると感じるからである。

二　学校教育に内包される排除の諸相

学校教育は社会適応を通して自己実現を目指すものであるが、一方では教育史研究で指摘されているように、同時に選別・排除の機能も持っている。それは学校教育に適応してそれなりの達成をしていれば、円滑な社会への移行も含めて「社会の一員として認められる」が、学校の指導に乗れず価値が共有できない場合、あるいは学校を離れた場合には容易に排除に至る危険があることを示している。ここでは、とくに学校教育に内包される排除の諸相を見ていく。

生徒指導における排除——自己責任

文部科学省『生徒指導提要』(文部科学省二〇一〇a)は、現在の学校教育における生徒指導の基本的な考えを示したものである。まず、生徒指導をどのように行うのかに関してはつぎのように書かれている。前提は「学校の教育活動全体を通じて組織的、計画的に行う」ことである。

> 各学校においては、生徒指導が、教育課程の内外において一人一人の児童生徒の健全な成長を促し、児童生徒自ら現在及び将来における自己実現を図っていくための自己指導能力の育成を目指すという生徒指導の積極的な意義を踏まえ、学校の教育活動全体を通じ、その一層の充実を図っていくことが必要です(強調は引用者による)。

「自己指導能力」に関しては「自己存在感」「自己決定」「共感的人間関係」の三つをキーワードに、生徒指導の機能として説明している。ところが、その解説では次のように説明される。

> 自己実現の基礎にあるのは、日常の学校生活の場面における様々な自己選択や自己決定です。そうした自己選択や自己決定の場や機会を与え、その過程において、教職員が適切に指導や援助を行うことによって、児童生徒を育てていくことにつながります。ただし、自己決定や自己選択がそのまま自己実現を意味するわけではありません。選択や決定の際によく考えることや、その結果が不本意なものになっても真摯に受け止めること、自らの選択や決定に従って努力することな

どを通して、将来における自己実現を可能にする力がはぐくまれていきます。また、そうした選択や決定の結果が周りの人や物に及ぼす影響や、周りの人や物からの反応などを考慮しようとする姿勢も大切です。自己実現とは単に自分の欲求や要求を実現することにとどまらず、集団や社会の一員として認められていくことを前提とした概念だからです（強調は引用者による）。

ここでまず問題なのは、「機会の平等」の保証に言及することなく、「自己選択」「自己決定」が「自己実現の基礎にある」としていることである。そして、「自己責任」という言葉は使われていないが、自己決定や自己選択はそのまま自己実現を意味するわけではなく、「その結果が不本意なものになっても真摯に受け止めること」として、明らかに「自己責任」と言わんばかりの内容になっている。結果の平等はもとより誰も保証し得ない。しかし、機会の平等を保証しない自己責任などあり得ないし、あってはならないだろう。

日本的高卒就職システム、地域間・地域内格差

日本的高卒就職システムとは、「推薦指定校制」「一人一社制」に基づき、高校と企業との継続的・安定的関係である「実績関係」の中で生徒が就職を決定していく仕組み」である（労働政策研究・研修機構二〇〇八：一）。またそれは、学校が仲介して労働力である生徒を企業等の組織に社会的に配分する機能でもある。このシステムは、三つの特徴をもち機能してきた。それは、①高校と企業との「実績関係」、②就職についての進路指導の対応、③「よい成績→よい就職先」というメリトクラ

ティックな（業績主義的な）原理に基づく進路の水路づけ、である。

高卒就職の大きな特徴は、卒業年度の七月一日より前の求職活動、求人票閲覧ができないことである。校内選考を通した「学校推薦（一人一社制）」に代表される「学校を通した人材の配分」の基準は、基本的には出席状況（勤勉さの指標）、各教科・科目の成績（評定平均値＝学業達成の指標）、特別活動等の実績（生徒会活動・部活動等の実績＝リーダー性や目標追求に向かう意欲と努力・継続力の指標）、求人先が求める人材を理解した上でのマッチング（進路指導部就職担当や専門学科教員の経験と過去の就職者のデータによるマッチング）、専門高校では資格・検定等の取得状況（職務に対する適性の指標であると同時に勤勉さ・指示を守り行動する能力の指標）である。

また、高卒求人には地域間格差（都道府県レベル）と地域内格差（同じ労働局管内のハローワークレベル）が存在する。二〇一四年七月末の都道府県（労働局）ごとの二〇一五年三月高校卒業予定者の求人・求職状況データによれば、求人倍率が高いのは産業の集積度が高い東京（三・七四／前年比＋〇・九〇ポイント）、大阪（二・〇五／同＋〇・六四）、愛知（一・九一／同＋〇・五〇）、逆に低いのは沖縄（〇・四九／同＋〇・一四）、青森（〇・六一／同＋〇・二〇）、鹿児島（〇・六三／同＋〇・一五）など産業の集積度が低い県であった。地域内格差については、例えば岩手労働局管内（求人倍率一・〇〇／前年比＋〇・二二ポイント）のハローワークごとの求人数をデータで見てみると、内陸部は増加傾向が見られ、盛岡（一〇一八／前年比＋二三二）、花巻（二七七／同＋九二）、一関（四五六／同＋一三三）、水沢（三九五／同＋九七）、北上（三五四／同＋一二四）、二戸（一五八／同＋八）となっている。これに対して、沿岸部は釜石、宮古、大船渡が微増、久慈は逆に二五％近く減少している。

全国平均は一・二八(前年比+〇・三五ポイント)であり、過去一〇年間で最高、リーマンショック直後に比べれば地域間および地域内格差は縮小しているように見える。また、学校ごとの格差も同様の傾向を示している。ただし、格差の構造そのものは変わっているとは言い難いので、地方圏に住む、高等教育非進学層の、移行からの排除につながる要素は解消されていないと考えられる。

また、進学、就職を問わず、広い意味での「地元志向」は地域移動をするコストを負担できない人たちの「合理的な選択」でもあるが、それにより就業の機会、就業形態、賃金における格差は解消されないままになる。それは同時に、将来に対する希望の持ちやすさ、ひいては移行の意義の認知にも大きな影響を与えることにもなりうる。

高卒就職指導の「メリトクラティックな基準」は、進路指導と生徒指導を合わせた指導原理になっている。その意味では明確な価値を指導しているのであり、「学校の向社会的役割を遂行するシステム」として評価しうる。今必要なのは、自己責任に基づくキャリア学習(学校としてはキャリア教育)ではなく、社会生活のエートスを身に付け、社会的価値を共有するために、すべての生徒に対する個人的指導としての「進路保障」(単なる「振り分け」ではなく社会経験につながる進路決定指導)なのではないだろうか。

カリキュラム(教育課程)に内包される移行困難

移行支援機関としての後期中等教育学校の役割を考えた場合、日本では専門高校(工業高校、商業高校、農業高校、水産高校など)がそれにあたる。そのカリキュラムを「移行」の視点で見てみよう。

東京都立芝商業高等学校は一九二四年創立の伝統校で、東京を代表する商業高校である。二〇一五年度入学生のカリキュラムを見ると、一学年では三一単位のうち一〇単位(「ビジネス基礎」二単位、「簿記」五単位、「情報処理」三単位)、二学年では三〇単位のうち最大一一単位(「財務会計Ⅰ」四単位、「選択科目Ⅰ」三単位・「選択科目Ⅱ」二単位・「選択科目Ⅲ」二単位ですべて商業科目を履修した場合)、三学年では三〇単位のうち最大一〇単位(「総合実践」三単位、「課題研究」三単位、「A選択」二単位・「B選択」二単位で両方とも商業科目を履修した場合)、合計九一単位中最大三一単位が商業科目である。おおよそ三分の一が専門科目ということになる。専門高校の教育は、専門科目も学び、普通科目の基礎を重視する就職・進学準備教育であることがわかる。高度な専門性は身につかないが、学校に適応していればドロップアウトは少ない。

これに対し、筆者が参加する「若者の社会的包摂研究会」(宮本みち子代表)で二〇〇九年に訪問したフィンランドの専門高校HESOTE(英語表記ではHelsinki City College of Social and Health Care)では、カリキュラムについてつぎのような特色が見られた。制度としては卒業単位(原則として四〇時間の学習を一単位とする)すべてを実習で修得することが可能であるが、実際には難しい。実習はフィンランド国内だけでなく外国でも可能。准看護師科では卒業要件単位は一二〇。一般教養科目は、必修一六単位、選択四単位、合計二〇単位、一五教科から構成される。上級学校進学のための科目群は専門科目九〇単位と自由選択科目一〇単位。歯科衛生士科では専門科目は三つの系列(デイケア一六、ケア学実務二二、障がいなどに対するケア一二)に分かれており、合計五〇単位の座学と四〇単位の実習を標準とする。専門科目九〇単位の中に実技科目(歯科技工的な内容も含む)が多い。入試の時に学力ではなく手先の器用さを見る実技試験あり。最も難しいコースである。学校全体では、三年間で卒業する生徒は四九％（フィンランドの専門高校全体では約七〇％）。首都圏＝広域ヘルシンキエリアでは一年目に辞める生徒が多く、この学校では二〇％が一年生のときに辞める（フィンランドの専門高校全体では一一％）。HESOTEでは、職業教育を専門教科・科目、とくに実習中心のカリキュラムで運用しているが、その分単位の修得が難しいため中退する率が高い。中退は学校を辞めることと職業資格取得からのドロップアウトの両方の意味をもつ。そのため、中退した生徒（就業またはフェードアウトが一般的で卒業資格がなくても非熟練労働者として就業は可能であるが、常勤職に就くのは難しい）に対して、学校の側からアプローチして後期中等教育学校卒業資格と職業資格を追認する社会的フォローシステムがある。

システムが違うので単純には比較できないが、日本の専門高校は職業教育も行うが、普通教科・科目中心のカリキュラムで運用するので、専門科目が普通科目より少なく、実習も少ない。卒業する率は非常に高いが専門性は十分とはいえない。あくまで就職・進学準備教育にとどまり、職業への移行は難しく、移行から排除されているともいえる。

どちらがよいなどという議論をするのは無意味であるが、専門科目、とくに実習を中心としたカリキュラムとその運用は職業教育として効果があると同時に、ドロップアウトのリスクも高まるという側面も持つといえる。

日本では専門高校でさえ移行を支えるカリキュラムとは言えないのだから、普通科の非進学校や進学中心でない総合高校は、カリキュラムには「移行」の発想が見られない。生徒指導をきびしくすれば学校生活からの排除につながり、職業生活のエートスも専門的知識・技能もカリキュラムから見て得られるとは言えないので移行からも排除され、二重の意味での排除に至るのである。

社会経済階層・家庭の文化による排除――価値を共有できないことによる排除

耳塚寛明（二〇〇九）は、「保護者等に対する補完的な追加調査を設計・実施し、その中で、個人情報を保護しつつデータを収集する手法や、全国調査と補完的な追加調査のデータを結合する手法の開発を行うとともに、得られたデータを用いて、家庭背景と子どもの学力の関係や不利な環境にある子どもの底上げに成功している学校の特徴を探る」研究を実施して、報告している。

それによれば、世帯年収の高い家庭ほど子どもは高学力である。また、学校外教育支出の多い家庭ほど子どもの学力は高い。この、家計の経済力と学力との関係については、文部科学省も『平成二一年度文部科学白書』（文部科学省二〇一〇b）の第一部「我が国の教育水準と教育費」で同様の分析をしている。

耳塚（二〇〇九）で注目すべきは、「保護者の子どもへの接し方や教育意識も子どもの学力に影響する」という点である。たとえば、同じ学校・同じクラスの子どもたちの学力について見てみると、高学力層（上位二五％）の保護者ほど「あてはまる」という回答が多かった主な項目は「子どもが小さいころ、絵本の読み聞かせをした」「毎日子どもに朝食を食べさせている」「子どもを決まった時間に起こしたり、寝かすようにしている」「ニュースや新聞記事について子どもと話す」「テレビゲームで遊ぶ時間は限定している」「家で子どもと食事をするときはテレビを見ない」「親が言わなくても子どもは自分から勉強している」「身の回りのことは子ども一人でできている」「子どもが英語や外国の文化に触れるよう意識している」「子どもにいろいろな体験の機会をつくるよう意識している」である。逆に、低学力層の保護者ほど「あてはまる」という回答が多かった項目は「携帯電話でゲームをする」「スポーツ新聞や女性週刊誌を読む」「ワイドショーやバラエティ番組を見る」「カラオケに行く」「パチンコ・競馬・競輪に行く」等である。

「欲求遅延的価値」(欲求を先延ばしできる価値)を持つ保護者の下で育った子どもは「将来に向けて今を生きる」価値を持ち、視野を広め社会に適応することが「自分を活かす」ことにつながるという「向社会的価値」と「今の行動は将来の達成につながる」という連結性の認識を持つため、教育的達成により強くコミットするというのである。逆に、「刹那的価値」(今がよければよいという意識が強い)を持つ保護者の下で育った子どもは「将来に向けて今を生きる」価値を受け入れにくく、視野を広め社会に適応するより「今を楽しく、欲求のままに生きる」価値に親和的で、「今の行動は将来の達成につながる」という連結性の認識が相対的に弱いため教育的達成にコミットする力が弱く、学力も上がらないというのである。

浜野隆(二〇一四)も、「家庭の社会経済的背景(SES)」(家庭の所得、父親の学歴、母親の学歴の合成変数)を用いて、全国学力調査の結果を再分析して同様の報告をしている。

それによると、「子どもが自立できるようにすること」「人の気持ちが分かる人間になること」「自分の意見をはっきり言えるようになること」「将来の夢や目標に向かって努力すること」を重視する保護者の子どもほど学力が高い。また、保護者自身が「規則正しい生活を心がけている」「地域や社会で起こっている問題や課題、出来事に関心がある」「本を読む」「テレビやインターネットで政治経済や社会問題に関するニュースを見る」「新聞の政治経済や社会問題に関する記事を読む」という家庭の子どもは学力が高い。結論は「家庭の社会経済階層が高いほど子どもの学力は高い」ということである（筆者が要約）。

文部科学省のスローガン「生きる力」の一番最初に来る「確かな学力」は、じつは家庭の文化の反映なのである。もちろん「学力」は能力のすべてではないが、学校における成績は達成の指標であり、円滑な移行を規定する大きな要因であることも事実である。この点で、相対的に低い社会経済階層を出自とする人たちの排除に至るリスクは、学校段階でもかなり高いといえる。

三　高校中退という排除――学校教育からの排除の諸相

高校を卒業してもさまざまな排除に至るリスクがあるのだから、卒業に至らない「中退」はさらに多くの排除の要因になっていることは容易に想像がつく。この節では先述の「若者の社会的包摂研究会」が行ったヒアリング調査を基に、「高校中退」の要因とその背景に焦点を当てて排除の姿を見ていくことにする（調査対象は二〇〇七～〇九年度に全国の高校を中退した人約五〇人、調査期間は二〇一〇～一一年）。

なお、二〇一三年度の高校中退者数は五万九九二三人、退学率は全体で一・七％であった。課程別にみると全日制三万七八九七人（一・二％）、定時制一万二二四〇人（一一・五％）、通信制九七八六人（五・三％）、全日制を学科別に見ると普通科二万三九二四人（一・〇％）、専門学科一万一三八九人（一・六％）、総合学科二五八四人（一・六％）となっている（文部科学省二〇一四）。

①　学校不信といじめられ経験

日本の学校は、学級に代表される子ども集団が「学習集団」であると同時に「生活集団」でもあるという「集団主義教育」の特徴がある。その集団に適応できれば、学習の成果が得られるばかりでなく、全人格的発達も期待しうる。ところが、不適応を経験すると逆の効果が発生する。「いじめられ経験」は人間不信を生み、人と関わることの困難さの認識を形成して、学校での学びや学校自体、さらにその先にある社会への不信と不適応の連鎖を引き起こし、「排除」に至る。

〈事例1〉

小学校三年生から学校に行きたくなくなって。小学四年生から中学三年生まで、ずっと同じ事言われていました。ターゲットになってしまっただけです。中学生の頃は学校全体が敵で、「全員ぶっころしたい」と思っていたから、好きとかそういう感情を抱けないし、友だち感情も抱けない。俺、いじめられっ子だったんですよ。今はもう忘れようと思っていますから、いじめられっ子には見えないかもしれません。中学一年生の後半くらいから、学校に行かなくなったと思います。中学校に自分の味方がいなかった。先生は信用できないし、友だちもいないし。とりあえず、俺と話そうとする人はだれもいなかったです。（西日本・専門高校）（ヒアリングの録音記録より、以下同）

このケースは小学校から続くいじめ、中学校からの不登校、高校進学の動機付けの弱さと不本意入学が重なり、学校を通したそれなりの「成功ストーリー」が描けないケースである。家庭環境も複雑で「なんでもあり」状態であった。それでも親を支え、幼い兄弟の面倒を見るなど唯一の資源ともいえる家庭を大切にしたいという思いはもっている。ただ、学校が教えようとする社会的価値には同化もアクセスもできそうにない。

② 不本意な高校進学

高校中退に至る前提として「不本意な高校進学」もある。高校中退理由としては、「学校生活・学業不適応」事由に分類される「もともと高校生活に熱意がない」は、二〇一三年度では八七四四人、高校退学の一四・六%を占める最も多い理由である（文部科学省二〇一四）。

〈事例2〉

B高校（専門高校）に進学したのは、頭の事情で。単にそこしか行けんやろっていうことで。自分としてはA高校（普通科）行きたかったんですけど。商業の方行こうかなと。B高校のイメージは、普通の学校みたいな感じでした。実習とかもよくあるから楽しそうやなと思ってましたね。（西日本・専門高校）

ヒアリング調査を通して言えることは、「高校中退」という結果同様に「不本意入学」の問題が大きいということである。いわゆる「進学校」に入学したが心身の不調で欠席が多くなり進級不可→原級留置（留年）→退学という何人かを除いては、中退はある程度最初から予測できたと言えるかもしれない。高校生活を円滑に送るエートスがなかったり、高校で学ぶ動機付けが弱かったりする生徒はたくさんいる。そうした生徒の中の何人かが何らかのトラブルに直面したとき、「学校を辞める（中退）」という選択肢が出てくるのである。中退の直接の原因として挙げられている友人関係のトラブル、成績不振、欠席が多くなって進級が危なくなったり、進級不可になったりすること等々に直面すると、元々動機付けが弱いので「中退はまずいな」とは思うものの、「続けよう」という決断には至らず、「仕方がない」と中退してしまう。親なども「せめて高校は卒業してほしい」と思うものの、具体的に中退を思いとどまらせるほどの強い指導力はない。不本意入学の内容は「そもそも高校に行きたいと思っていなかった」「行きたい高校に行けなかった」あるいは「どこでもよかった」といった理由で語られるが、中学校時代あるいはそれ以前から何らかの不適応の要因を抱えていたケースも多い。

③ 成績不振

高校中退理由で「学業不振」は、二〇一三年度では四八四五人、高校退学の七・六％を占める四番目に多い理由である（文部科学省二〇一四）。

〈事例3〉

入った当初はもう仕方ない、やるしかないと思ったんですけど、やっぱり簿記とかは結構最初の段階で躓いて、自分でなんぼやっても理解できなくて、その担当の先生も若干苦手な先生で。補習とかは全部出たんですけど、それでも理解できなくて、友達とかに教えて貰って、最初よりは理解できたんですけど、それでもやっぱり皆に追いつく分にはまだ届かなくて、結局そのままですね。（東日本・専門高校）

このケースは、家計が厳しく家族間の人間関係も良くないため、信頼できる他者との出会いや、安心できる居場所を得られないまま過ごしてきたケースである。おそらく本人は、それなりに頑張っているという生徒である。しかし現状認識というか現状の認知が弱い。環境から見て仕方がない部分もあるが、現実と正面から向き合っていない。アルバイトは続けており、自分にもできることはあるという認識は持てるはずであるが、それが将来展望に具体的につながっていない。

④ 健康上の理由

中退に至る理由のひとつとして、心身の健康問題がある。直接的な原因になることもあれば、学業成績不振、出席不良などに間接的にあらわれる場合もある。

〈事例４〉

中退したのは健康上の理由から。高二の三学期頃に体調が悪くなって、でそっからずっとほとんど学校行ってなくて。でも、二年生から三年生に進級はできるから三年生には進級させてもらって。で三年生になった時からあんまり体調良くなくて、三年生はほとんど学校に行ってない感じ。先生が休学取ったらって言って休学取って、三月になってから中退することに決めた。（東日本・普通高校）

⑤ 反社会的問題行動

「問題行動等」は、社会的にはかなりマイナスになる退学理由であり、二〇一三年度では二八七一人、全体の四・八％を占める(文部科学省二〇一四)。

〈事例5〉

同級生ですごいなんか気に食わないのがいて、俺と友達とちょっといじめてたみたいな感じだった。夏場、蚊取り線香があって、その火で、腕こうやってました。あと毎日購買で、パンとかパシって(買いに行かせて)ました。いじめは全部やったことが学校側にばれて、一発で退学。中退したあと、いじめた子と何回かあいましたけど、向こうは、嫌だと思いますよ。いじめを一緒にしていたもう一人は、長い期間謹慎だけど、高校の実習で戻って、進級もした。今から考えれば、ちょっとまずかったなって、後悔した。(東日本・専門高校)

〈事例6〉

喫煙とか、不法侵入とか、学校外の場所で。それで処分を受けましたね。学校謹慎でしたね。謹慎を受けとるときは、普通に学校に出とんがで、欠席にはならんがすけど。学校の別室で、個人で勉強みたいな感じででした。それだと、辞めずに済んだんですけど、最後、辞めた理由がチャリパク(自転車の窃盗)やったんですけど、それ三回目やったんですよ。で、とうとう停学になったんすけど、それが結構長かったんすよ。それで、留年ってことになったんで。(西日本・専門高校)

いじめをする側だったのは〈事例5〉に挙げた者だけだったが、反社会的行動によって自主退学した場合、学校はその後の生活に対してコミットしないことが多く、退学した側としても自分の方から学校にコミットはしにくい。結局、学校との縁が薄くなることで社会との縁も希薄になることがわかる。

⑥ 家族の問題

家族は一般的には信頼できるプラスの資源と考えられている。しかし、傍からどのように見えようとも、完璧な家族などあり得ない。その意味では、家族は大きなリスク要因にもなり得る。

〈事例7〉

恥ずかしいですけど、親の愛情がなかったっていうか、満足じゃなかったから、友達に逃げたり、家の事に目を向けたくなくて逃げ回っていた。両親は、小学校の時からずっと夫婦喧嘩絶えなくて、高校入ると同時に別居した。別居して最初の一年は、とことんやんちゃした。すごい、強がるようになって、すべて性格は親のせいで出たんじゃないかって思うくらいひどくて、それで精神的にも病んでいた時期もあったんで。親の愛情が、多分細かいところではあるんですけれど、あたしが考えとるような、家族全員そろって笑顔で食卓囲むとか、そういうことは少なかったから、やっぱり友達とかでそういう家族見たら、いいなーってなるし、自分も将来こんな仲良くなりたいとか、そういう愛情がほしかったですよね、あったかい。（東日本・専門高校）

このケースでは、本人の育った家庭が必ずしも「仲良く」という状態ではなかったため、「落ち着ける居場所」を自分が育った家庭以外の部分に求めている。

ヒアリング調査では「高校中退をどのように受け止めているか」も尋ねている。「高校中退」を後悔しているという意見は意外なほど少ない。後悔しているケースで本質的に語っていると思われるのは、在学中に教科・科目の学習だけでなく、さまざまな場面での達成を経験できなかったという後悔である。中退して「学校のない生活を経験して初めて気が付いた」友達の存在や、教科・科目以外の活動や、学校の「居場所としての機能」、社会の厳しさと対比したときの学校のゆるさ、等々を失ったことが後悔の理由として挙げられている。

中退を肯定的にとらえているのは、仕事であれ、進学であれ、中退後に何かに取り組んでそれなりの成果をあげ、自分の行動（努力）が結果に結びついたという「連結性」を実感している人である。それはまた、「自分の生き方を肯定できるまでに成長した証」と言えるかもしれない。

高校中退は「社会的排除につながるリスク」である。しかし、必ずしもリカバリーできないリスクではない。ここでのリカバリーというのは心理的、社会経済的、二つの側面についてである。

心理的には「達成」がキーワードになるだろう。大学進学をはじめとした高等教育機関への進学、アルバイト労働であってもある程度継続して働く生活のエートスが得られた等々、自分の行動が成果に結びついたという連結性の認識が得られると、現状を肯定的にとらえ更なる将来展望を描くことができるのである。その意味では「学び直し」としての学校への再入学や高等学校卒業程度認定試験（高認試験）の合格、「移行へのチャレンジ」としての就業体験・就労経験等々の支援は教育からの排除に立ち向かう有効な方法といえる。

四　学校と地域をつなぐ継続した支援
——地域のネットワークで見守り支援する

この節では、学校教育の一つの側面として排除の機能があり、とくに現状では「学校を離れたとたんにどんな支援も、本当に支援を必要としている人に届かない」という問題意識の下に、実際に「困難を抱えた生徒たち」に学校が地域の機関(資源)とともに現在から将来にわたって関わり、見守り、ケアのネットワークを構築して運用して選別・排除する機関としてではなく移行支援機関として機能している例を示して、社会的排除に抗する学校のあり方を考えてみたい。

ここで取り上げる岩手県立杜陵《とりょう》高等学校通信制課程は一九二四年、日本で三番目の夜間中学「私立盛岡夜間中学」として開校し、一九四三年に県に移管されて、一九四八年から現在の校名になった伝統校である。一九八八年に日本で初めて定時制課程に無学年制・単位制を導入し、一九九三年からは午前・午後・夜間に授業を行う多部制(三部制)を取り入れて、現在は岩手県内における定時制通信制教育の中心校となっている。多様な、また複合的な問題を抱える生徒も多く、移行支援、進路保障にはとくに重点を置いて指導してきた。杜陵高校通信制課程が社会的にどんな学校であり、どんな学校を目指しているのかは、二〇一〇年の「盛岡圏域地域連携ネットワーク会議」設立以来、歴代の校長が開会の挨拶で必ず触れる内容があるので、ここに引用する。

開校当初より社会人が大半を占める「働き学ぶ者の学校」であったのが、現在では中学校や前在籍校で不登校、別室登校であった学齢児が増え、「働くことができる生徒を目指す学校」に変わってきています。過去に何らかの課題を抱えた子供たちが本校でリセットし、一人でも多くの生徒が自分に自信を持ち、人の優しさを感じながら前を向いて人生を歩んで行けるよう私たち職員は寄り添っていきたいと日々思っております(二〇一五年度第一回盛岡圏域地域連携ネットワーク会議校長あいさつ)。

ここでの前提は、「生徒全員が特別支援教育の対象」であり、「一人一人の困り感を少なくする」ことで自信を持って社会に移行できるようにケアをするということである。

「盛岡圏域地域連携ネットワーク会議」は、杜陵高校通信制課程の特別支援教育コーディネータを務める高井縁教諭を中心に、教育委員会の指導の下に二〇一〇年度から同校を事務局として立ち上げられた支援会議体である。設立の経緯は、二〇〇七年度に杜陵高校が他の三校とともに岩手県教育委員会から「普通校における特別支援」研究指定をうけたことにはじまる。

この会議体の基になっているのは、特別支援学校の進路指導担当者と地域の関係機関(行政/福祉/労働)の担当者で構成する「盛岡圏域進路推進ネットワーク会議」である(そのような特別支援学校の進路指導担当者と関係機関の担当者の会議体は岩手県内は一〇圏域、また全国どの地域にもある)。高井教諭はこの会議体立ち上げについて、「特別支援学校の教員として、進路保障とその後の情報交換・見守り機能を持つこの圏域進路推進ネットワーク会議の存在や機能を知っていた」「手帳を持っていたり、障がい名がついている子についてはは支援校のネットワーク会議でもよいが、グレーゾーンの子まで取り扱うには数が多すぎるし、趣旨が違う」「立ち上げに際して、規模が大きすぎると立ち上げも厳しくなるので、自分でコーディネートできる範囲と思って、「盛岡圏域」「杜陵高校通信制」に限定して立ち上げた」と述べている(筆者による高井教諭インタビュー。二〇一五年六月)。

「盛岡圏域地域連携ネットワーク会議」の概要を図1に示す。この会議体のコンセプトは「すべて

盛岡圏域地域連携ネットワーク会議

(1) 教育機関

- 岩手県教育委員会学校教育室高校教育担当
- 盛岡圏域各高等学校
- 盛岡市立A中学校
- 滝沢市立B中学校
- 私立C高等学校

(2) 福祉機関

- 岩手県福祉総合相談センター児童女性部児童相談課
- 岩手県盛岡広域振興局保健福祉環境部児童障がい福祉課
- 盛岡市保健福祉部障がい福祉課
- 盛岡市保健福祉部生活福祉第2課
- 岩手県福祉総合相談センター（岩手県精神保健福祉センター）
- 八幡平市役所市民福祉部地域福祉課障がい福祉係
- 雫石町役場福祉課障がい福祉グループ
- 岩手町役場健康福祉課
- 滝沢市役所健康福祉部
- 葛巻町役場健康福祉課
- 紫波町役場生活部福祉課
- 矢巾町役場生きがい推進課福祉係

(3) 医療機関

- 社会福祉法人新生会みちのく療育園
- 岩手県発達障がい者支援センターウィズ

(4) 就労支援機関

- 岩手県盛岡広域振興局経営企画部産業振興課
- 盛岡公共職業安定所
- 独立行政法人岩手障害者職業センター
- ジョブカフェいわて
- 岩手県発達障がい者支援センターウィズ
- 盛岡広域圏障害者地域生活支援センターMy' 夢
- 社会福祉法人新生会　障害者地域生活支援センターしんせい
- 地域生活支援センター滝沢

(5) 民間支援機関

- もりおか若者サポートステーション
- 特定非営利活動法人いわてパノラマ福祉館
- 就労継続支援A型事業所「やまびこ」
- ソーシャルサポートセンターもりおか

図1　盛岡圏域地域連携ネットワーク会議の概要(2015年度第1回)

の生徒の将来を考え、地域につなぐ」ということである。困難やリスクを抱えて学校に在籍してはいるが、学校以外に「どこにもつながっていない」生徒がいないように、また将来卒業や中退で学校を離れたときにも「どこに行ったらよいのかわからず立ちすくむ」ことがないように、情報の共有を基盤にした「学校適応を経た進路保障」指導を行い、現在から（場合によっては過去から）将来につなぐ「見守り・支援するケアシステム」を構築して運用し続けることを、その具体的活動の方針にしている。

運用に当たっては、リスクを抱える生徒に関して入学時に保護者の同意を得て、困難が顕在化した時点で「ケース」として「盛岡圏域地域連携ネットワーク会議」で取り上げて、支援計画を作ることになる。その際、何らかの「障がいがある」として身体障害者手帳・療育手帳・精神障害者保健福祉手帳などの「障害者手帳」を持つ生徒、取得できる生徒に関しては、初めから特別支援の会議体である「盛岡圏域進路推進ネットワーク会議」に上げて支援の方向性を決めた上で福祉支援を行う。「障害者手帳」がとれない生徒に関しては、「盛岡圏域地域連携ネットワーク会議」に上げて「どこにつなぐか」と「支援の手立て」を検討して、その後ケース会議を開いて具体的な支援を行う。先述のように、会議体のコンセプトは「すべての生徒の将来を地域につなぐ」ことであり、運用の留意点は「記録の共有」である。また、それは「社会的自立に向けて、学校ができない・できなくなることを地域でする」こと、「現在から将来にわたって地域で見守り続けるように情報を途切れさせずに共有する」ことでもある。

学校を離れた後でも「地域で」支援が継続できるような「見守り」システムを構築して運用するポイントは、支援する側の「連絡マップ」（図2上）と支援される側の「ＨＡＴＥＮＡマップ」（図2下）に

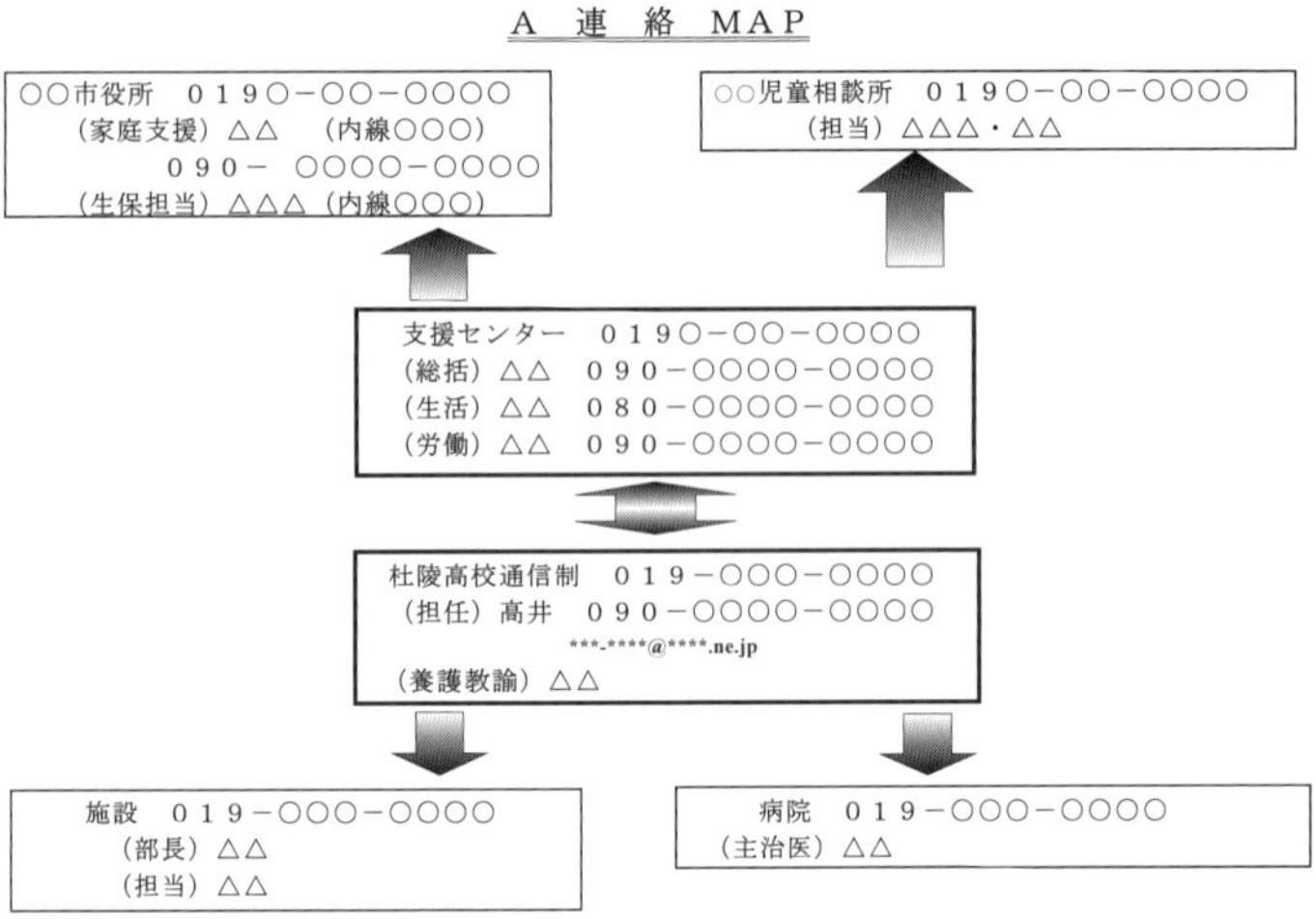
A 連 絡 MAP
○○市役所 019○−○○−○○○○
(家庭支援) △△ (内線○○○)
090− ○○○○−○○○○
(生保担当) △△△ (内線○○○)
○○児童相談所 019○−○○−○○○○
(担当) △△△・△△
支援センター 019○−○○−○○○○
(総括) △△ 090−○○○○−○○○○
(生活) △△ 080−○○○○−○○○○
(労働) △△ 090−○○○○−○○○○
杜陵高校通信制 019−○○○−○○○○
(担任) 高井 090−○○○○−○○○○
-*@****.ne.jp
(養護教諭) △△
施設 019−○○○−○○○○
(部長) △△
(担当) △△
病院 019−○○○−○○○○
(主治医) △△

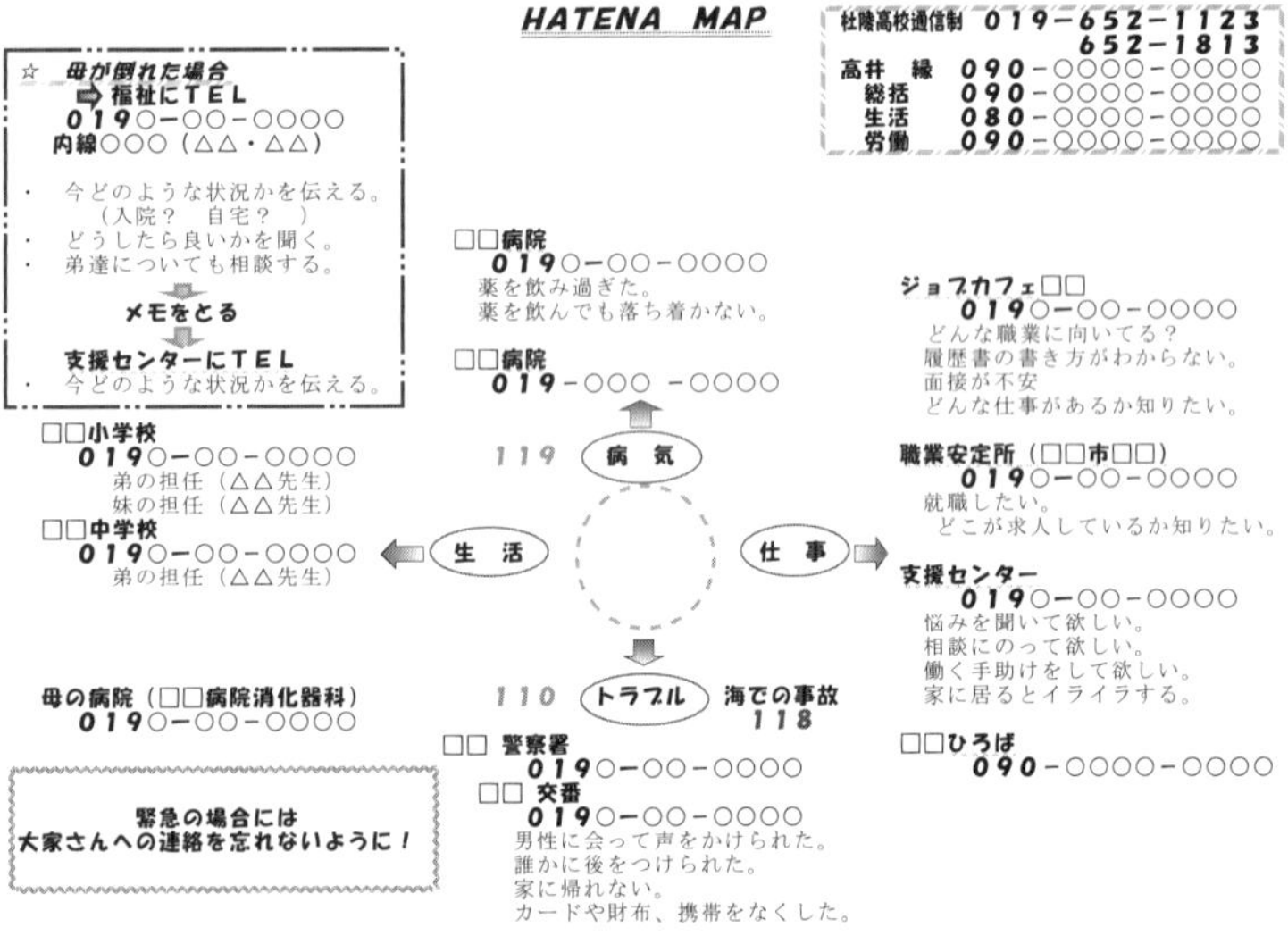
HATENA MAP
杜陵高校通信制 019−652−1123
652−1813
高井 縁 090−○○○○−○○○○
総括 090−○○○○−○○○○
生活 080−○○○○−○○○○
労働 090−○○○○−○○○○
☆ 母が倒れた場合
福祉にTEL
019○−○○−○○○○
内線○○○ (△△・△△)
・ 今どのような状況かを伝える。
(入院? 自宅?)
・ どうしたら良いかを聞く。
・ 弟達についても相談する。
メモをとる
支援センターにTEL
・ 今どのような状況かを伝える。
□□小学校
019○−○○−○○○○
弟の担任 (△△先生)
妹の担任 (△△先生)
□□中学校
019○−○○−○○○○
弟の担任 (△△先生)
母の病院 (□□病院消化器科)
019○−○○−○○○○
緊急の場合には
大家さんへの連絡を忘れないように!
□□病院
019○−○○−○○○○
薬を飲み過ぎた。
薬を飲んでも落ち着かない。
□□病院
019−○○○ −○○○○
119
病 気
生 活
仕 事
110
トラブル
海での事故
118
□□ 警察署
019○−○○−○○○○
□□ 交番
019○−○○−○○○○
男性に会って声をかけられた。
誰かに後をつけられた。
家に帰れない。
カードや財布、携帯をなくした。
ジョブカフェ□□
019○−○○−○○○○
どんな職業に向いてる?
履歴書の書き方がわからない。
面接が不安
どんな仕事があるか知りたい。
職業安定所 (□□市□□)
019○−○○−○○○○
就職したい。
どこが求人しているか知りたい。
支援センター
019○−○○−○○○○
悩みを聞いて欲しい。
相談にのって欲しい。
働く手助けをして欲しい。
家に居るとイライラする。
□□ひろば
090−○○○○−○○○○

図2 上：支援する側の「連絡マップ」，下：支援される側の「HATENA マップ」

支援の構造が示され、本人もその周囲の環境（保護者・養育者・支援者等）も支援を目で見て把握できる点と、特別支援学校教員経験者のネットワークを基盤にした行政機関・福祉機関・医療機関・就労支援機関・民間支援機関への「具体的なつなぎ方」にある。

長い時間と労力がかかり、すぐに結果が出にくい実践であるが、困難を抱える生徒が多く在籍する学校が、責任を持って彼ら・彼女らを地域の支援ネットワークにつなぎ、情報を共有することで学校を離れた後も見守り・支援を継続することは「学校だからこそしなければならない・できる」取り組みといえるのではないだろうか。

五　ケアを重視して地域につなぐ学校の役割——まとめにかえて

学校は、そのすべての教育活動を通して子どもたちに価値を教えて、社会を形成・維持・発展させるとともに、社会に適応できるように社会化することを目指している。評価の基準は達成の基準であり、価値の基準でもある。学校は、すべての子どもに対して公平と公正を期して教育を行っているはずであるが、子どもたちが背負っている現実には驚くほどの格差があるため、その成果にも大きな差が出ることになる。本章で見てきた排除の例の他にも、ジェンダーをはじめ、さまざまな排除の構造が学校教育には内包されている。

社会的排除に抗して包摂し、共生社会を目指すためには、学校には移行支援というポジティブな機能と選別・排除というネガティブな機能の両面があることを確認した上で、「価値を共有し、達成できない人・こと」に目を向けて、それに対して何ができるかを考えて実行する必要がある。前節では「ケアを重視して」学校から社会への移行を支援する杜陵高校通信制の取り組みを紹介したが、同様の取り組みはさまざまな地域で多様な形で行われている。学校は「できない」「弱い」子どもたちを社会的な迷惑や悪として自己責任のもとに排除するのではなく、また、例外的な事例として無視するのでもなく、社会で生きていくためのケアを必要とする対象としてとらえ、学校を離れた後も「地域につないで見守り・直接間接に支援する」必要がある。今も、これからも学校は「ケア」の機能にも十分留意して、その活動を進めなければならない。これなくして、教育・学校は当事者はもちろん社会の信頼を得ることはできない。また、だからこそあらゆる若者、とくにリスクのある若者に対して、学校は当事者性を維持しつつ社会に包摂する窓口としての機能を果たし続けなければならない。

「一人の人格をケアするとは、最も深い意味で、その人が成長すること、自己実現することをたすけることである」(メイヤロフ一九八七：一三)。

引用文献

高井縁(二〇〇八)「医・福・教の連携に基づいたネットワーク作りをめざして――心の拠り所を求め彷徨うA子(高等学校一年次)」、岩手県教育委員会『特別支援教育実践事例集　高等学校編』一二一―一二三頁。

中川洋一郎(二〇一四)「なぜ、「新卒一括採用」は、外国人には理解不可能なのか――それは、組織編成原理が真逆だからだ」『中央評論』第二八八号。

中村健吾(二〇〇四)「社会的排除に抗するEUの戦略と加盟国における福祉国家の「構造改革」」大阪市立大学経済学研究科インターネット講座二〇〇四年度第八回テキスト。

ノディングズ、ネル（二〇〇七）『学校におけるケアの挑戦――もう一つの教育を求めて』佐藤学監訳、ゆみる出版。

浜野隆（二〇一四）「家庭の教育投資・保護者の意識等と子どもの学力」、耳塚寛明・浜野隆ほか『平成二五年度全国学力・学習状況調査（きめ細かい調査）の結果を活用した学力に影響を与える要因分析に関する調査研究』お茶の水女子大学、一六―四一頁。

ブルジェール、ファビエンヌ（二〇一四）『ケアの倫理――ネオリベラリズムへの反論』原山哲・山下りえ子訳、文庫クセジュ、白水社。

耳塚寛明（二〇〇九）「お茶の水女子大学委託研究・補完調査について」文部科学省審議会資料。

メイヤロフ、ミルトン（一九八七）『ケアの本質――生きることの意味』田村真・向野宣之訳、ゆみる出版。

文部科学省（二〇一〇a）『生徒指導提要』。

文部科学省（二〇一〇b）『平成二一年度文部科学白書』。

文部科学省（二〇一三）『平成二四年度「児童生徒の問題行動等生徒指導上の諸問題に関する調査」結果について』。

文部科学省（二〇一四）『平成二五年度「児童生徒の問題行動等生徒指導上の諸問題に関する調査」について（訂正値反映）』。

労働政策研究・研修機構（二〇〇八）「「日本的高卒就職システム」の変容と模索――資料編」ＪＩＬＰＴ資料シリーズ、三九号、労働政策研究・研修機構。

ＵＲＬ
「"Think or Die" 社会の中に自分の居場所を見つけろ」 http://shukatsu.mobi/?p=568:

ブックガイド

耳塚寛明編(二〇一三)『学力格差に挑む』お茶の水女子大学グローバルCOEプログラム「格差センシティブな人間発達科学の創成」三巻、金子書房。

格差はどのようにもたらされ、いかなる問題に帰結しうるか――。日本における学力格差を大規模な縦断研究(JELS)をはじめとする研究結果を通して明らかにするとともに、比較の視点から東アジア諸国や開発途上国の学力格差にも迫る。この「お茶の水女子大学グローバルCOEプログラム「格差センシティブな人間発達科学の創成」シリーズ」全四巻は、データに基づいて本書のテーマに別の角度からアプローチしたものとして、まとめて読む価値がある。

耳塚寛明編(二〇一四)『教育格差の社会学』有斐閣。

この本を推薦する理由として、耳塚本人の言葉を紹介したい。「あいまいな「教育格差」で括られる現象は、子どもたちの学力格差、高等教育機会と就職(学校から職業への移行)における格差、非行や犯罪を生み出す社会構造、ジェンダー、福祉などの多様な視角を備えなければならない。格差が生み出されるメカニズムを現象ごとに理解したとき、教育というごく限られた領域の背後にマクロな現代社会の統合的な実像が見えるようになるであろう」(『書斎の窓』二〇一四年九月号)。

苅谷剛彦(二〇〇一)『階層化日本と教育危機――不平等再生産から意欲格差社会(インセンティブ・ディバイド)へ』有信堂高文社。

この本は教育の場で進む階層化の実態とそのメカニズムとを解明しようとするものであり、「階層と教育」の局面変化が、どのような影響を社会に及ぼしうるのかを知ることができる。「自己責任社会」の下では、努力する・しないは個人の問題だが、どれだけ意欲を持ち努力するかにはある程度階層差が見られる。そもそも努力に階層差があるのなら、努力の結果は個人の問題ではありえない。階層が低くあまり努力していないと見られる人ほど、「自分には人よりすぐれたところがある」と自信を持ってしまうと著者は言う。こうして意欲・努力そのものの階層差が広まり「意欲格差社会」が成立するというのである。

【コラム】非行少年を退学させない生活指導

平野和弘編『オレたちの学校浦商定時制――居場所から「学び」の場へ』（草土文化、二〇〇八年）という本に、ある女子生徒が埼玉県立浦和商業高等学校定時制課程の卒業間際に書いた手記が紹介されている。高校に通う意味が見出せず、入学してすぐに学校を休みがちになり遊びまわっていた彼女は高二の時に休学をする。それから「一九歳の冬、なんとなく学校のことを思い出し、休学のまま退学に流れるのではなく、退学届けを出そうと思った」彼女は退学届けの用紙をもらおうと学校を訪れた。たまたま職員室にいて応対した教員が、辞めたいという彼女に対し、退学を思い直してほしいと迫ったという。「（彼の）話を適当に聞き」流して退学届けを持ち帰った彼女は、結局届けを出せなかった。

その直後、彼女は覚せい剤使用で逮捕されてしまう。鑑別所にいたある日、「学校の先生が面会に来ているんだけど、担任の名前、言えるか」と担当官に聞かれた。「休学中の私に担任なんて居るわけない」と思った彼女の頭に浮かんだのは、退学届けを渡した教員の名前だった。まさにその教員が訪ねにきていた。「また来るね」と帰った彼は、その後何度も面会に来たという。やがてその教員のことを「信用しはじめ気持ちに変化がでてきて、もう一度がんばってみようかな」と復学を考えるようになっていった。

「入学してからほんと数えるくらいしか学校に行ってなく、休学中の私を生徒としてみていてくれている（……）普通の学校ならうちの生徒じゃないって言いたいときに、うちの生徒です、と言ってくれた。出所したら復学しようと決めました。何のために、何をしたくて復学するのか、自分自身わからないけど、学校でその答えを見つけてみよう」。

在宅試験観察となった彼女は高校に復学を果たした。徐々に年下のクラスメイトとの生活に慣れていき、同じように休学中で退学を考える昔の友人にも一緒に学校に行こうと声をかけていくなど、学校に通う意味を見出して卒業していった。

「高校は義務教育ではない。学校に生徒が来なくなるのは生徒自身の問題である」といった自己責任論を前提にした高校教育観に立った場合、彼女のような非行遍歴を経て大人になっていく若者は容易に教育から排除され、「まっとうな大人」になるために試行錯誤する「場」を失ってしまう。この夜間定時制高校では彼女のように地域社会で法を犯し、鑑別所や少年院送致になる若者を教育から排除せず、むしろ退所後に「学校」でやり直しを支援する体制を定時制が廃止される二〇〇八年三月までのおよそ一五年間堅持してきた。生徒が事件を起こすたびに生活指導に関する研修・会議を開き、指導方針が教職員集団によって確認・共有された。私が参与観察していた教員研修会で検討された資料から一部を紹介しよう。

問題が起きた際は、①味方になる決心をする。生徒のもとにすぐさま駆けつけ、学校や大人に対する不信感を払しょくする関係を結ぶ、②問題を先送りにせず、すぐに対応する、③連携体制(保護者・警察・家庭裁判所・弁護士等)を立ち上げる、④彼らが戻るホームルーム運営を計画する。退所後の復学時には、①受け入れるにあたって「この学校の関係性の中で変わってほしい」と伝え、必ずホームルーム活動に参加するなど具体的な約束を取り付ける(教師は生徒と対峙する覚悟が必要となるが、一人で抱え込まないように教師の間で役割分担をする)、②生徒会や特別活動の実行委員会などへ引き込み、彼ら自身が主体として学校を担っていくような場を用意する。

このような生活指導の方針に基づいて、家庭裁判所の調査官や少年院の法務教官と連絡を密に取り合い、一人でも多くの教員が面会に出かけ生徒と関係をつくっていく(少年院に学校の授業の課題を預けるなど)、退院してからの就労場所を探すといった復学の準備を丁寧に行ってきた。

また、彼らが非行を通してつながってきた関係とは異なる関係を学校という場で新たに構築していくために、この高校では特別活動が重視されてきた。ホームルーム活動をはじめ、入学説明会、入学式、離任式、公開研究会、球技大会、芸術鑑賞会、文化祭、体育祭、四年生を送る会、卒業式などの生徒会活動や学校行事があり、これらの活動の準備を含めると一年間常に生徒たちは何かの特別活動に従事する。教師にお膳立てされて行うのではない。一つひとつの行事の目的・方針を論議し、原案をつくり、実行をし、総括を行う。十数年かけて教師の指導を離れて、生徒会を中心とした行事のノウハウは生徒たちの中で継承されており、教職員集団は生徒の活動を最大限尊重する。こうした自治的空間から異質な他者同士が出会い、交わっていく場が生まれた。冒頭の女子生徒もこうした豊かな特別活動の実践によってホームルーム内に話せる仲間をつくっていった。

非行遍歴を経て大人になろうとする若者が、高校での新たな関係性の中でやり直すのを支援するこの取り組みは、教育からの排除に抗する高校教育の在り方について、多くのヒントを与えてくれる。

＊参考文献：特別活動の実践については、『この学校がオレを変えた――浦商定時制の学校づくり』(浦和商業高校定時制四者協議会編、ふきのとう書房、二〇〇四年)を参照されたい。

(西村貴之)

第2章　学校から仕事への移行を支える
――学び直しの場をつくる――

佐藤洋作

はじめに

若者の「学校から仕事への移行」は長期化、多様化してきているが、学校をドロップアウトした若者や、充実した学校生活を送れないまま卒業した若者たちの移行はさらに困難である。

若者支援機関にたどり着く若者たちの多くは、不登校や中退、あるいは学業不振など、いわゆる「教育から排除」され、場合によっては「家族から排除」され、その結果として「仕事から排除」され、公的扶助のセーフティネットからもこぼれ落ち、孤立無援のまま立ちすくんでいた若者たちである。若年無業の若者たちの困難には、すでに子ども期にそのリスクの芽があることがさまざまな調査でも明らかになってきている。子ども時代に多少のトラブルや不遇、ハンディがあったとしても、それでも働く現場が多様に存在していれば、紆余曲折を経ながらもいつしか仕事に就くことができた。しかしながら昨今の労働現場は、そのような若者を受け入れ、一人前にしていく余裕やキャパシティを喪失している。「教育からの排除」は「仕事からの排除」につながり、ついには「人間関係そのものからの排除」へとまっしぐらにつながっていく状況が生まれている。だとすると、若者が孤立を超えて社会へと接続するためには、彼らが経験することのできなかった成長発達や社会化の学習機会を取り戻すことが必要になる。

地域若者サポートステーション(以後、サポステ)などの若者支援現場では、学力回復や資格取得に向けた学び直しや仕事体験など、移行を支えるプログラムがさまざまにつくり出されてきた。また雇用保険が適用されない求職者のための職業訓練プログラムなどが第二のセーフティネットとして整備されつつあるなど、若者の職業的自立をサポートする取り組みや施策が進められてきた。若者支援実践の中から生まれている豊かなプログラムや、新たな職業訓練制度への評価を通して、若者の移行期を支える学び直しの場のあり方と可能性を探る。さらには、就労への移行を支える中間的な働き場として期待される社会的企業について、その若者の学び直しの場としての機能についても言及する。

一　対人不安の克服や自己肯定感情の回復へ

若者の生きづらさ

若者の就労困難の要因を労働環境の厳しさなどに一元的に還元することはできない。むしろ、就労活動に向かっていけない若者たちの主体的な要因も大きい。しかしながら、若者たちが働けず立ちすくんでいる状況は、本人の資質としての弱さというよりも、学校からも労働市場からも排除され孤立化していく過程のなかで、働くのに必要な「教養」や「技術」だけでなく、人間関係形成能力を体験的に学び身につけられなかったことによる結果に他ならない。

支援機関の相談窓口を訪れる若者たちの訴えの多くは「どんな仕事をしていいかわからない」という就労援助についてであるものの、面談を重ねていくと、その奥にある悩みは「社会に出ること、対人関係が不安で、仕事探しに向かっていけない」というところにあり、その不安感情が若者を立ちすくませている。立ちすくみ、ひきこもっていた若者たちへの支援には、単なるキャリア・カウンセリングや職業紹介といった就労支援に終わらず、孤立から社会参加、就労に向けた包括的で継続的な支援が必要となる。

若者たちを立ちすくませている心理的状況は以下のように整理することができる。

① コミュニケーションが築けず孤立している。
② 評価的まなざしに縛られている。
③ 自信(自己肯定感情)が持てない。
④ 何かをやりたいという意欲が弱い。

つまり、他者との自由なコミュニケーションを通して、自分の役割を果たしながら、主体的に社会的営みに参加していけない、その自信と意欲を持ち得ないで、孤立し内閉している若者の姿が見えてくる。この対人関係が開かれない、自信を持って社会に参加していけない心理的状態こそ、若者の多くを捉えている「生きづらさ」だと言うことができる。他者のまなざしに呪縛され、おびえていては、こうありたいという自己の職業イメージを思い描くことはとうてい無理であり、その状態では、やりたい仕事の実現を支えるキャリア・カウンセリングは不可能となる。

自己責任イデオロギーを取り込んだ若者たち

若者の生きづらい心理的状況を生み出しやすい要因として、自己責任イデオロギーの浸透があげられる。「教育からの排除」のプロセスは、子どもと若者たちの内面に「仕事からの排除」を自由な競争の結果として受け止める心情を醸成する。学習の機会は等しく与えられていたのに、それを使い切れなかったのは自分の努力不足であり、能力不足の結果だから仕方がないという諦めである。この心情が、自己責任イデオロギーを容易に取り込んでしまう土壌を形成する。

若者の立ちすくみの背景には、仕事に就くこともなく無為な時間を送っている者は甘えているという社会一般の認識がある。稼働年齢になると男子は立派に働いて家族を養うものというライフ・イメージがあり、ひきこもりの若者たちは人一倍そうした価値観を自分の中に取り込んで内面化しており、その取り込んだ価値観によって自分を責めている。内なる自己責任論によって自らを呪縛して、その結果、疲弊して動けなくなっている。若者たちは自己責任イデオロギーに叱責され、反論のしようもなく、圧倒され立ちすくむ。立ちすくみという状況は、たんなる「やる気」の問題ではなく、頑張らなくてはと自分に言い聞かせようとすればするほど「動けなくなる」心と体の状態である。立ちすくみが「やる気」とか「働く意欲」といった、本人の自覚によってどうにかなるという事態ではないとすると、現在の「仕事からの排除」や貧困状態を、いわゆる自己責任に帰することはできないはずである。しかしながら、自己責任イデオロギーを内面化している現代の若者たちは自らの困難の原因を社会のあり方などに求めることなく、現実に立ち向かっていく意欲も希望も失い、ますます立ちすくみ状況を深めていくことになる。

そもそも、男性稼ぎ主への雇用保障を前提とした税制や社会保険制度などの日本型生活保障の恩恵に与れたのは一握りの男性正社員とその家族にすぎず、昨今の社会構造の変化の中ではますます安定した職業生活は「標準」「普通」ではなくなってきている。それにもかかわらず、わが国の公的福祉は貧弱でありつづけ、とりわけ「人生前半の社会保障」「若者への社会サービス」は整備されてこなかった。その結果が、今日の若者の学校から仕事への移行期をより困難にし、その狭間に落ち込んだ多くの若者が苦しんでいる。支援機関を訪れる若者たちは、もう自分は「普通」には戻れないという表現を使い、「標準」からはずれた自分の人生を恥じ入り、自責して、そして深い不安に包まれている。

若者たちの承認欲求と社会的包摂

生きづらい状況を超えて臆することなく社会に参加していきたいと、多くの若者は願っている。支援機関を訪れる若者たちのニーズは「承認欲求」の充足にあると言える(斎藤二〇一三)。教育から排除され、人間関係から排除され、その結果として自信を失い、自尊感情も見失いがちな若者たちの潜在的願いは、自己存在の再確認にある。この、人間関係から排除され孤立無援状態の中にいる彼らの承認欲求に応えながら、豊かな人間関係へと彼らを再び組み入れていくことこそ、支援者に向けられた若者たちからの支援ニーズの本質である。

若者たちの承認欲求を充足させることとは、若者たちを社会へと包摂していくことに他ならない。

非正規労働が増大し、派遣労働のように雇用の流動化がすすむ中で、若者の社会的格差が拡大し、ワーキングプアやホームレスと呼ばれる若者の貧困化と孤立化が社会問題となっている。欧州諸国では、さまざまな社会関係から閉め出され帰属を奪われていく、従来の「貧困」概念ではカバーできない新しい貧困現象を「社会的排除」(宮本二〇〇九)という概念で捉え、こうした孤立化した個人を社会へと包摂していこうとする社会政策の枠組みの中で若者支援を考えようとしている。

若者の孤立無援化(社会的排除)が、所得や資源からの排除、いわゆる経済的貧困に加えて、労働市場からの排除、サービスからの排除、社会関係からの排除など、多面的なプロセスであるとすれば、若者の「社会的包摂」とは、雇用政策だけでなく若者の多様な社会参加をすすめる包括的で継続的なプロセスとして構想されなければならない。特に若者の学校から社会(仕事)への移行期を支えるシステムの構築が必要となるだろう。

グローバル化と脱産業社会化を背景に、雇用の流動化、それに伴う階層化・格差化が昂進した。いわゆるリスク化、フレキシビリティ化がひろがる後期近代的社会状況はとりわけ若者の生活世界を不安定化させ孤立化させている。こうした先進国に共通した若者状況に加え、わが国における若者の困難を増幅させてきたものは、比類のない競争圧力であり、「教育からの排除」の進展である。若者たちの孤立感、対人不安には子ども時代からの学校経験や家庭経験が反映されている。不登校・ひきこもり問題は若者の内面に深い陰を落としている。対人不安の克服や自己肯定感情の回復は若者自身の潜在的なニーズである。

二　若者支援実践を通して見えてきたこと

では、人間関係から排除され孤立無援状態の中にいる若者たちの承認欲求に応えながら豊かな人間関係へと若者たちを再び組み入れていくための支援とは何か、どのようなプログラムが構想されるべきか。

支援現場における支援プログラムの創造

現在、全国一六〇カ所で若年無業者への総合相談機関として開設されているサポステの業務は、支援対象者の把握を行い窓口に導入し、相談業務を実施し、そして地域の若者支援機関や教育、福祉、経済団体などと連携して、就労・進学などの進路に結びつける支援である。さらには、ハローワークなどの就労支援機関に直接足を運ぶことにためらいがある若者が対象であることから、その対人不安や自信の欠如といった障壁を取り払うために就労準備トレーニングが実施されている。それぞれのサポステ実施団体はひきこもり支援団体、精神保健機関、人材育成企業など多様であるが、その成り立ちや地域性の違いもあり、さまざまな「就労支援プログラム」が工夫されてきている。おおよそ、「コミュニケーションスキルトレーニング」「ソーシャルスキルトレーニング」「ジョブトレーニング」というようなプログラム名で実施されており、その内容は、アサーション(自己表現)、インプロ(即興)、芸術活動、スポーツ、料理会、パーティのようなグループワーク、ボランティア、地域イベント参加、職場見学、職業人講話のような社会参加体験、そしてハローワーク見学、履歴書の書き方講座、メモ取り講座、電話のかけ方講座、ビジネスマナー講座、メイクアップ講座などのいわゆる就職セミナー、さらにはパソコン技能訓練と実に多様である。進学や復学準備や通信レポート作成のための学習ルームを開いたり、基礎学力回復のための学習タイムなどを設定している例も多いし、中には、演劇に取り組んで地域の人に発表するといった表現活動に取り組む例もある。農業実習にも各地で取り組んでいる。全体的に「コミュニケーションスキルトレーニング」「ソーシャルスキルトレーニング」といった内容の方が多様でかつ充実度が高く、「ジョブトレーニング」となると少々見劣りするのは否めない。その要因はいうまでもなく、ジョブトレの内容を豊かで効果的にするためには、どうしても設備も伴わないサポステ単独の内部プログラムでは限界があり、企業や地域の事業所との連携や受け入れが必須条件だからである。中には地域の中にかなりの数の協力企業を開拓し、ネットワーキングしながら職場トレーニング(職トレ)を実施できるようになり、そこからアルバイトや就労につなげるシステムを作りだしている例や、ＩＴ企業のＣＳＲ(社会貢献)との連携によってパソコン講習を実施している例も生まれてきている。また、実施団体が運営するレストランやベーカリー、農場での研修に取り組んだり、ヘルパー養成講座などを実施している例、あるいは発達障害の若者に対する就労継続支援事業との連携による研修など、本格的なジョブトレ・プログラムがつくられる可能性も見え始めている。

こうして見てくると狭義の「キャリア・カウンセリング」の範囲を超えて、学校教育期間に取り残した学びのやり直しも含め、「キャリア・エデュケーション」の領域へと支援内容を広め深めていっているといえるのではないかと思われる。さらに注目すべきは「居場所」の存在である。支援スタッフを配置して恒常的に運営している例もあれば、相談センターの一角が自然に交流スペースとなり居場所機能を持ち始めた例、さらには講座を行うセミナー室がそのまま居場所として機能している例もあるだろう。合宿型居場所施設を併設している例もある。居場所とは、不登校・ひきこもりの若者のためのシェルター機能(不登校・ひきこもりを排除する支配的言説からの避難的空間)だけではなく、進路をめぐる学びの生まれる場である。この居場所づくりを通して、単なる基礎学力回復支援や資格取得のための学習支援を超えた、いわゆる教育からの排除の経験によって失われていた成長発達や社会化のための学び直しの機会が、豊かに創造されている。おそらく、若者就労支援を社会参加支援へ、さらには発達支援へと押し広げてきた導因は、多くの支援団体が持っていた不登校・ひきこもり支援における居場所づくりの経験と実践理論であろう。

三　若者の社会的主体形成を支える体験的学び

態度主義、適応主義を超えて

若者たちの「学校から仕事への移行」プロセスが長期化・複雑化・不安定化し、移行そのものが困難になっている限り、その移行を可能にする「教養」「技術」といったものを身につけることなく無防備のまま社会に出て行くことは困難である。

戦後日本ではほぼ初の若年就労政策である「若者自立・挑戦プラン」(1)および「若者の自立・挑戦のためのアクションプラン」においても、「キャリア教育」が推奨された。「キャリア教育」の中核にあるのは「勤労観・職業観」、つまり職業意識の形成であり、「キャリア発達に関わる能力」としては「人間関係形成能力」「情報活用能力」「意志決定能力」「将来設計能力」があげられ、こうした能力によって構成される「生きる力」や「人間力」が称揚されている。

そもそも、「若者自立・挑戦プラン」そのものが、企業の採用行動や政府の労働力政策といった社会の側の構造的要因を問うことが弱く、若者の側の意識や意欲といった主体的要因へ働きかけるという構図であり、そのことの問題性を突く議論は多く出されてきている。そのうえ、この「生きる力」とか「人間力」といったものが、「コミュニケーション力」とか「協調力」といったようにきわめて抽象的であり、さらにはそれを実現する手段を具体的に提供することができているわけでもない。結局は「自分で考えて自分で決めろ」というように、若者自身に投げ出すことに終わっているのが「キャリア教育」の実態である。それではむしろ若者たちを自分探しの迷路に追い込み、いたずらに困惑とプレッシャーを与える危険がある。こうした態度主義と適応主義を煽る「キャリア教育」は、けっして若者の移行期をささえる学びにはならない。そうでなくても移行につまずき、自信を失い孤立している若者たちから、自己肯定感情や社会参加への意欲と自信を喪失させ、さらにひきこもらせていくことになるだろう。若者支援現場にやって来る利用者たちは、雇用する側にとって都合のいい、いわゆる「エンプロイアビリティ」を高めることで、厳しい社会での生き残り競争に打ち勝つことを要請する適応主義に取り込まれ、疲弊して立ちすくんでしまった若者たちに他ならないのである。

協同的な実践コミュニティへの参加を通した学習

今日の若者の「移行プロセスの危機」は、たんに職業的自立を達成できないということにあるだけでなく、それ以前に「親への依存の長期化」「社会への関心の希薄化」「孤立化」など若者の社会的自立を妨げる状況が横たわっている。「教育から排除」されていく過程で、他者や社会への信頼、さらには自分自身への信頼を獲得できないまま、社会へと向かっていく自信を失っている若者の心理的状況についてはすでに触れた。職業的自立が困難な要因は、働く場を見つけることができない側面（厳しい労働環境）も存在するが、社会に身を投げ出すことができない側面（困難な社会的自立）によって職業的自立を達成できないということもあると考えられるから、その両側面が相互に増幅し合っている関係にあるといえる。今日のような厳しい労働環境においては、社会的自立こそが強烈に支えられる必要があり、困難な現実に向き合い、主体的に自らのキャリアを切り拓いていける主体の成長を促すことが職業的自立の前提条件となる。若者が企業からピックアップされるたんなる人材（客体）ではなく、働く主体になっていくことを励ます教育的アプローチが必要になる。人・もの・ことがらと対話しながら、社会像をつくり直し、他者や社会へ、さらには自分自身への信頼を深め、働くことの喜びや自信を獲得していく社会参加と体験的なプログラムが、社会的主体形成の学びを創造する（佐藤二〇〇五）。

そこで、社会的主体形成への教育プログラムに効力を与えるのは、協同的に学び合う関係性である。個人的なトレーニングではなく、参加を通して教養やスキルの修得が可能になる協同実践がくりひろげられる場である「実践共同体」（レイヴほか一九九三）に参加し、共同で学び合うプロセスこそが、若者の職業的自立に向けた学習と社会的自立に向けたそれを統一的に追求する磁場を提供する。若者支援現場などが多様につくり出してきた関係が生まれる場(居場所)での学び合いを通してはじめて、キャリア・ガイダンスや職業的教養や技術の習得は、若者に自信と希望を生み出すプログラムとなりうるのである。

四　学校から仕事への移行を支える柔軟な職業訓練システム

生産活動と教育とを結合したオルタナティブ教育機関

「教育から排除」された経験を持ち、学校から仕事へのストレートな移行が困難な若者のために、中断せざるをえなかった一般的な教養や基礎学力を獲得するための教育課程をも含んだ職業訓練のプログラムが必要である。それは就きたい職種がはっきりした若者のための専門的な職業訓練機関ではなく、進路選択や再選択を保障するためのより柔軟な職業訓練機関である。サポステなどの支援現場で試みられている「ジョブトレーニング・プログラム」を、より体系的・本格的に実施するための機関というイメージである。また従来のフォーマルな教育の補完的システムであり、青年期におけるオルタナティブ教育といってもよい。従来の学校でもなく単なる専門学校でもない、生産活動と教育とを結合した教育機関であり、福祉と教育と労働の重なるところにつくられたオルタナティブな教育機関である。日本においては未整備な領域であるが、欧州などでは、さまざまなかたちで制度化が進んでいる。

▼デンマークに発しドイツにも広がっている「生産学校」

例えば、デンマークに発しドイツにも広がっている「生産学校」は、正規の教育コースからドロップアウトした若者を対象とした職業学校である(大串二〇〇九)。

デンマークでは九年制の義務教育(国民学校)を修了すると、後期中等教育は複線型でギムナジウムと職業学校と職業訓練コースに分かれるが、特に職業訓練コースからドロップアウトする若者が多く、この若者たちをコースに戻すための補完的な教育機関として生産学校は機能している。生産学校は全国で九〇校弱あり、デンマークの総人口は五五〇万人に過ぎないから、およそ生徒数一〇〇人の学校が人口六万二五〇〇人に一校の割合で設置されていることになる。その数は圧倒的である。

若者はさまざまな生産分野別のクラスに分かれ、それぞれの作業所で働きながら学ぶ。分野は学校別に多少は異なるが、おおよそ木工、塗装、金属加工、溶接、調理、情報技術、デザイン、事務、保育、洋裁、園芸、それに音楽などの文化活動である。

そして生産学校の特徴は、それぞれの作業所では注文生産を原則としていることである。地域から注文を受けてホームページを制作する、木工家具の修理を頼まれる、あるいは音楽バンドを結成して地域のイベントで出演料を得る。学校の食堂は地域の住民にもレストランとして利用される。それぞれの作業所ではプロの職人を親方とし、若者たちは徒弟制による仕事に従事しながら学んでいく。若者たちは「実践共同体」に新参者として参加し、親方や先輩の働き方からスキルを会得しながら、しだいに共に働く仲間集団への参加を深めていくことによって、自分の特性や役割などの働き手としての自分のアイデンティティを形成していく(レイヴほか一九九三)。そこでは、知的学習ではなく五感を使っての作業が中心であり、経験者、指導者からの手引きと若者同士の学び合いを通して、他者との関係を変えていくことが一体化されて追求されている。そして重要なのは、実際の注文生産に参加し報酬を得ることは若者が自己の有用性の自覚を得る機会になるということである。若者たちはいろいろな分野を経験しながら進路探しをする柔軟な仕組みになっており、およそ在学三カ月から一年で、進路が決まれば出て行くというように、制度としての学校と補完し合いながら若者のジグザグの進路を柔軟にサポートする、まさに「第三の教育機関」である。教師は技術指導だけでなくメンター(助言者)としての役割も重要であり、教師と生徒は水平的な関係にありフランクな会話に満ちている。困難な若者には心理の専門家があたることもあるし、もちろん語学や数学などの基礎学習も組み込まれている。

図1　デンマークのコースーア生産学校の風景．上：調理作業所，下：金属加工作業所（提供：Korsør ProduktionsHøjskole）

一九八五年に制定されたデンマークの「生産学校法」において、その教育の目的は「若者の青年期教育システムや労働市場での可能性を高める」ことだけではなく「民主的社会において積極的な協同活動のための関心と能力を発展させる」ことにあるとしている。生産学校は、失意にうちひしがれ、閉じこもっていた若者が、親密さと安心が満ちた場でありながらも働く自覚・責任も問われる場である。

　生産学校の学習を通して意欲を回復し、ふたたび何らかの教育機関で資格取得を目指すか就職していく。生産学校は、あくまでも困難を抱えた若者のための職業訓練準備教育機関であり、通常のコースにつなげていく橋渡しシステムである。

▼韓国ハジャセンター、社会的起業家育成

　韓国のオルタナティブ教育運動はわが国に遅れたものの急速に進んでいった代案教育（韓国でオルタナティブ教育を指す用語）運動であるが、ＩＭＦ危機[2]を転機に仕事体験プログラムをさまざまにつくりだし、中でも「ソウル市立青少年職業体験センター」[3]（ハジャセンター）は、社会的企業インキュベーティング（養成）事業へと段階的にシフトしてきた。

　ハジャセンターでは職業高校などからドロップアウトしていく若者などに対して「ワークショップなどの創造的な活動がいい結果を生み出し、自信を生み出す」という信念のもと、経験を通じて自発的に学ぶことで問題を解決していくことが目指されている。したがってその目的の一つには学校教育とは異なったオルタナティブな学びの創造があり、もう一つには創造的職業訓練がある。職業教育を

「仕事、遊び、生き方の総合設計」ととらえているように、この二つが一体のものとして追求されていると言える。

ますます悪化する雇用状況を背景に、ハジャセンターの取り組みは、創造的職業訓練へ、さらには社会的企業育成(仕事づくり)へとシフトしてきており、現在のハジャセンターには映像、デザイン、旅行、料理などを実践的に学ぶ四つの学校と二つの社会的企業と一〇の予備的社会的企業が存在する。韓国では「社会的企業育成法」の制定(二〇〇七年)によって、脆弱階層(困難層)雇用と社会サービスの提供を行う社会的企業に認定されると、運営に必要な税務、労務、会計等の専門的な支援を受けたり、施設費の補助や融資を受けたりすることができるようになった。ハジャセンターでは廃材での楽器づくりや演奏活動をする音楽集団やリメイクの社会的企業のほか、社会的企業家を育成するために多様な次元の教育とインキュベーティングプログラムが運営されている。

図2　韓国ハジャセンターのバイクプロジェクト(提供：Haja Center)

例えば、学校のレストランに自分たちでコックさんを連れてきて、生徒が一緒に料理して、そして職員も含めた全員に料理を提供する。そこから本格的なレストランが立ち上がっていく。あるいは、「平和の旅」とか、「〇〇を見る旅」というプログラムに取り組んできた結果として、観光ビジネスを行う学校を開設し、その上で旅行業を起こしてしまうというふうに、学びから仕事づくりへの流れがつくりだされている。

また若者による社会的企業が事前準備と経験のない状態での操業によって、失敗につながったり持続可能な自己雇用が現実化できずにいる状況を克服するために、インキュベーション機能については「ソウル青年仕事ハブ」を二〇一三年に新設し、そこに移転しつつある。この機関は若者の主体形成のためのプラットホームになることを目指しており、事業には、①教育の分野、②仕事の分野、③社会資源と若者をつなげる分野、④若者の活動を支援する分野、の四つの分野がある。

五　若者の移行期を支える社会的企業への期待

「若者統合型社会的企業」の可能性

労働市場へと移行していくのが困難な若者層への「中間的な働き場」が必要になってきている。福祉政策の対象となるような障がいを抱えた人々でない、いわば労働政策と福祉政策の狭間に置かれた若者に対する仕事への移行支援策の一つとして期待されるのが、一般就労でも福祉的就労でもない「中間的労働市場」を提供する「社会的企業」である。単なる職業訓練の機能を超えて若者の移行期を支える、総合的な学びの場としての機能を備えた社会的企業のあり方について検討する。

欧州型社会的企業は、社会サービスの提供を目的としている対人サービス供給型と、障がい者・仕事のない若者などに対する就労機会の提供を目的としている労働統合型に大別されるが、若者支援の

図3　筆者が参加する若者支援 NPO「協同ネット」が運営するベーカリー「風のすみか」

現場で期待されるのは労働統合型である。若者の就労の場であり、労働統合の場としての社会的企業は「若者統合型社会的企業」と呼ばれ、①何らかの社会問題の解決を組織の主たる目的としていること、②課題解決のための手段としてビジネスの手法を用いること、③当事者である若者のニーズによりそって仕事を組み立てており、若者の参加を志向していること、④若者への教育訓練や就労機会の提供を目的としてもっていること、と定義される（労働政策研究・研修機構二〇一一）。そしてまた、わが国の若者支援団体へのヒヤリング調査から明らかになったこととして、その活動内容は、①居場所の提供、②教育訓練の実施、③柔軟な就労機会の提供、④一般就労への移行支援であるとし、その経営基盤の脆弱さと行政との関係のあり方に問題があると指摘しつつも、若者支援機関での取り組みに「中間的労働市場」として重要な役割を果たせる可能性があると報告している。

若者支援施策の課題は支援の最終段階での就業への移行支援である。しかしながら、支援機関を利用する若者は、正規雇用に就くことが難しいばかりか、パート、アルバイトといった非典型雇用への移行も困難であり、かりに就業したとしても継続して働けないという状況がある。このような若者に対して、短期的な雇用労働を提供し、これに職業訓練や職業紹介を組み合わせて働きながら学び、学びながら働くことのできる柔軟な働き方を通して、安定した就業状態へとスモールステップで橋渡ししていく中間的な働き場が必要になっている。仕事は単に収入を得るためだけのものではなく、社会と個人をつなぎ、働く者同士をつなぐものであり、自尊心を与え、自立の根拠となるものである。近年の欧州の政策では、社会から排除されている人々を、仕事を通じて社会に統合する包摂政策が基軸となっており、そこで社会的企業は排除克服のツールとして期待されている。またわが国においても民主党政権下の雇用対策でも、雇用創出の重要なツールとしての社会的企業の活用が言及され、二〇一五年に施行された「生活困窮者自立支援法」でもその就労準備支援機能に関心が高まっている。

教育から排除され、社会的自立過程から排除された若者たちにとって、社会的企業（若者統合型社会的企業）とは、若者たちを社会につなぎ、仲間につなぎ、社会的自立に向かう学び直しのための空間と機会として機能することが期待される。

柔軟な職業訓練プログラムを通して生まれる社会的企業の萌芽

わが国における社会的企業はソーシャルビジネスと呼ばれることが多く、子育て、介護、環境対策、地域活性化などの社会課題解決をテーマに一定の広がりを見せている。若者統合型の量的把握は困難であるが、若者支援現場における職業訓練プログラムの実施や、食やＩＴ関連の事業所など、その萌芽形態は生まれている。国が定めた「基金訓練」(4)と呼ばれる職業訓練のうち「社会貢献が感得できる働き方の実現に資する社会的事業者等による訓練を通じて、受講者の効果的な職業能力開発と就職の実現を図ること」をねらいとする「社会的事業者等訓練コース」が実施された。これは訓練手当などの経済給付もついた第二のセーフティネットとして機能することが期待され、サポステを実施するNPOなども受託し実施してきた。受講する若者たちによりそいながら、調理やITスキル、ヘルパー資格の習得といった職業訓練だけでなく、相談や対話を通したキャリア・カウンセリングや受講生の間でのグループ活動、仕事体験など包括的で柔軟なカリキュラムが組まれ、職業訓練プログラムがつくられてきた。若者統合型社会的企業や、より発展的なオルタナティブ教育機関への構想に可能性をひらいたかに見えたが、このコースは「求職者支援制度」[5]に組み替えられ、直接的に就労に結びつく職業コースだけに限定されて継続されることになった。求職者支援制度に移行したことで、居場所的機能も持ち合わせた柔軟な職業訓練プログラムの実施は難しくなった。

若者支援現場からの要請が強く、サポステの利用者を対象にした任意メニューとして「若年無業者等集中訓練プログラム」[6]も新設された。合宿形式を含む生活自立支援と職場実習(OJT)による職業訓練プログラムであり、廃止になった基金訓練コースの機能を引き継ぐものだが、受講者への訓練手当などの経済給付が条件になる第二のセーフティネットにはなりきれていないこともあり、参加を希望する若者は少なく、実施団体は少数にとどまっている。また「生活困窮者自立支援制度」においては「就労準備支援事業」や「就労訓練事業(中間的就労)」認定など、社会的企業育成につながる措置が講じられようとしている。サポステなどを利用する若者たちがこの制度を利用できるのかどうか、そもそも「生活困窮者」規定をめぐる不明点も多く残っており、この他中間的就労事業所の資格要件やその育成支援施策などについて、今後の具体化が期待されるところである。

六　若者支援とは若者たちに自己学習の機会を提供すること

若者支援機関を訪れる若者たちの多くは、個人化した競争的関係の中で教育過程から排除され、他者からの共感的承認を得ることもできぬまま自尊感情を著しく損傷し、仕事の世界に入っていく自信も意欲も持ち得ず立ちすくんでいる。若者支援とは、まずなによりも若者たちが承認欲求を充足しながら働く自信と意欲を醸成することのできる学び直しの機会を提供するものでなくてはならない。若者たちは、居場所や中間的就労の場の仲間からの承認を感受してはじめて、損なわれていた自己と他者への信頼を修復することができるし、そのプロセスを通して、人とのつながりの中で自分は生きることができるかもしれない、働けるかもしれないという感覚を身につけることができる。若者支援における学び直しとは、いわゆる基礎学力の補塡とか就労に必要な資格取得のための学習、さらには職業技能の訓練ということに限らず、この生きて働くことへの方向感覚を習得することにその本質があるといわねばならない。つまり、職業訓練は若者支援実践の中核となるプログラムであるが、それは就労に必要な教養や技術の習得が、生きて働くことへの希望の回復と統一的に追求されなくてはならないということである。若者たちが協同で取り組む学習活動や職業訓練、あるいは仕事探しの過程そのものを社会的自立、さらには職業的自立へのプロセスとしてとらえる視点が大切である。

教育から排除されてきた若者への支援とは、社会への一方的な適応を強いるようなキャリア・カウンセリングに重点を置く支援ではなく、若者たちを学習主体に据えた自らの人間発達・成長そのものを支える自己学習の機会や学び直しの場を提供することでなくてはならない。若者支援の現場がつくり出してきた各種セミナーやワークショップなどのプログラムや、第二のセーフティネットとして整備されつつある新たな職業訓練システムは、そのような学び直しの場として機能することが期待される。また、社会的企業などの中間的な仕事の場においても、そこに参加する若者にとって、働く者としての自信と喜びを習得する学習機能を備えていることが望まれる。さらには、そうした取り組みの経験を生かして、より本格的で体系的な学びの場が構築される可能性が生まれて来る。欧州に広がる生産学校のように、フォーマルな教育システムの補完機関として、生産活動と教育が統合されたオルタナティブな教育システムが、わが国においても構想される必要がある。

(1) 二〇〇三年六月、文部科学省・厚生労働省・経済産業省・経済財政政策担当大臣を構成メンバーとする若者自立・挑戦戦略会議が発表。官民一体となった若年者対象の「人材対策の強化」を総合的に打ち出す。
(2) 一九九七年末にアジア各国を強打した通貨金融危機。韓国のGDPは急落し失業率は過去最高となり、世帯主の失業・貧困による家族解体やホームレスの急増など、韓国社会はそれまで経験したことのない深刻な危機に陥った。
(3) 一九九九年に延世大学(趙恵貞教授を中心に)がソウル市から事業委託する形で設立された、子ども・若者のための居場所でもある若者の文化育成センター。
(4) 二〇〇九年から実施。所得保障付き職業訓練。「社会的事業者等訓練コース」の二〇一〇年度実績は、コース数一五八、定員数二四九七人、実施団体数およそ一六〇で限定的な存在。
(5) 二〇一一年一〇月より。評価指標は雇用保険付き就労の就職率。現場での弾力的カリキュラムの困難化。
(6) 二〇一三年度より。一四年度一六団体が実施。実施団体には訓練奨励金支給、受講者には経済給付なし。

参考文献

乾彰夫（二〇一〇）『〈学校から仕事へ〉の変容と若者たち――個人化・アイデンティティ・コミュニティ』青木書店。

児美川孝一郎（二〇〇五）「フリーター・ニートとは誰か――つくられるイメージと社会的視点の封印」佐藤洋作・平塚眞樹編『ニート・フリーターと学力』明石書店。

斎藤環（二〇一三）『承認をめぐる病』日本評論社。

佐藤洋作（二〇〇五）「〈不安〉を超えて〈働ける自分〉へ――ひきこもりの居場所から」佐藤洋作・平塚眞樹編著『ニート・フリーターと学力』明石書店。

高橋勝編著（二〇一一）『子ども・若者の自己形成空間――教育人間学の視線から』東信堂。

田中治彦・萩原建次郎編著（二〇一二）『若者の居場所と参加――ユースワークが築く新たな社会』東洋館出版社。

竹内常一・佐藤洋作編著（二〇一二）『教育と福祉の出会うところ――子ども・若者としあわせをひらく』山吹書店。

荻野達史（二〇〇六）「新たな社会問題群と社会運動――不登校、ひきこもり、ニートをめぐる民間活動」『社会学評論』五七巻二号。

本田由紀（二〇〇五）『多元化する「能力」と日本社会――ハイパー・メリトクラシー化のなかで』NTT出版。

宮本みち子（二〇〇九）「若年層の貧困化と社会的排除」森田洋司監修、森田洋司・矢島正見・進藤雄三・神原文子編著『新たなる排除にどう立ち向かうか――ソーシャル・インクルージョンの可能性と課題』学文社。

立命館大学大学院社会学研究科（二〇一二）『韓国の若者が抱える困難と支援に関する調査報告書』立命館大学。

労働政策研究・研修機構（二〇一一）「「若者統合型社会的企業」の可能性と課題」『労働政策研究報告書』一二九号。

大串隆吉（二〇〇九）「学校中退者、無業の若者を支えるデンマーク生産学校」『協同の発見』二〇九号。

レイヴ、ジーン、エティエンヌ・ウェンガー（一九九三）『状況に埋め込まれた学習――正統的周辺参加』佐伯胖訳、産業図書。

ブックガイド

高橋勝編著（二〇一一）『子ども・若者の自己形成空間――教育人間学の視線から』東信堂。

激しく揺れ動く社会の中で、孤立化し苦しむ子ども・若者が大人になっていくための「自己形成空間」のあり方を、若者の居場所、メディア空間、学校などの臨床的空間へアプローチした複数の論文による共著。

田中治彦・萩原建次郎編著（二〇一二）『若者の居場所と参加――ユースワークが築く新たな社会』東洋館出版社。

困難を抱える若者をターゲットとした福祉的な居場所ではなく、若者自身が自ら創り出す居場所とそれを実現するための政策や地域コミュニティのあり方など、ユースワークの観点から現場からの論考も交えた多面的居場所論。

ジーン・レイヴ、エティエンヌ・ウェンガー（一九九三）『状況に埋め込まれた学習――正統的周辺参加』佐伯胖訳、産業図書。

学習とは、学習者の個人の頭の中ではなく、共同実践への参加を通して技能や知識を変容させ、アイデンティティを確立していくプロセスであるとする。学習における学習者と外部環境との関わり合いについて考える上で、その原点となる書。

【コラム】
社会的排除を防ぐフィンランドの教育制度

ある生徒が授業についていけないとき、「学力の低さ」や「学習意欲の欠如」といった、学ぶ側の問題を教師は語りがちである。そんな生徒が一人二人ではなく「層」として在籍する高校(いわゆる「非進学校」や定時制・通信制高校)では、彼らが学び続けられるように、授業方法や内容を工夫している。しかしそれでも不登校や中途退学を食い止めることができずにいる学校も少なくない。座学による従来の教育方法になじめない若者は、教育から排除されるリスクをつねに抱えている(授業についていけないのは、生徒の自己責任だとされる)。

フィンランドには平等と公平を追求してきた優れた教育制度がある。しかし、わが国でも一定の評価を受け注目されてきたフィンランドの義務教育である基礎教育学校(九年一貫制)をドロップアウトする生徒の存在が、フィンランドの学校現場では問題になっている。彼らの中には、否定的な学校経験(不登校、いじめ体験、問題行動、授業についていけない)をしてきた者が多く、その後、失業、低所得、アルコール依存、住宅問題、精神疾患等の困難のために社会の周縁に追いやられるリスクを抱えていることが明らかになっている。フィンランドでは、少数ではあるがこうした社会的排除のリスクを持つ層の子どもが基礎教育学校を修了すること、加えて基礎教育後の進学を可能にする成績を獲得することが、彼らを社会に包摂する教育政策上の課題になっている。

二〇〇六年、各自治体は前期中等教育段階にあたる基礎教育学校の七学年から九学年(一三歳から一六歳の年齢)の生徒を対象に、基礎教育内容をより弾力的に展開する学校(以下、JOPO)の設置が可能となった。JOPOは、通常の学校が一学級二五名前後のところを八~一〇名の少人数学級にして、通常の学校では修了が困難だと自覚する生徒を本人と保護者の同意のもとに受け入れている。学校を基盤とする学習に加えて、ノンフォーマルな教育活動として、職場を基盤とする学習とキャンプや校外実習などの学外環境で行われる活動が重要な教育活動として位置づけられている。通常七学年から九学年を担当するのは教科担当教師だが、JOPOでは特別教育教師が担当する。また各学校にはユースワーカー(学校によってはソーシャルワーカー)が常勤しているが、JOPOでは、この二者が構成するチームで、個別の学習計画は特別教育教師が、キャンプ実習等社会的成長に焦点を当てた活動や家庭支援、後述する職場実習のコーディネイトはユースワーカーが担当する、といった多職種連携協働体制をとっている。

JOPOの教育は、職場を基盤とする学習が核になっている。年間授業日数一九〇日間のうちおよそ四割の八〇日間を生徒たちは自分の興味・関心に基づいて選んだ職場で過ごす(一日六時間)。例えば、ヘルシンキ市立のある学校の場合、原則週二日間学校で授業を受けて、残りの三日間を職場で過ごす週が設けられている(一年間に四つの職場で各二〇日間程度)。

ユニークなのは、教師が、学習計画に沿った教科教育の内容と、生徒が従事する仕事とを関連づけた課題を出すことだ。生徒は教科教育で修得すべき知識を、自分の仕事に関連したかたちで学んでいく。レストランで職場実習をしている生徒は、「職場で使われている用語を英語とスウェーデン語で書きなさい(二〇単語)」「あなたの職場には、次の人はそれぞれ何パーセントいますか(男性、女性、子ども、大人)」などといった課題を出され、外国語や数学の単元内容を学ぶ。こうした教科学習に加えて、生徒は実習中に仕事に関する学習課題も出される。①実習先の職場や仕事の内容について調べる(給与基準や労働組合の加入方法、どのような技術や仕事に対する姿勢が要求される仕事なのか)、②指導担当の職場のメンター(助言者)や同僚の働き方を観察しインタビューをする、③それらをもとに、従事した職業が自分の適性や能力にあうものか、次はどのような実習をするか、などの振り返りをする。実習の評価は、単に感想レポートを提出して終わりにするのではなく、教師とメンターと生徒の三者で実施される。他者からの肯定的な評価は、生徒が自己を再評価し自尊感情を高める大きな効果がある。ある生徒は「JOPOで仕事をしながら勉強していることについて、友だちはどんなふうに言っていますか?」という私の質問に対して、「あんまり、オーバーなリアクションはしてくれないけど、たぶん羨ましく思っていると思う」と答えた。

あるJOPO関係者はこの制度について次のようにとらえている。座学が苦手で学習に対して否定的な経験しかもたない生徒たちなので、成績は通常の学校修了者と比べれば相対的に低い。しかしながら、職場を基盤とした学習を通して、①学習動機および自己肯定感が高まり、人生を前向きに歩むようになる点、②就きたい仕事を見つけ、そのためにより専門的な技能を学ぶという目的を明確にして職業学校に進学していく点、③まれだが進学がかなわなかった場合でも、職業実習による「就業履歴」は就職の際に有利になる点、④そして義務教育修了証を取得して卒業できる点、により社会的排除のリスクを回避する効果がある。

今わが国で進められている教育制度改革には、「教育の質を向上させ、一人ひとりが持つ可能性(能力)を最大限伸長すること」が前提にある。本気でそれを実現しようとするならば、ノンフォーマルな教育の要素を取り入れたこの大胆な教育制度(JOPO)は、社会的排除のリスクをもつ若者のポテンシャルを引き出す教育制度として示唆に富むだろう。

＊　ＪＯＰＯの詳細は、拙稿「フィンランドにおける社会的排除のリスクをもつ若者に対する基礎教育制度――Flexible Basic Education: ＪＯＰＯ実施校調査から」（『人文学報』四七一号、首都大学東京人文科学研究科、二〇一三年、三九～六三頁）を参照されたい。

（西村貴之）

第3章　若者支援の変遷と日本社会が直面する課題

――支援の現場から(1)――

白水崇真子

はじめに

私は「就労支援」にこだわって現場畑を転々と歩き、時代のニーズに合わせてサービスを創ってきた。気がついたら三〇年が経つ。参考までに、今まで関わってきた支援現場とその年代を掲げておく(表1)。本稿では、私の取り組みの歩みを記述することを通して、若者の就労支援の現場が各時代に直面してきた課題について描いていきたい。

就労・自立支援に対しては賛否両論がある。無業者を労働へ半強制的に誘導するイメージがあるからかもしれない。しかし、働くことは「人間の尊厳」を守るために重要な要素であり、孤立を防ぐための最良の手段だと感じてきた。先進国のほとんどが若者政策を打ち出し、ユニバーサルサービス(すべての若者が個々の状況にあわせて発達・成長するためのサービス)を実践している。これらと比較したとき、日本の若者支援は、「支援窓口に相談に来る人」「サービスを利用できる人」しか捕捉しない限定的な支援に留まっている。

表1　筆者が関わった支援現場とその時期

年	従事した事業・支援現場	時代背景
1986～1991	男女雇用機会均等法調査団 "Girls, be ambitious!"	バブル
1991～2007	大阪地域職業訓練センター（A′ワーク創造館）	バブル崩壊・氷河期
2007～2010	西成24時間カフェ（ネットカフェ難民） 阪神北部にてNPO支援（震災復興地域人材マッチング）	リーマンショック 派遣切り・非正規拡大
2010～2011	神奈川県横浜市にて不登校・ひきこもり青年の共同生活型自立支援	
2011～2014	大阪府豊中市にてパーソナルサポート・モデル事業，生活困窮者支援制度化にむけたモデル事業	生活困窮者自立支援法
2012～	高校における居場所事業	
2013～	とよなか若者サポートセンター	
2015～	大阪府四條畷市にて全小中学校における子どもの貧困対策事業	子どもの貧困対策法

日本の若者たちは、所属する学校や会社から離れた瞬間に「社会漂流者」となり、見えない存在とされる。そして次に浮かび上がるのは、数年後、長い人は二〇年後、経済的に困窮したり心身を病んだりして、福祉の窓口にたどりついたときだ。対応の遅れは困難を重複化させ、自立を阻む大きな要因となり、本人の苦しみも対応コストも莫大となる。長年ひきこもり支援に携わった経験から、社会漂流している若者たちへの早期支援アプローチと包括的支援の優位性、社会漂流を予防し捕捉できない階層を作らないユニバーサルサービスの必要性、そして、そのための有効な手段を示したい。

一　若者支援現場から見た若者の変遷

バブル崩壊と労働のフロー化

大阪にマイノリティのための職業教育施設として、

大阪地域職業訓練センター（A′ワーク創造館）が公設・民営されたのは一九九一年だった。ちょうど私の大学卒業が重なったこともあってそこに入職した。センターはアメリカのコミュニティカレッジをモデルに構想され、中高年齢者、被差別部落出身者、障がい者、母子家庭の母親、在日外国人など「就労困難者」と呼ばれる人たちのための生涯学習と職業教育の機会提供を目的としていた。

当時相談企画課長であった高木典子氏は、バブルの崩壊と労働のフロー化により終身雇用枠が減少し、派遣などの非正規労働者を中心に生涯にわたるキャリアマネージメントが必要な人々が出てくるだろうと予測し、労働者が自分自身の権利と仕事を守るための学習と人脈作りを念頭に置いて、講座・イベント・相談の三本柱を企画した。半期で一〇〇種類以上のセミナー、二〇〇〇人以上の受講生を受け入れた。私自身は企画・運営・相談に従事した。受講生は七割が女性で、当時増えていた派遣などの非正規の二〇～三〇代であった。パソコンや貿易事務でスキルアップして時給を上げることをめざす女性たちや、組織のガラスの天井に嫌気がさして独立したい元気な女性たちだった。一方、男性は主に五〇～六〇代で、定年退職後の生き方を模索してボランティア講座や趣味のパソコン学習を受講するというように、男女の受講者は対照的だった。企業内の男女間格差が明確に表れたといえる。

困難を抱える若者の増加

その後の社会変化を如実に示したのは、識字学級（大阪府教育委員会からの委託で行っていた）の受講生の階層が二〇〇〇年前後に一変したことだった。九〇年代は、学齢期に貧困や差別で義務教育の機会を奪われた五〇～六〇代が中心で、「子育てもひと段落した」と学びに来る人が大半だった。しかし九〇年代末から、「働かなければならない歳になったが、学校も出ていないし不安」「不登校からひきこもりになり、働きたいけどどうすればいいか分からない」という一〇代後半から二〇代が急激に増えた。やがて、「これから学級」と名付けた識字学級の席には、若年者しかいなくなった。

図1　豊中版若者支援ガイドマップ

相談・企画を担当していた私は、それまでの識字プログラムを変更する必要に迫られたが、当時「若年者」「ひきこもり」を担当する窓口は行政にはなく、実態が把握できなかった。労働市場で最も強者と思われていた若年者が、実は弱者となり課題が深刻であるにもかかわらず[1]、サポートする機関や情報が少ないことを痛感した。そこで二〇〇二年に、民間で居場所作りをしている方々や、フリースクール、公共の精神保健機関、教育機関の方々に声をかけ、持ち回りの自主学習会を開催した。そこで共感した金城隆一さん（現・NPO法人ちゅらゆい代表）とともに、困っている若者たちが利用できる機関や団体の情報誌を作りたいとセンター内で提案した。公民協働など非常識だった組織内では反対の声も強かったが、若者にとって必要であるにもかかわらず世にないものは作るしかない、と調査を開始した。そして二〇〇四年に、「関西「社会的ひきこもり」支援ガイドマップ」を完成。その後、二〇一三年に当事者である若者を加えて、「豊中版若者支援ガイドマップ」（図1）と、若者がアクセスしやすいウェブページを完成させた（章末URL①）。それは、若者に分かりやすい言葉で、自らが支援機関を選択・利用できる条件を整備したいと考えたからである。

ＮＰＯの台頭と広がる公民協働事業

二〇〇五年以降、大阪府・市は若者支援やコミュニティ・ビジネス（以下、ＣＢ）に関する民間委託事業を開始した。私は二つの事業を企画・提案した。一つめは地域の商店街における出店・運営と、企業内職場体験を軸にした企画である。「これから学級」で元気になっても労働市場に馴染めず、訓練センターに戻ってくる若者の多さを見て、職場体験の必要性を実感したからである。二つめはＣＢやＮＰＯの支援事業の企画である。若者をいくら訓練しても、企業や事業所の方で受け入れを増やし、人材活用力をつけてもらわねば継続就労には限界があると感じていたためである。

二つの企画の実施によって、若年労働者と受け皿となる事業所・地域の両方を応援できる環境になり、マッチングを進めることができた。働き手と雇用者側の調整を経験し、ますます地域とＣＢ事業所への応援の必要性を実感した。時代は「民でできることは民で」に変わり、大阪府下の第三セクターの多くは解体の方向へ向かっていた。私自身も勤務していた財団法人の内部調整に労力を取られ企画や相談に割ける時間が減っていた。若者のＮＥＥＴ状態が進む事態に「国家の存亡」を危惧した小泉・第一次安倍政権は、企業への雇用促進を中心とした若者支援機関を次々に設置した。ジョブカフェ、若者自立塾、地域若者サポートステーションなどである。ＮＰＯ法（一九九八年施行）の定着とともに行政と民間の協働事業が増えてきていた。

そんな流れの中で「民の立場でも公の仕事ができるのでは」と、二〇〇七年にキャリアブリッジを起業した。この団体のミッションは、若者や女性が「自由に働き、自分らしく生きる」ために、企業・地域への橋渡しを行い、継続的な就労・幸福な生活を実現することだった。

二　若者支援事業の展開

仕事と家を奪われ困窮する若者たちの急増――「生活の場」へ出かけて行く支援

二〇〇七年からの三年間、キャリアブリッジでさまざまな立場の若者を支援した。時代は未曽有の大不況、関西は阪神淡路大震災の爪痕も残り復興途中であった。私は兵庫県のNPOセンターで震災復興事業・地域人材マッチングおよびCB起業運営支援を担当した。また大学で社会的起業を目指す学生にNPOやインターンシップ論を教え、ハローワークの若者窓口相談員をするなど、日々現場を移動しながら、若者たちの課題解決に関わった。西成あいりん地区付近では二四時間カフェ（NPO法人「こえとことばとこころの部屋」が運営）で就労支援イベント企画や相談を行った。このカフェを利用する若者のほとんどが、ネットカフェ難民や年収一〇〇万円以下といった厳しい生活困窮の状態であった。だからこそ若者たちの自尊感情と自発性を大切にするため、客として来る彼らが「偶然」仕事や福祉の相談ができる人（つまり私たち）と出会うという形で、私たち専門家がアセスメントと支援策を情報提供するという方法をとった。その後再び客として訪れた若者たちがカフェの店員と雑談する中で、店員が「リスクが高い」と感じたら、もう一度私たちにつないで解決へ進むという方式である。この形だと、「相談した専門家がなんとかしてくれた」のではなく、「進路選択と自立は自分で勝ち取った」と受けとめるようになり、しんどいときに踏ん張れる力となる。

どこで相談できるかわからない人や、誰かに相談するという経験がない人、困窮状態で相談に行く余裕のない人、行政不信の強い人、福祉や医療機関を毛嫌いしたり引け目を感じたりする人は、いくら「相談窓口」を作っても決して支援にはつながらない。普通のくらしや職場で出会う人達による、自然でサポートフルな言動(ナチュラルサポート)と、特別な事情や特性に対応した、専門的な知識や経験をもつ支援者による支援活動(スペシャルサポート)の連携の大事さを学んだ。

女子生徒が抱える多重な困難——「就労支援」の限界

地域の支援機関として定時制高校の現場にも入った。ここでは女子生徒の複雑で困難な実態を目の当たりにした。進路指導部と協働して卒業年次生の就労支援をしたが、成功したのは男子生徒ばかりだった。男子生徒は、支援に当たって保護者の理解と協力が得やすかった。逆につまずきがちな女子生徒に対しては、親の意識が違う。「無理させなくていい」「家事をやってくれればいい。やってくれないと困る」と言い、進路未決定で卒業するケースもあった。つまり、男子に比べ家族の「就労・自立」への期待が薄いため、社会への「押し出し」が弱いのである。

成績などで評価された経験が少ない彼女たちは概ね自尊感情が低く、就活への不安を抱え、家族に必要とされることで自身の存在価値を見出し、「家事手伝い」として、社会的に見えない存在になる。女子は家庭でも労働市場でも、あらゆる被害者になりやすい。生活指導部や担任を通して私たちにつながった女子生徒の多くは一年生で、ネグレクト、被暴力・性被害、家族やバイト先からの搾取など、非常にリスクの高い彼女たちはいつのまにか目の前から消えていた。貧困と暴力がつながっていること、進路への絶望感を抱いていること、家族関係のしがらみからのがれることの困難さに衝撃を受けた。「就労支援」「相談支援」の限界を実感した経験だった。

一五歳にして将来を諦めている彼女たちには、「経済的自立は叶う、夢は実現できるんだ」と信じられる仕事との出会いが必要になる。そして若い彼女たちががんばり続けるには、「保護者が見守ってくれなくとも、地域の信頼できる大人が自分には付いていてくれている」という安心感と帰れる場所も必要だ。つまり、現在の学校機能だけでなく、教育と福祉と労働と地域が連携しなければ対応できない若者が特に女子に増えている。彼女たちが直面する厳しい現実を改善するには学校によるサポートだけでは足りない。学校内外の連携によってこそ効果的・現実的解決が促進され、継続的サポートが可能になるのである。

〈ケース1〉Aさん、一六歳、一年生

母子家庭でバイト代一〇万円を家計補助として入れ、不登校気味。教員志望だったのを学費の問題で断念したが、子どもの学習支援の職場体験(バイト)で進学の意欲を見せるようになった。ネグレクトでありつつ母子密着が見られ、母親の言動に囚われる傾向があった。職場でも不当な扱いを受けるが、「自分がいないと職場が回らない」と続けていた。彼女には長期間見守り続ける場と信頼できる大人の存在が必要であったが、春休みの間に母親の意向に沿い退学願いを出し、つながれなくなった。

学校内に居場所を作る

「就労支援」では対応できない、このような女子生徒たちを見失わないためには、彼女たちの自然な日常である学校内でリスクを発見し、中退を予防し、サポートできる大人のなかに居続けてもらうためのキャッチ&キープ機能が必要不可欠だと確信した。そこで学校の了解を得て、職員室横の和室に「居場所」を開設したのが二〇一二年五月である(図2)。週四日、授業開始前から放課後の二一時半まで、男女二人のスタッフが担当した。ドアは常に開けてあった。ここでは中退予防と生活リスクを把握することが目的だった。安心できる空間で雑談やつぶやきを受け止め、学校に来ることを定着させ、次にリスクの解決策を提示した上で本人の選択をサポートする。そして日常的にかかわる先生たちとの連携に最大限注力した。

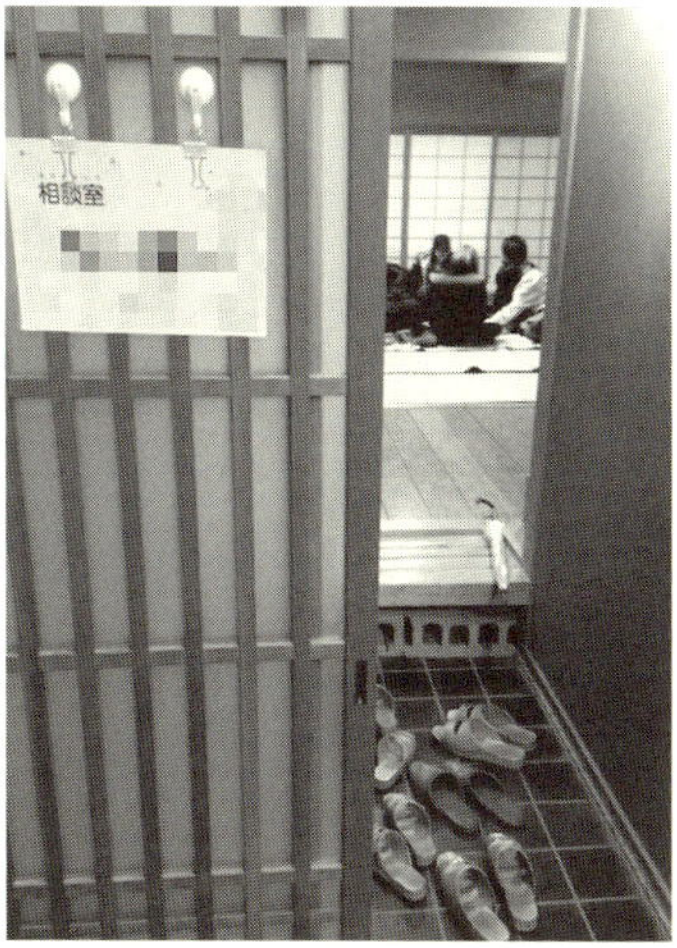

図2　定時制高校内に開設した「居場所」

「居場所」の利用者は全校生徒の半分にのぼり、男女比はほぼ均等だったが、男子は仕事の息抜きやバイト情報の収集に利用することが多く、長時間滞在する〝常連さん〟は圧倒的に女子が多かった。彼女たちはネグレクトの結果からか、女性スタッフへの身体接触を過剰に行う傾向があった。放課後も家に帰りたがらず学校周辺をうろうろする、もしくは深夜のバイトや、彼氏、友達の家へ向かう子も多かった。家族との関係が悪くとも、男子はバイト代を自分の生活費や学費に充て、「卒業したら働いて家を出て自活する」と自立へと進むのに比べて、女子は昼間のバイト代は家に吸い取られていた。

「どうせ学費が払えへんから」「自分が家計に入れへんと家族が困るから」「弟妹たちの面倒をみないとあかんから」と自分の夢や自立を諦めている女子生徒が多かった。② 「親権」の名のもと、ひどい暴力や支配に晒されて自分から動くエネルギーも枯渇した状態で、世帯分離も視野に入れた介入が急務だったケースもあった。

〈ケース2〉Bさん、一五歳、一年生

多児家庭の長女。両親共働き、困窮状態。障がいを持つ兄弟が複数おり、家事全般と家計補助を担う。音楽療法士になる夢を持つが、高い学費に「どうせ無理」「弟たちの学費が先」と諦めていた。しかし、地域の緊急雇用事業で高齢者の見守りの仕事に入職できた。やりがいもあり、働きながら介護士の資格も取得でき、福祉現場の大人とネットワークができたことで、諦めていた夢を取り戻し、休みがちだった学校にも元気に通い、福祉職を目指している。

〈ケース3〉Cさん、一七歳(～二〇歳)

ネグレクト家庭に育ち、実家に帰らずバイト先に泊まる生活を心配した教員よりTPS(TPSについては第三節参照)に誘導された。成績優秀で卒業時に正社員として就職するも体調を崩して長期欠勤し「申し訳ない」と退職手続きもできずにいた。学校推薦であったため企業への交渉をＴＰＳが担当。その後、妊娠、結婚、出産するがＤＶを受け孤立。母子ともに危険と友人から養護教員に連絡が入り、教員からＴＰＳへ緊急相談があり、福祉関連機関と連携し、かろうじて保健師とつながったが、ハイリスクな状態は続いている。

男子学生に多い就労・自立の困難——発達障がいの視点から

次は男子の就労阻害に注目してみる。ジェンダー的に経済的自立のプレッシャーが強い男子は、就労支援のプログラムに乗りやすい傾向がある。本人や家族のやる気はあるし、労働市場も男性のコアスタッフをほしがるのに、なぜ就活・就労がうまく行かないのだろうか。

現場の実感としては、「発達障がい」が就労の阻害要因になっていることを年々感じている。この障がいは脳の小さな器質的変異が原因と言われ、生来男性の方に多く発生し、時にその比率は女性の八倍とも言われる。二〇年前はこの障がいの存在すら知られず、「ひきこもり」として把握されていたように思う。彼らは学齢期には変わり者、もしくは極端に大人しい子ではあるが、成績はいいし反社会的行動も起こさないからと見過ごされ、就労現場ではじめて「仕事ができない人」として解雇されたり、適応障がいを起こしてメンタルダウンしてしまうケースも多い。

学齢期にそのリスクが発見され、本人や家族が理解し、ソーシャルスキル・トレーニング（ＳＳＴ）などの適切な支援があれば、社会に出てからも本人の自覚と周囲の理解を得て、比較的うまくいくことが期待できる。また、本人の能力の凸凹に合わせて職場環境を整えられればもっと多くの人が継続就労できるだろう。実際、一部の職業訓練所や特例子会社などでは取り組みが進んでいる。札幌市は、職場での対応マニュアルの実践例を作っていて参考になる（章末URL②）。行政、教育現場、企業・専門支援機関が連携すれば、彼らの孤立は避けられ、発達障がいに起因する不登校・無業・解雇・ひきこもりなどの課題は解決の方向に進むだろう。

〈ケース4〉Dくん、二〇歳、卒業年次

バイトも長続きせず、就活もうまくいかないと進路指導の先生より紹介を受けた。面談を約束してもその時間と場所に来ることができず、就労前準備が必要な状態だった。発達障がいが疑われたため、安定的就労には専門機関での訓練と出口（就労先）の用意が必要と見立てた。生活困窮状態にあったため、訓練手当の付く支援機関を探す。本人と両親の了解を得て、障害者福祉制度を利用する手続きと訓練機関受験のサポートをして、彼は福祉手帳を取得、訓練校に入学できた。いきいきとトレーニングを受け、半年後、無事就職を果たした。

〈ケース5〉Eくん、一六歳、一年生

義務教育段階から不登校傾向。学校には来るが教室に入ることができず、階段でうずくまる彼を、校内巡回中のスタッフが「居場所」へ誘導。最初は学校に来ても「居場所」に来て納戸のような隙間にて一人無言で過ごしていたが、そのうち他の生徒たちがゲームに誘い、教室に同行してくれるようになる。一度入室できた後は授業を皆勤し、無事単位を修得・進級し、今では元気に通学している。

三　豊中市パーソナルサポートセンターの実践

次に、豊中市パーソナルサポートセンター(TPS)(3)の活動を紹介したい。パーソナルサポート事業は二〇一〇年、内閣府の提唱により、様々な生活上の困難に直面している人々に対し、個別的・継続的・包括的に支援を実施するモデル事業として開始された。

豊中市にはパーソナルサポート事業の拠点が三カ所ある。市役所内にある地域就労支援センター、豊中市社会福祉協議会、そして、私たち専門家が所属するTPSである。TPSは二〇一一年五月、豊中市の生活困窮世帯集積地域に事務所をオープンした。

モデル事業開始にあたり新設されたTPSが着手したのは、生活困窮や家族問題、障がいなど多重に困難を抱え、従前の「縦割り」では課題解決に至りにくい人を担当する包括ケア(オーダーメイドサービス)である。入口(阻外要因の見立てと支援)から出口(就労や訓練・福祉など)までを地続きで支援する機関として組織設計・運営を行った。

TPSは、市民から直接相談を受けるのではなく、福祉や教育など既存の相談・支援窓口から、「自分たちの部署では解決しにくい多重困難を抱えている方がいるので、スペシャルケアを行ってほしい」というリファー(照会)を受けて協議し、本人の了承を得てから支援を開始した。単年度という期限付き事業でありながら、これまでにない新たな市民サービスとして、就労・自立支援モジュール

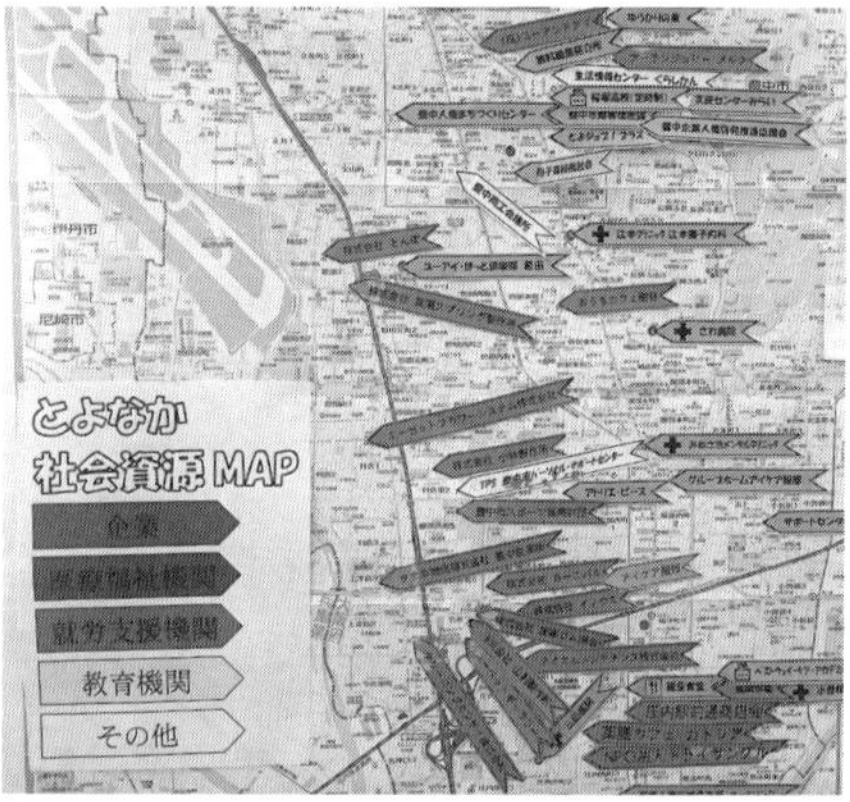

図3　TPSと協力関係を築いた企業・医療福祉機関・就労支援機関・教育機関を地図上で「視える化」した．地域の社会資源情報を共有・活用できるMAPである．

を確立することがミッションであった。単体の相談窓口では支援しづらい、就労阻害要因が複雑化・多重化している人たちがサービス対象者であり、ＴＰＳには「就労・自立まで距離の遠い人」を短期間に支援して出口へ誘導し、一人ひとりの居場所と出番を用意する任務が課せられた。私は組織デザインと設計を担当し、サポートスキームを作り、人材を集め、事業開始から運営を行った。

ＴＰＳは、二つのチームから編成されている。包括的に個別の支援策を立てる専門家集団「ケース応援チーム」と、多様な出口を探し、つなぎ、創る出口開拓集団「出口応援チーム」の二つで、この二つの連結型支援スタイルが最大の特徴である。ケース応援チームは、地域医療にくわしい看護師、一人一人の特性にあわせた職場環境を整備することができる発達障がい支援員、障がい者の生活相談経験のある臨床心理士・社会福祉士、就労困難者支援経験の長いキャリアコンサルタントなどから結成され、相談者を中央に置いた多面的なアセスメント・支援方針策定と実行を可能にした。相談者は、ケース応援チームによる出口設定ができた時点で、出口応援チームへ徐々にバトンタッチされ、出口へと誘導される。出口としては、企業就労から福祉的就労、訓練や地域活動、医療や福祉現場など、多様なグラデーションが必要となる。そのため、地域にどれだけの社会資源があるのかを探し、つなぐ役割がＴＰＳに課せられる（図3）。

障がいをもっているにもかかわらず自己認知が進んでいない若者で、福祉制度を利用した就労のほうが安定的に働けると判断した場合は、障害者手帳を取得するサポートを行い、制度利用の紹介とともに、訓練施設や福祉作業所へ同行し進路決定をサポートする。また、多重債務を整理したり、医療機関にかかるなどの安定した地域生活による安心・安全な暮らしを最優先する人には、最適と思われる地域資源につなぐ。この出口のグラデーションがあることが地域の豊かさである。そのうえで、最適な場所を、顔の見える関係の中でマッチングすることは極めて重要な仕事である。

こうした支援を行った結果、一般就労した人が四六％（うち福祉制度利用四％）、訓練・支援機関に誘導した人が二七％、医療その他への誘導が二七％であった。支援期間は六カ月を目標とした。困難性の高い人を半年未満という短期間で一般企業への就労まで誘導できたのは、「相談」→「ケース応援チームによるケースアセスメントと支援策策定」→「出口応援チームによる地域資源発見・誘導・定着」という一連の支援を、専門家チームが、ＴＰＳという一カ所の組織で対応できたからにほかならない。

四　若者の自立支援の方法とは

一〇代学齢期の若者を支援する理由

パーソナルサポート事業は子ども・若者に限定したサービスではない。全国的に見れば、サービス

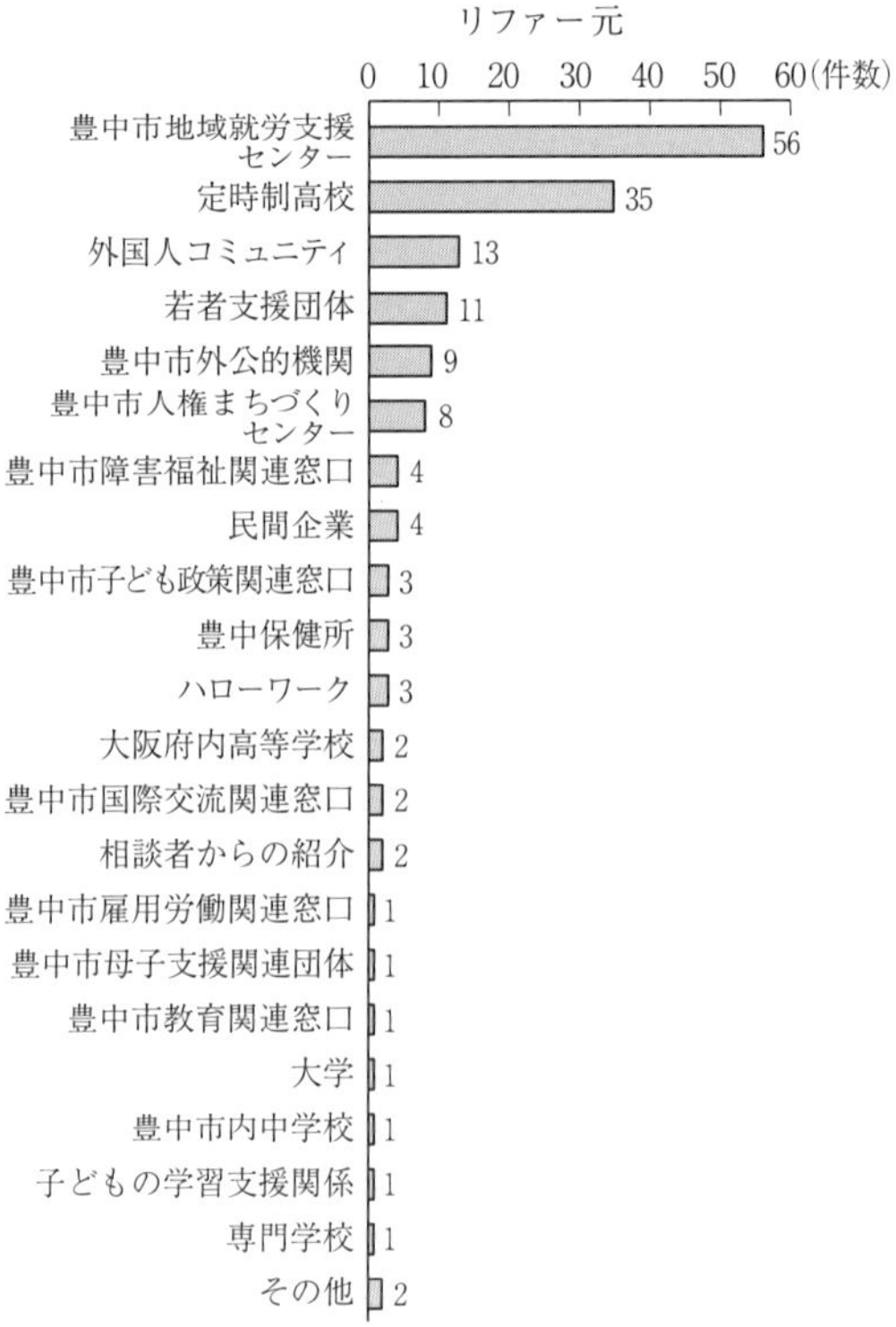

図４ TPS ではアウトリーチとリファー方式により，それまで行政の相談窓口に来ることがなかった生活困窮者を捕捉することができた．リファー元は多岐にわたる．（2011 年 5 月～2013 年 3 月）

利用者の多くは五〇～六〇代の長期無業・ホームレス状態の人々だと聞く。その中で、ＴＰＳは若者（二〇～三〇代）の利用が全体の七割を超えている。その理由は、ＴＰＳが他の機関からのリファーによる相談受付の形態を取り、単体の支援窓口では課題を解決しづらい若者のためのキャッチ・誘導ツールを作ったからだと思われる（図４）。具体的にいえば、人権まちづくりセンターや子ども家庭センター、民間の若者支援ＮＰＯや医療機関、そして地元定時制高校との連携体制の整備などにより、若者の相談者が増えたのであろう。自発相談とリファー方式とでは男女の比率に違いが出る。たとえば、自発相談が前提のとよなか若者サポートステーションでは男性六六％、女性三四％（二〇一三年度。総数三二一人）という利用者率だが、リファー方式でリスク層をキャッチするTPSではほぼ均等になる。これは前述した相談窓口に行けない女性、しかも若年でハイリスクな女性が多いことを示している。キャッチするための場所に出かけて行くアウトリーチ方式や、支援機関間最適化（一人一人に合った最適な支援がどの機関のどのサービスを利用すれば最も効果的か判断・連携すること）・リファーのためのポイント制導入[4]などが、効果的だったといえるだろう。

ではなぜ、困難を抱える若者を対象とし、特に教育機関との連携に注力したのだろうか。その理由は、私の一五年に渡るひきこもり支援経験とデータが示す現実があるからである。支援の効果を高めるためには一〇代学齢期、つまり就労前支援が重要である。

二〇一〇年、私は神奈川県で実施された合宿型基金訓練[5]で、就労支援を担当した。訓練に参加した六三名のデータからある顕著な傾向が出た。学齢期の不適応だ。若者たちの平均年齢は二五・八歳だった。彼らの六割以上は不登校経験者であり、二割が一〇年以上の長期ひきこもりだったが、そのほとんどが中学時代に不登校となり、そのままひきこもりが長期化した人たちだった。「一度も支援機関を利用したことがない」が一位で二割弱を占めた。二位が「医療機関のみ利用」、三位に「民間の支援機関や親の会利用」と続き、学校内で支援を受けた経験はほとんどない。就業経験に関しては、正社員の経験があるのは一三％しかおらず、それも学卒時に就職できた人だけであった。

障がいに関しては、私見ではあるが、知的障がいが一割強、精神障がいが二割、発達障がいが三割強、つまり六割に障がいの可能性が見られた。しかしながら、合宿への参加時に福祉手帳を所持していたのは一名だけであった。学齢期になんらかの不適応を起こしながらも見過ごされ、適切なケアを受けられずに成人年齢・就労年齢になってしまった彼らの苦悩と困難は大変なものであった。そのような若者の進路や自立への道は、復学や訓練、福祉制度の利用などさまざまなサービスを組み合わせ、地域や行政、企業などの協力があってはじめて拓かれた。

この経験が、すでに述べたような学校応援事業(居場所づくり)やTPSの包括支援スキーム、生活・家族・企業・行政・地域が連携して出口(解決と継続)を探し創るチーム支援へとつながったのである。

若者を支援する企業・行政・地域の役割

職場体験先と仲介役の存在があれば、たとえ就労が継続できなくとも「自分に何が足りなかったのか」が事業所からフィードバックされる。応募段階での連続不採用や非正規で突然の解雇が繰り返される苦しみとは違い、自己理解と職業理解の促進、成長へのステップとなり得る経験にできる。横浜ロータリークラブはそのネットワーク力で、実にさまざまな職場体験先を用意してくれた。これには横浜市役所青少年育成課からの後押しも大きく、後に青少年育成課は「企業にお願いするのなら、自分たちの課内にも職場経験の場を作ろう」と長期の職場体験枠と教育プログラムを作った。その実践は市役所全体へ広がり、その結果、二〇一〇年度には一〇〇人以上の若者が市役所に体験・アルバイトの形で受け入れられた。私たち支援者は専門家として彼らの特性にあった業務マニュアルを作成した。また、遅刻欠席がないよう生活支援を徹底した。

職場体験は効果がある。私が何度言っても髪を切らなかった若者が、職場体験先で言われた「ホテルマンにもみあげはない」という一言で次の日には散髪に行くなど、働きたい彼らにとって就労現場での体験は何物にも代えがたい効果がある。それだけではない。受け入れ側の企業や行政にとっては、さまざまな若者がいることに気づき、一定のサポートがあれば就労が可能であることを知り、門戸を開く最初の経験となった。お互いが出会い、理解し、パートナーとなる機会と時間、プログラムが必要なのだ。このような行政、地域、企業が増え、住む家と支援者がいれば、多くの若者が生きていけると確信している。

まとめ——若者に必要なのはユニバーサルサービス

以上、私が一九八〇年代からたどってきた若者支援の現場と、その対象となった若者の実態と社会的課題を記述してきた。バブル崩壊以降、景気の安全弁とされた若者を中心に広がる非正規雇用、リーマンショック以降派遣切りにより「仕事と家」を一挙になくす若者たちと時代の変化に追い付かない社会保障未整備の実態、社縁も地縁もなくした若者たちの孤独死や犯罪から見えた貧困と社会的孤立の拡がり、二〇年以上続く非正規雇用状態は若者の未婚・少子化、そして子どもへの貧困の連鎖となって現れている。若者たちの困難は現在に続いているのである。時代により「ひきこもり」「ＮＥＴ」「若年無業」などさまざまな名で呼ばれ、〝若者たちの課題〟として表出しても、困難を抱える若者たちは実際は社会背景によって生み出された被害者である。既存のサービス対象者でなくても、子ども・若者はすべて社会的サービスの対象者であると思う。いつでも誰でもＨＥＬＰを発信できてサポートを受けられるユニバーサルサービスの環境整備が急がれる。

急激に増加する生活保護世帯と財政負担を危惧した政府は、二〇一〇年にパーソナルサポート事業を開始し、これまでの申請主義・縦割りのターゲットサービスを排して個人への「寄り添い・包括」支援と地域での「出番と居場所とつながり」作りを提唱し、二〇一三年には生活困窮者支援法を制定して全国制度化に動いた。そして現在、全国の基礎自治体二一六カ所で地域密着型の就労支援、就労準備、中間就労への取り組みが開始されたばかりだ。

二〇一一年に大阪の豊中市で作ったパーソナルサポートは、これまでの分断されたターゲットサービスでは見えてこない生活困窮者・就労困難者を丁寧に掘り起こし、できるだけ早期に包括支援の輪へ入って来てもらう仕組みづくりに注力した。定時制高校への入り込みはその典型的な事業だ。そしてハローワーク求人では継続就労が困難な人々に対して地域密着で多様な出口を開拓・創造した。その二点が最大の特徴である。私は地域の中に、一人ひとりが輝ける職場、安心して身を寄せられる居場所を「地域資源」として市民や行政と一緒に総がかりで作ってきた[6]。そして包括支援の効果を実感し、より一層、生活困窮状態の子ども・若者たちを早期にサポートしたいと強く願うようになった。

そして二〇一五年現在、私は大阪府四條畷市で、全小・中学生に対するリスクキャッチシステムと子どもたちへの具体的な支援策を企画する事業に参画している。

広がる貧困と子どもを襲う生活困窮、そして進路を絶たれ連鎖する貧困に対して、今最も必要な施策は、①学校でリスクをキャッチし、②外部機関・人材と役割分担を意識しつつ、③地域で有機的・継続的に連携しサポートすることだと、私は現場経験から感じている。

すべての子ども・若者が生活と仕事に対して夢を描き、進路を自分で選びとり、職業的自立と人生の幸福を手に入れられる社会にするためには、今、何が、最も必要とされているのだろうか。一人の大人として、また地域住民として、自分の職業的・社会的立場を活かして何ができるのか、ということをこの本の読者の方々と一緒に考え、つながり、議論し、実践できれば、望外の喜びである。子どもや若者が住みよい社会は、誰にとっても幸福な社会であると信じている。

（1）宮本みち子『若者が《社会的弱者》に転落する』洋泉社新書y、二〇〇二年、同『若者が無縁化する――仕事・福祉・コミュニティでつなぐ』ちくま新書、二〇一二年、を参照。

（2）これは近年、ヤングケアラー（young carer）の問題として指摘される状況である。ヤングケアラーとは、家族ケアを担う一八歳未満の子どもを指す。通常なら大人が担うべき家事や家族の身辺介助、家計を支えることなどに恒常的な責任を負い、学業や進路選択に困難を抱えるケースも少なくない。イギリスでは一九九〇年代以降顕在化し、政策提言も行われている。

（3）豊中市パーソナルサポートセンターは、二〇一三年度以降、パーソナルサポート事業の全国制度化に向けて「くらし再建パーソナルサポートセンター＠いぶき」に改称された。

（4）「大都市の若者の就業行動と移行過程」（労働政策研究・研修機構『労働政策研究』NO. 72）http://www.jil.go.jp/institute/reports/2006/072.html

（5）緊急人材育成・就職支援基金による職業訓練で、雇用保険を受給できない人を対象とする無料の職業訓練。二〇一一年九月をもって終了し、求職者支援訓練に引き継がれている。

（6）二〇一三年に支援した一五～二五歳の四一人の支援結果の財政効果を算出したところ、三〇年間で七億七〇〇〇万円になった。これは「支援あり」「支援なし」の場合に分けたうえで全員のライフストーリーを想定し、彼らにかかると推測した行政負担額(生活保護費や医療費など)と、逆に納めるであろう税金や年金保険料など細かく六つに分け詳細に算出したものである。支援対象者に一年間かかった経費は一人約三二万円である。しかし、その後三〇年間で一人あたり一九〇〇万円の財政効果が出るという結果になった(生活困窮状態にある若者支援における財政効果調査・キャリアブリッジ)。

URL

①豊中市で就労・就学に悩む若者のための支援ガイド　http://career.xsrv.jp/sien/index.html

②札幌市「職場で使える「虎の巻」——発達障がいのある人たちへの八つの支援ポイント　http://www.city.sapporo.jp/shogaifukushi/hattatu/hattatu.html#toranomaki

【コラム】若者が社会参加する学校づくり

教育的排除は、就労のみならず地域で大人になることの困難を生み出す。若者が通い続けたくなるような学校の活動(学校参加)を社会参加に結びつける学校づくりが、今日の高校教育にはますます重要になってきている。

宮下与兵衛編『地域を変える高校生たち——市民とのフォーラムからボランティア、まちづくりへ』(かもがわ出版、二〇一四年)には、いわゆる「進路多様校」を卒業した後、地元のガソリンスタンドで働きながら町の太鼓サークルで活動している若者のインタビューが紹介されている。調理師免許を取得している彼が大都市に働きに出ず、あえて地元にとどまり続けるのには、彼の高校での経験が深く関わっている。それはどのような高校だったのだろうか。

その若者が通っていた北海道美瑛《びえい》高等学校(以下、美高)は、道内では二番目の中核市である旭川市に隣接した美瑛町にある。学力の高い地元の中学生は旭川市の高校に流出し、逆に旭川市の学力等困難を抱える中学生が美高に流入してくる。不本意に入学する層も少なくなく、美高の教員は中途退学を含めた生徒指導上の課題につねに向き合いながら教育活動を行っている。本で紹介されている、当時美高でこの学校づくりを中心に担っていた波岡知朗氏の教育実践記録をもとに整理したい。

美高には、生徒、教員、保護者そして地域住民によって構成される美高の学校づくりを考える四者協議会(「美高フォーラム」)があった(残念ながら二〇一一年度で活動は休止している)。この取り組みがうまれたきっかけは、問題行動への対処のためにとられていた管理主義的な学校の指導に対して生徒たちの不満が募り、二〇〇二年度の生徒会執行部によって学校参加の在り方が問われたことにはじまる。彼らは「美瑛高のつまらなさをどうにかするアンケート」をとり、「登校時間問題（登校時間を五分早くすることで生徒の町内での問題行動を未然に防ごうとした対応）」をはじめ、授業や校則など学校生活に対する生徒の不満や要望を浮かび上がらせた。同時に、生徒にとって学校生活が楽しいものでなくてはならないと、学校祭で行灯行列をするなど「楽しい生徒会行事」を企画して実践していく。こうした生徒会執行部の取り組みによって、生徒たちの間に「やればできる」という思いが浸透していった。

生徒と教員の二者のみの話し合いでは、自分たちが望む学校生活への要求を実現することは難しいと判断した生徒会執行部は、保護者にも参加してもらい、三者懇談会を開く。そこで生徒たちは自分たちの主張を支援する保護者の声を聞き、自信につなげていった。この話し合いの後、学校は登校時間を元の時間に戻す判断をした。

二〇〇三年度、この三者懇談会を「美高フォーラム」と変え開催するがうまく軌道に乗らず、しばらくの停滞期間の後、趣向を変えて「これからの美瑛高校を考える」ことをテーマに、地域住民にも参加してもらう四者懇談会が開催される。出席した同窓会や後援会の人たちとの交流の中で、生徒はもとより、教員や保護者たちも美高の歴史や地域の高校としての価値を確認することになった。

こうした地域との関わりをもちながら学校は変わっていく。観光に力を入れている町役場の要請を受けた「びえいヘルシーマラソン全校ボランティア」の実施や、「総合的な学習の時間」を活用して目抜き通りにプランターを設置して花を飾ることを町の商工観光課や観光協会に提案して実践していく。このようにして、町づくりに生徒たちが参加する機会が増えていった。

二〇〇六年度、より主体的な関わりができるように四者がそれぞれ「学校づくり委員会」を組織し、それらの集合体である「美瑛高校《四者》学校づくり委員会」が毎年春に「美高フォーラム」を開催するという体制ができる。事務局は、生徒会執行部・生徒指導部（教員）・PTA生活委員で組織され、年間の取り組みを対等な立場で企画するようになる。新しいかたちの美高フォーラムでは、さまざまな課題が提起され議論された。

例えば、「旭川に帰る生徒が集中する四時台の汽車が大混雑するので一両から二両にすることはできないか」と、生徒が地域に提案をしたところ、参加していたJR美瑛駅長が、「乗車マナーについて考えてもらえるというのは嬉しい。〔……〕車両を増やすのは資金面で負担がかかるので難しい。繁忙期（夏）なら二両にできるが」と返答する。JRの経営の事情を知り、マナーに対する意見を持ち帰った生徒会長は、「JRマナー向上委員会」を立ち上げ、自分たちの乗車マナーを改める取り組みを展開して、その上で改めて車両を増やす要望を出した。その後、二両編成が実現した。また、教員から町独自の奨学金制度が提案され、美瑛町は他市町村から通学する生徒の交通費補助をすることを決定した。

地域は学校をどう思っているのかというフォーラムでのやりとりの中で、上述のボランティアやプランター設置といった活動に対して、「美瑛高校のPTA会長をしていることを誇りに思う」という評価を生徒は耳にする。この実践を中心になって担ってきた波岡氏も、「学校を考えることは地域を考えることなんだとはっきりわかりました」と振り返っている。

冒頭で紹介した卒業生は、生徒会長として関わっていたこのような学校づくりの中で町の伝統芸能である太鼓に出会い、町づくりに貢献する太鼓の活動というライフワークを見出す。彼は、「やりたい仕事」を追求するキャリアイメージとは違うかたちで、「地域の大人になっていく」生き方を確立しつつある。

「(太鼓サークルの)副会長をしています。町の火祭りや農業祭りなどで演奏し、町の人から「元気もらったよ」と言って喜んでくれることが楽しい。美瑛には観光で外から人は来るが、町の人は買い物も旭川に行き、お祭りも活気がなく、なんとか町をもりあげていきたいと思っています」。

(『地域を変える高校生たち』一五七頁)

今日の教育改革は、学力の向上によってグローバル時代に通用するような能力の高い若者を養成することに力を入れようとする傾向がある。しかし、進路多様校や定時制・通信制高校に通う社会的に不利な若者たちの多くは、地域で大人になっていく。美高が試行錯誤しながら時間をかけて結実させたような「学校参加が社会参加につながる(換言すれば、学校づくりが町づくりにつながっていく)学校づくりの実践」に取り組む必要があるだろう。

(西村貴之)

第４章　就労困難な若者の実像
――支援の現場から（２）――

岩本真実

はじめに

私が所属するＫ２インターナショナルグループ（以下、Ｋ２）は一九八九年に設立された、「不登校やひきこもりなど、社会に馴染みにくい若者を支援する民間の若者支援団体」である。団体の設立当初は「不登校・ひきこもり・家庭内暴力などの生きづらさを抱える子どもたち」を対象に、学校復帰をめざすのではなく、生きる力をつけることを目的として支援を行ってきた。団体で、国内外でのアドベンチャークルーズや共同生活などの生活支援を中心に活動してきた。また、「働く」ということも重視し、飲食店などの就労の場を自分たちで作ることにも早い時期から取り組んできた。

出会った子どもたち・若者たちに向き合うなかで様々な活動が広がり、現在は生きづらさを抱える若者の生活支援を中心として、就労支援・福祉的な支援を含め、通所、合宿型、海外での活動など約三〇の事業を運営している。二〇〇〇年代に入り、公的な支援を受託しての事業も増え、その割合はいまや全事業の約半分を占めるようになっている。Ｋ２の活動については、後で事例を交えながら詳しく紹介したい。

私は、K2が二〇〇六〜一〇年に受託した「若者自立塾」で立ちあげから統括責任者を担当し、その後、二〇一一年より「湘南・横浜若者サポートステーション」(以下、湘南サポステ)の総括コーディネーターとして相談窓口業務の総括と合宿型プログラムの運営に携わっている。

どの支援団体も、「自立・就労」を目指して来所した若者と日々接する中で、少しでも有効な支援を実施したいと試行錯誤している。単なるカウンセリングや職業紹介では継続的な自立・就労にはつながらないことは、現場支援者の間では共通認識であろう。若者たちがどのような困難を抱え、その背景にはどんな課題があるのかをしっかりと捉え、必要な支援につなげることが支援の基本となる。

第一節ではまず、「支援機関を訪れる若者の困難さ」について、支援者が若者たちと接する中で感じている印象をできるだけ数値化することを試みた。データを使いながら、彼らの抱える困難について可能な限り明らかにしたいと思う。第二節では、より大きな困難を抱える若者への効果的な支援方法を考えるために、進路決定した若者のその後について分析を試みている。通所型プログラムと合宿型プログラムの支援方法の特徴と効果の違いも比較検討する。

一　困難を抱える若者はどんな若者なのか?

サポートステーション(以下、サポステ)を訪れる若者とは、どのような若者なのか。困難を抱える若者の中でも支援機関を自ら訪れるのはごく一部であるが、その実態を支援者の立場から分析してみたい。

二〇一四年から有志の団体で研究会を開き、利用者の実態について分析を試みている。最初に紹介する分析結果は一一カ所のサポステが合同で調査を行ったものだが、ここでは私の所属する湘南サポステの分析内容を中心に紹介しよう。この調査は二〇一二年一〇月〜一三年二月にサポステを訪れた新規来所者から各月六〇人を抽出し、計三〇〇人(有効回答二九九人)について、サポステの担当相談員が調査票や面談記録などを元にデータを作成したものである。

湘南サポステは二〇一〇年に開設され、横浜市と湘南地区を中心に周辺地域をカバーしている。JR大船駅(神奈川県鎌倉市)近くに相談室を設置し、運営団体のK2の本部がある横浜市磯子区にもサテライト拠点を設けている。二〇一三年度の実績は年間の新規登録が九四〇人、延べ利用者数は六二六八人である。アクセスがよく都市部に位置するため、来所者数は全国でも多いほうに分類される。進路決定者数は、同年度に二五六人(二七・二%)、うち就職は一一五人(正規一三人、非正規一〇二人)、進学一四一人、また就労訓練への移行が二三七人となっている。

基礎データとして、男女比は七対三で男性が多い。年齢層は、一〇代一六・七%、二〇代前半三〇・八%、二〇代後半二四・四%、三〇代前半二〇・一%、三〇代後半七・四%である。年齢層は全国平均に比べて一〇代の比率が少し高くなっている。これはサポステ開設以前より、K2が高校との連携による支援を積極的に行っており、高校在学生や卒業生を多く支援につなげているからである。学歴については四年制大学(以下、四大)卒業以上が三割を占める。次に高校卒業一八・七%、高校在学一四・七%、専門短大卒一三・四%と続く。サポステを自ら訪れる若者の多くは、高校卒業から専門学校や大学卒、と高等教育を受けてきた若者が多い（図1〜3）。

学歴だけを見ると、中退や中卒は少数で、ある程度の学歴を有している者が多いが、学生時代のいじめや不登校の経験などを聞いた項目を見ると、学生時代からすでに負の経験をしている者が多いことがわかる（図4）。学生時代にいじめや不登校の経験をした者は、その可能性のある者を含めてそれ

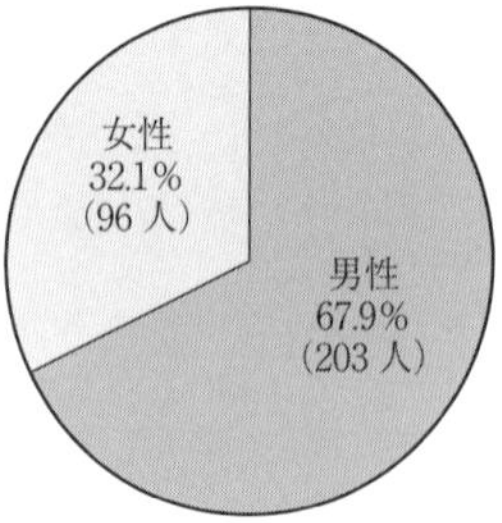

図1　湘南サポステ来所者の性別内訳

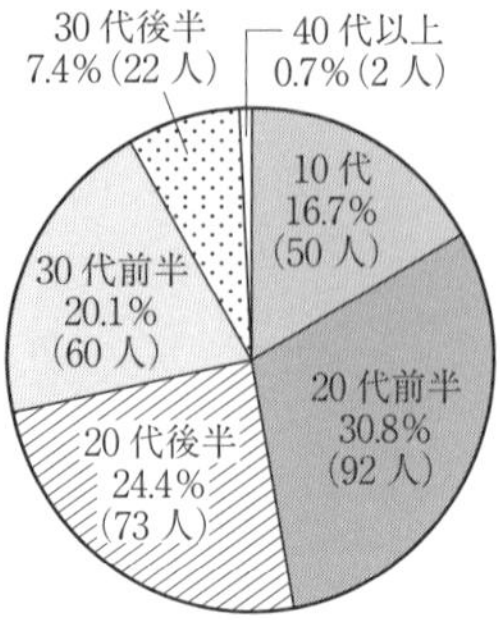

図2　湘南サポステ来所者の年齢別内訳

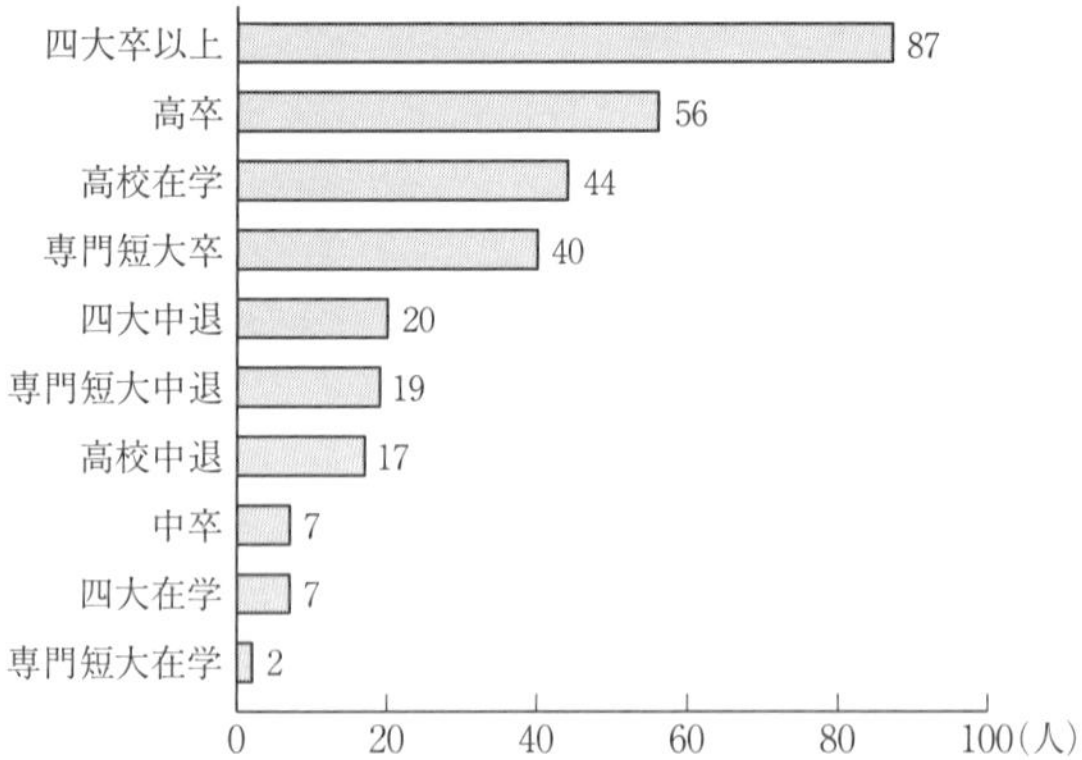

図3　湘南サポステ来所者の初回受付時の最終学歴

ぞれ約半数にものぼる。また、その他の問題として主に友人や教師などとの関係を聞いているが、約七割が学生時代に何らかの困難を経験していることがわかる。

しかし、サポステ以前に支援機関を訪れたことのある者は少なく、教育機関（学習支援など）は四・九%、民間の支援機関は一一%であった。その中で、訪れた支援機関を聞くと、医療や福祉、また就労支援機関の利用が多かった。それ以外の者は、学生時代より何らかの困難を感じながらも支援につながらず、働くという状況になって様々な問題と向き合うことになったり、また負の経験をしたり自分自身との付き合い方を見つけられないままに青年期が過ぎてしまったりした者が多いと考えられる。

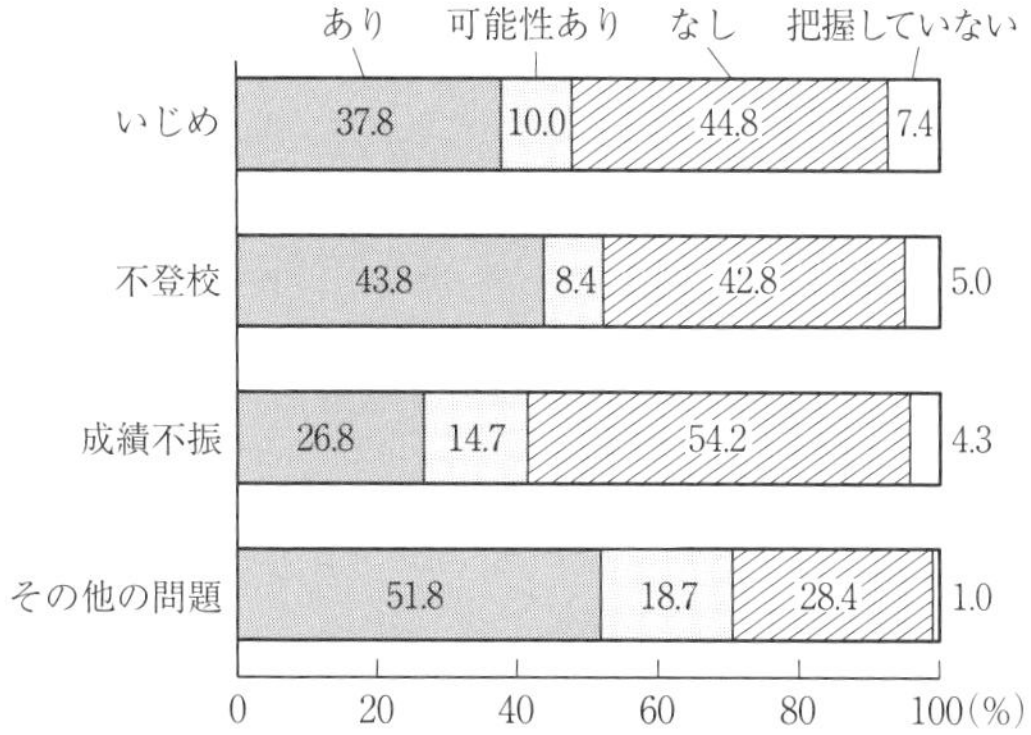

図 4　湘南サポステ来所者の学校での負の経験の有無

最近では「発達障がい」が若者支援現場でも重要なキーワードとなっている。「発達障がい」を病気として考えるのか、それとも障がいとして捉えるのか、どこまでを発達障がいとして考えるのか。「発達障がい」ではなく、「発達凹凸」と呼んだり、また一人ひとり違う個性として考えるようにすべきでないかと主張したりするなど、「発達障がい」をテーマ化することがレッテル貼りにならないように、K2でも議論し認識を深めているところである。しかし、ここではあえて「発達障がい」という項目を立てて考えてみたい。
調査の質問項目では、広汎性、ＬＤ（学習障がい）、ＡＤＨＤ（注意欠陥／多動性障がい）、アスペルガー症候群などを含めて、診断を受けたことがあるか、あるいはその疑いがあると支援者が感じたかどうかで調査をしている。図５を見ると、発達障がいの診断を受けている若者は約一割しか来所していなかった。一方、「疑いあり」は三六・五％と非常に高い。あくまで支援者が見ての判断であるが、何らかの発達課題を抱えているのではないかと支援者が感じた者が四割近くいるということである。先ほどのデータでも医療機関を利用したことがある者が多かったが、メンタル・精神疾患で通院し、診断を受けている者は三割強にのぼる。「疑いあり」を含めると約五割が何らかのメンタル・精神疾患を抱えている。

Ｋ２の嘱託医として若者たちを医療的な側面から支えている「ハートクリニック横浜」の柏淳医師の分析データによると、クリニックを訪れる一般の患者では気分障がいと神経症性障がい（うつ病や神経症）が全体の四分の三を占めているのに比べ、Ｋ２からの紹介で来所する人は統合失調症と発達障がいが全体の三分の二を占めるという（図６）。特に最近は発達障がいなどを背景とする対人トラブル等の悩みを抱える若者の相談が多く、クリニックでは、診断による障害者手帳取得だけではなく、メンタル面でのサポートや投薬治療などを私たち現場の支援者と連携しながら行っている。

柏医師によれば、支援団体と連携するメリットは、「生活場面と就労場面の両方に目配りしながら適度な専門性をもって当事者を見ることができること、本人、家族、支援者と多面的に情報を共有できること」だという。Ｋ２では、看護師、精神保健福祉師、臨床心理士などが、生活支援、就労支援スタッフと情報共有しながら医療機関との窓口として日々病院等への同行支援を行っており、「医療機関まかせ、治療待ち」という状態にせず、医療サポートと平行しながらの社会的・経済的な自立を促している。最近はメンタルクリニックの敷居が低くなって多くの若者が医療機関を訪れている現実に基づき、医療と連携した社会復帰の支援も幅広く行っていかなければならないと感じている（図7）。

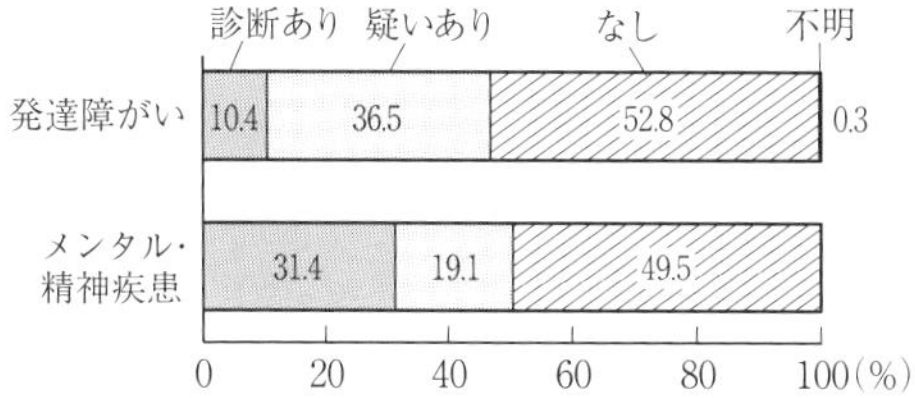

図5　湘南サポステ来所者の発達障がいやメンタル・精神疾患の割合

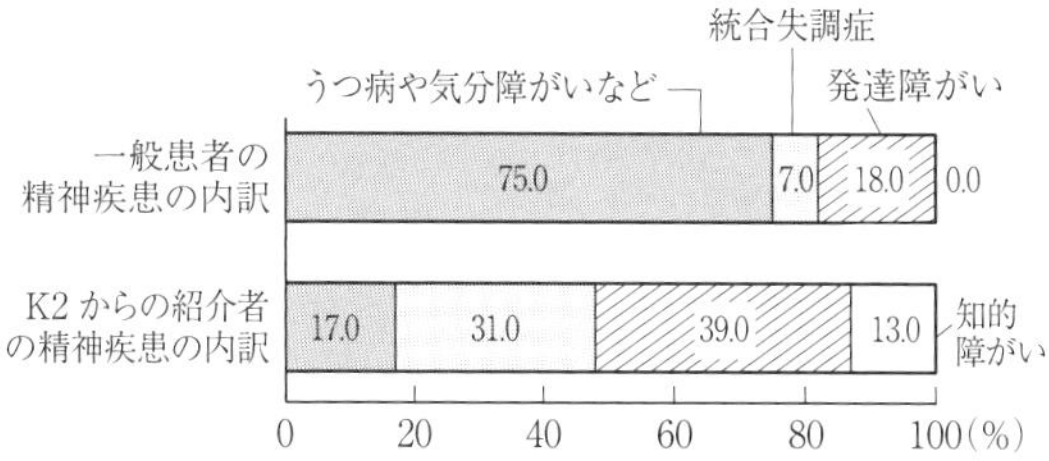

図6　「ハートクリニック横浜」の一般患者とK2から紹介された患者の精神疾患の内訳
（提供：ハートクリニック横浜）

〈**事例1**〉

地方から上京して大学を卒業し、就職活動を熱心にしていたが一向に採用が決まらず、ハローワークからの紹介でサポステを訪れた女性がいた。親の仕送りで生活していたが、親の力を借りずに自立しなければならないというこだわりが強く、それができないことへの苛立ちから面談では声を荒げることもあった。彼女がまず現状を受け止めて支援者を受け入れ、支援者の求めに応じて保護者が上京するまでに半年かかった。

保護者との面談（本人も同席）では、彼女が就職活動を続けるのはマイナスのプレッシャーでしかないという、K2側の判断を伝えた。自らの生きづらさと向き合い、人との付き合い方を学ぶためにアパートを引き払い、合宿プログラムへ参加した。支援者が生活面と職場実習の様子をトータルに見ることで、また、同じ生きづらさを抱えながらも自立していく仲間の存在に、本人も保護者も、単に就職をすることが幸せなのではないと徐々に受け入れることができた。福祉的な支援も活用し、事務職の職業訓練コースでスキルを身に付け、今は就労・自立に至っている。サ

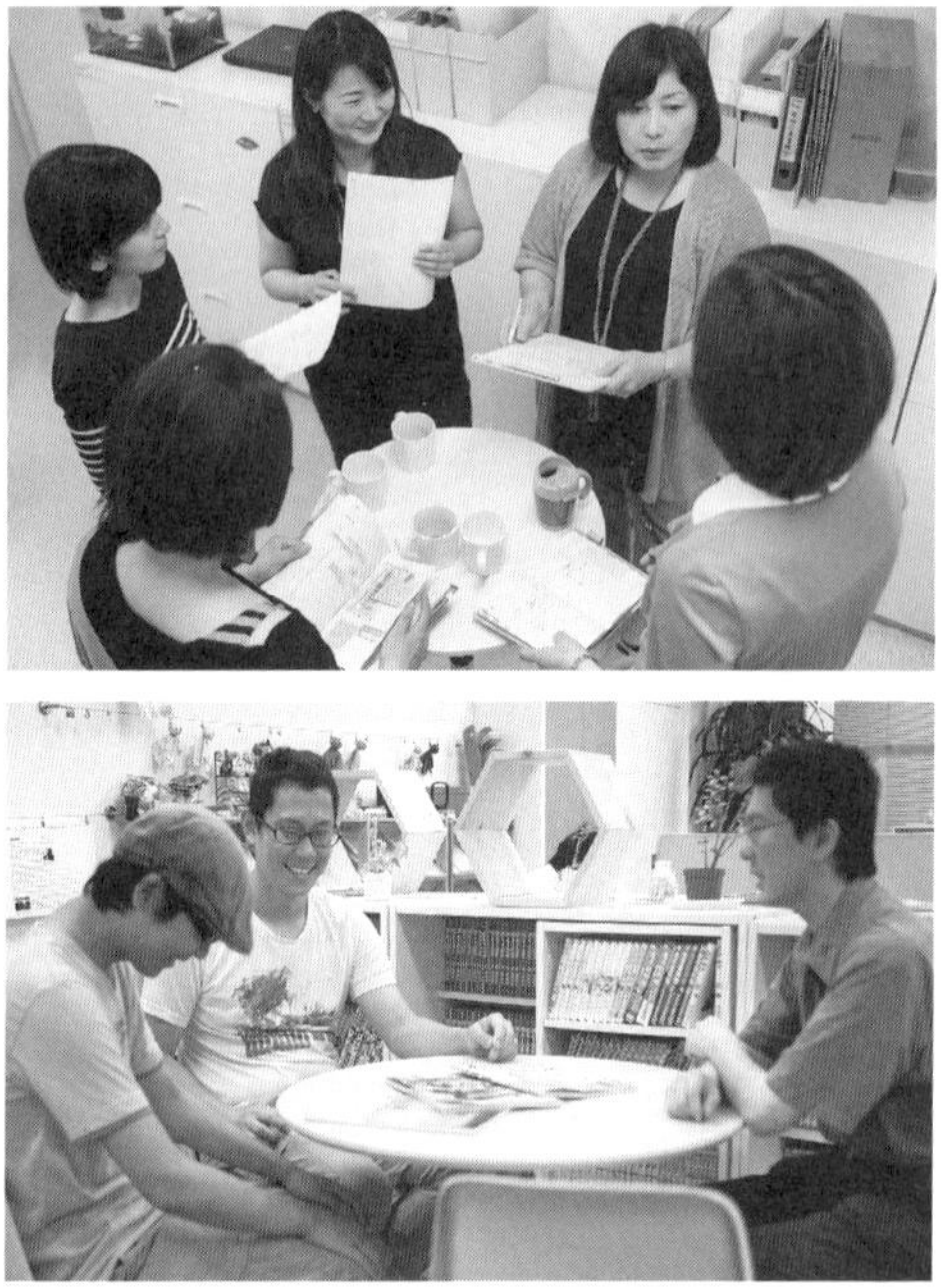

図7　K2の支援現場の風景．上：生活支援担当者・現場担当者・医療支援担当者・キャリアカウンセラーなどが個々のケースに対し，随時会議を行う．下：同じ経験をもつ先輩スタッフが話しかけて，最初の信頼作りを行う．

ポステに初来所してから約三年を要した。

進路決定（就労率）はいつも若者支援の成果として議論の対象となるが、支援の成果として公表されるデータでは、概ね支援開始から六カ月後の状態までしか反映されていない。しかし、図8を見ると、半年後、一年後と時間が経つにつれて徐々に進路決定の結果は延びており、一年後に無業のままだったのは一割強にとどまっている。〈事例1〉ほどではないにしても無業期間が長期化し、自己肯定感が低く対人関係に自信がない若者が仕事につくまでには、それなりの時間がかかる。そこに至るまでには、面談で意識の改善をし、動き出すきっかけを作り、生活習慣が変わり、働くための準備ができ、実際に動き出して仕事につくという過程がある。ひきこもり状態の若者が本当に元気になるには、ひきこもりだったのと同じだけの時間を要すると考えた方がよい。無理に短期的に結果を出そうとすれば、それは脆く、崩れやすい。その例は後でまた紹介したい。

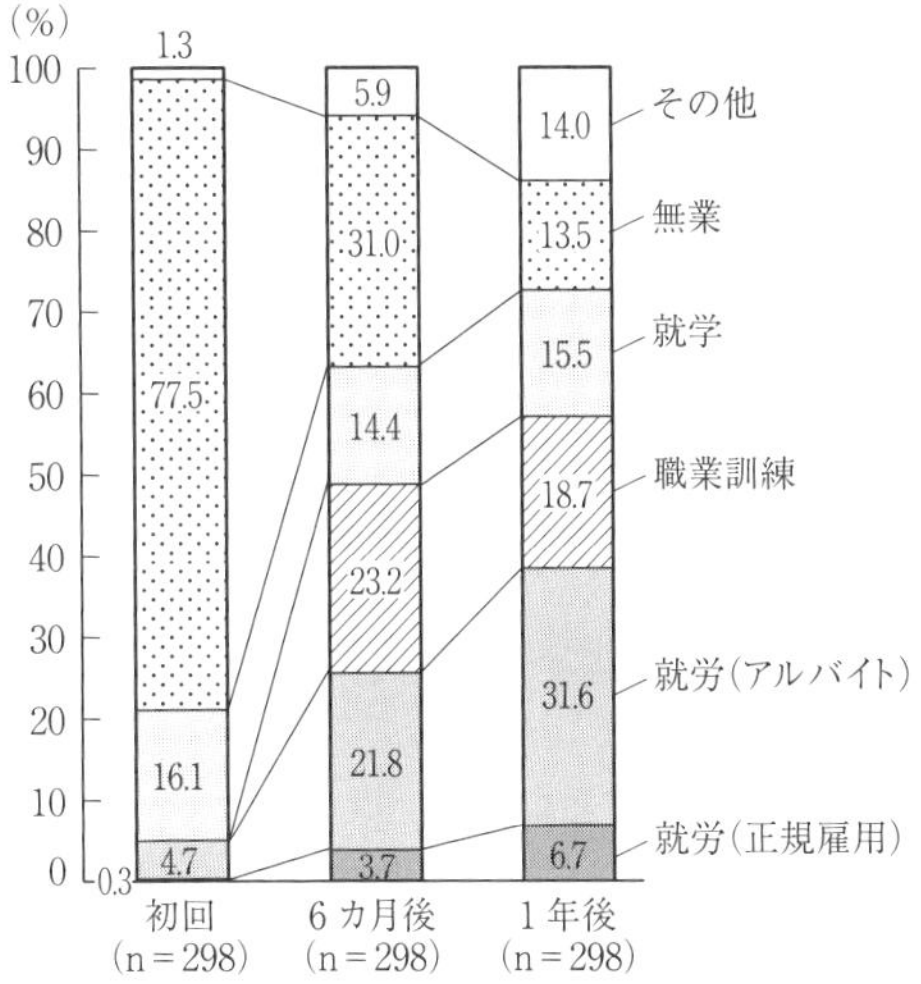

図8　進路決定者の推移

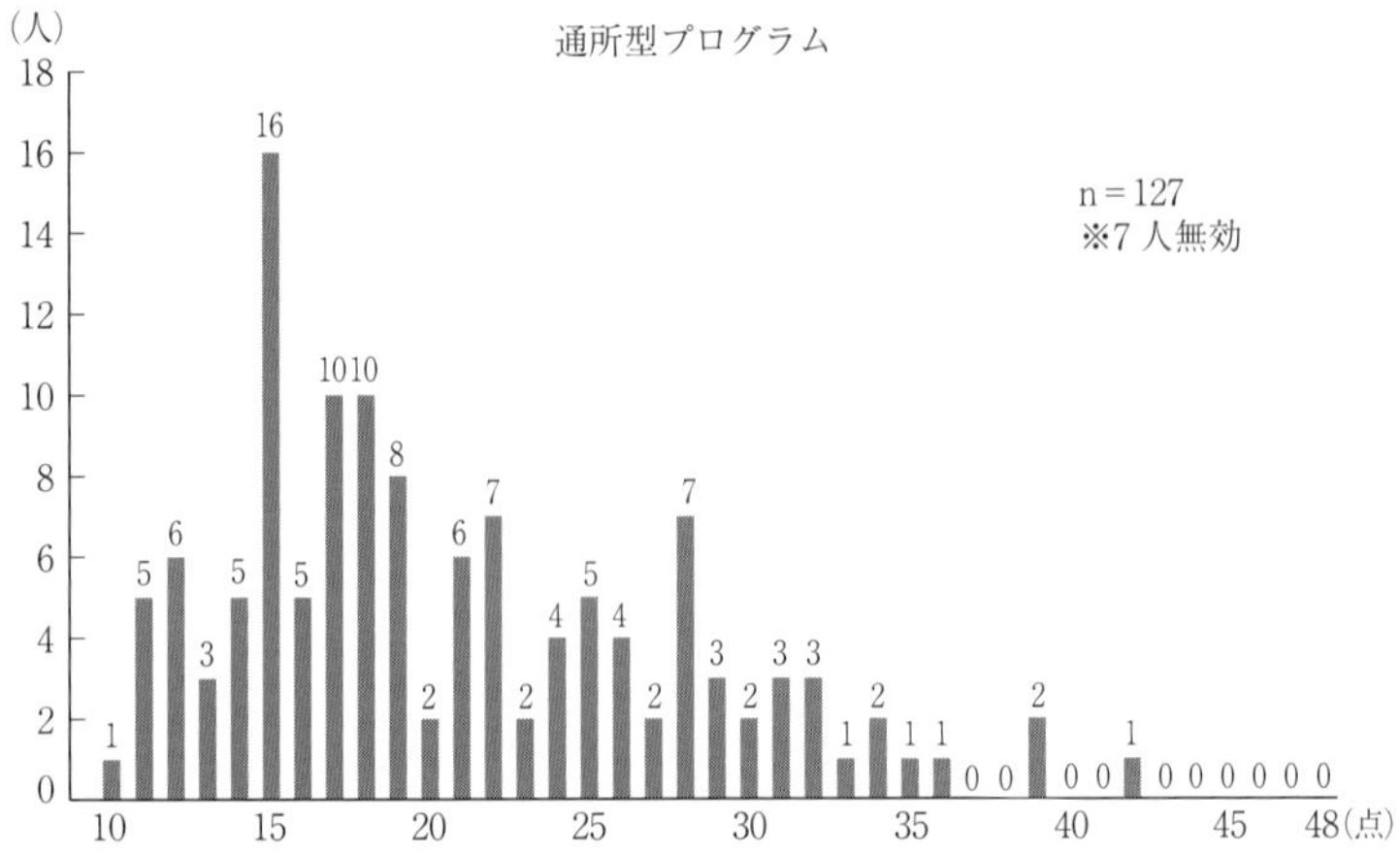

進路決定者の抱える困難度比較

二　進路決定の先にある課題

ここまでは相談窓口に来所する若者全体の傾向について見てきたが、通所型プログラム（サポステ）や合宿型プログラムで実際に就労（進路決定）まで結びついた若者の特徴について詳しく見ていくことにする。

K2が運営する通所型プログラムと合宿型プログラムの参加者計二〇五人を対象に分析調査を行った結果が図9である（調査期間＝二〇一四年五月～九月、調査対象者＝二〇一〇年六月～二〇一四年三月までの進路決定者）。この調査ではまず、相談員の見立により就労にあたっての困難の度合いを項目別に数値化した。例えば発達障がいについては、なし＝〇点、診断あり＝一、疑いあり＝二、と困難の度合いが高い（支援が届きにくい）ほど点を高くした。学歴については、高卒＝一、専門学校・大学中退＝二、高校中退

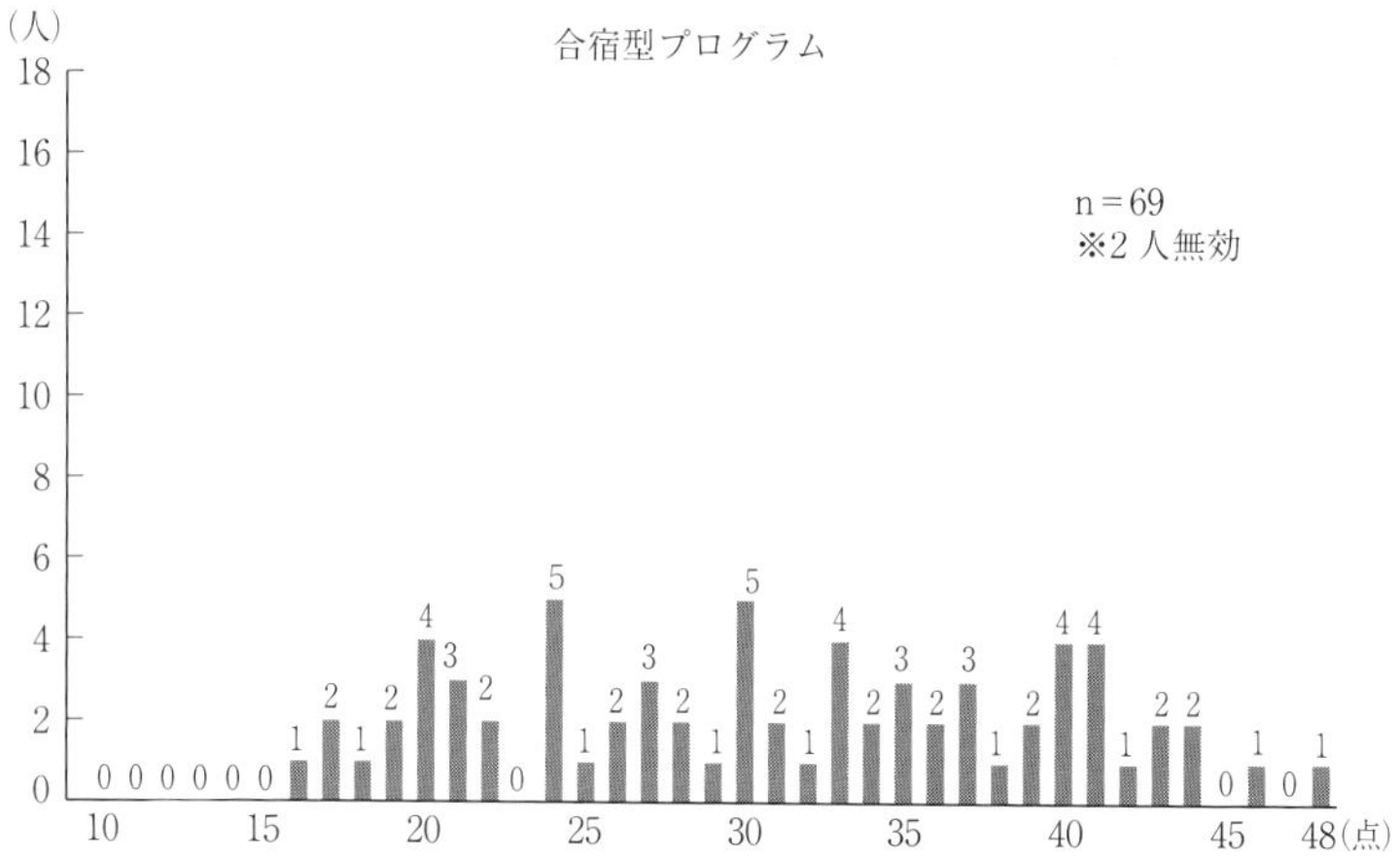

図9　合宿型プログラムと通所型プログラムによる

＝三とし、直近無業期間については、半年以下＝一、一年以上＝二、二年以上＝三である。第一節で紹介したサポステで調査した内容とほぼ同じ項目を使用し、計一九項目でそれぞれ〇～三点の点数をつけて分析をした。すると、合宿型での進路決定者と通所型での進路決定者に大きな違いがあることが分かった。通所型で進路決定した人は困難度一五点の人が一番多く、他の進路決定者もその周辺に集中している。それに対して、合宿型では一五点以下の進路決定者はおらず、一六点から四八点まで幅広く分布している。つまり、サポステに来所する相談者の数は多いが、実際に進路決定している人を抽出するとある一定の層に集中しており、困難度の高い人はサポステなどの通所型プログラムでは進路が決まらず滞留してしまうのである。合宿型プログラムでは働く上での土台となる生活支援を集中的に行い、就労支援・生活支援・医療支援・福祉支援それぞれの専門スタッフが本人の生活から就労場面までをトータルで見ることで、難易度の高い若者であっても進路決定につながっていることが分かる。

また、進路決定者の追跡調査を行い、一年以上就労が継続しているかを調査したところ、合宿型のほうが一〇％ほどの優位性が見られた。ただし通所型については電話での後追い調査で連絡が取れないケースが多く、未回答の人が多い。相談員の感触としては、連絡が取れなかった未回答分は就労が継続しておらず前と同じ状態に戻っている、あるいは、連絡を取りづらいような状況にあることが想像された。現場としては、二つの支援の結果には、もっと大きな差があると感じている。職業選択機会、生活の規則正しさ、交友（友人との外出や外食など）の機会などについても、向上したという回答の割合は、合宿型プログラム参加者のほうが一〇％程度上回る結果となった。

ここで紹介している合宿型の「サポステ集中訓練プログラム」では、K２の資源をフルに活用した支援が行われている。六カ月を基本とするプログラムをスタートする前には関係スタッフが集まり、一人ひとりの若者に対する支援計画や注意点などを共有する。

合宿の拠点は、アパートタイプの自立的な寮や家族的な関わりをする寮など、いくつかのタイプがあり、若者の状態や年齢、ケアの必要性などによって決定する。生活支援のベースとなる寮では生活リズムを整え、自分自身で時間管理や体調管理などができるようになることを目標としている。厳しいルールなどはなく、社会生活を送るための最低限のマナーを覚えるような場である。コミュニケーションが苦手な若者も、他者と一緒に住むことでコミュニケーションをとらざるを得ない状況に置かれる。

日中は段階に応じたプログラムが準備されている。K２では独自の就労体験の場が豊富にあり、スタッフのサポートを受けながらＯＪＴ（職場でのトレーニング）を積み重ねていく。Ｋ２が運営する職場は飲食店、調理製造、清掃、軽作業、販売、学童クラブ、子育て支援、事務など様々な業種がある。まずは理解のあるスタッフの元で働く練習を重ね、一人ひとりの適性を現場で見極め、外部の企業や現場での就労へとミスマッチがないようにつないでいる（図10）。

Ｋ２には約四〇人のＪスタッフと呼ばれる若手スタッフがいる。不登校やひきこもりの経験者で、通所型プログラムや合宿型プログラムを経てスタッフとして働くようになったメンバーである。彼ら

図10　合宿型支援の様子．上：共同生活寮「ハマコロ」食卓風景．寮は参加者のニーズに合わせて様々なスタイルがある．下：Ｋ２事業所内での研修風景．

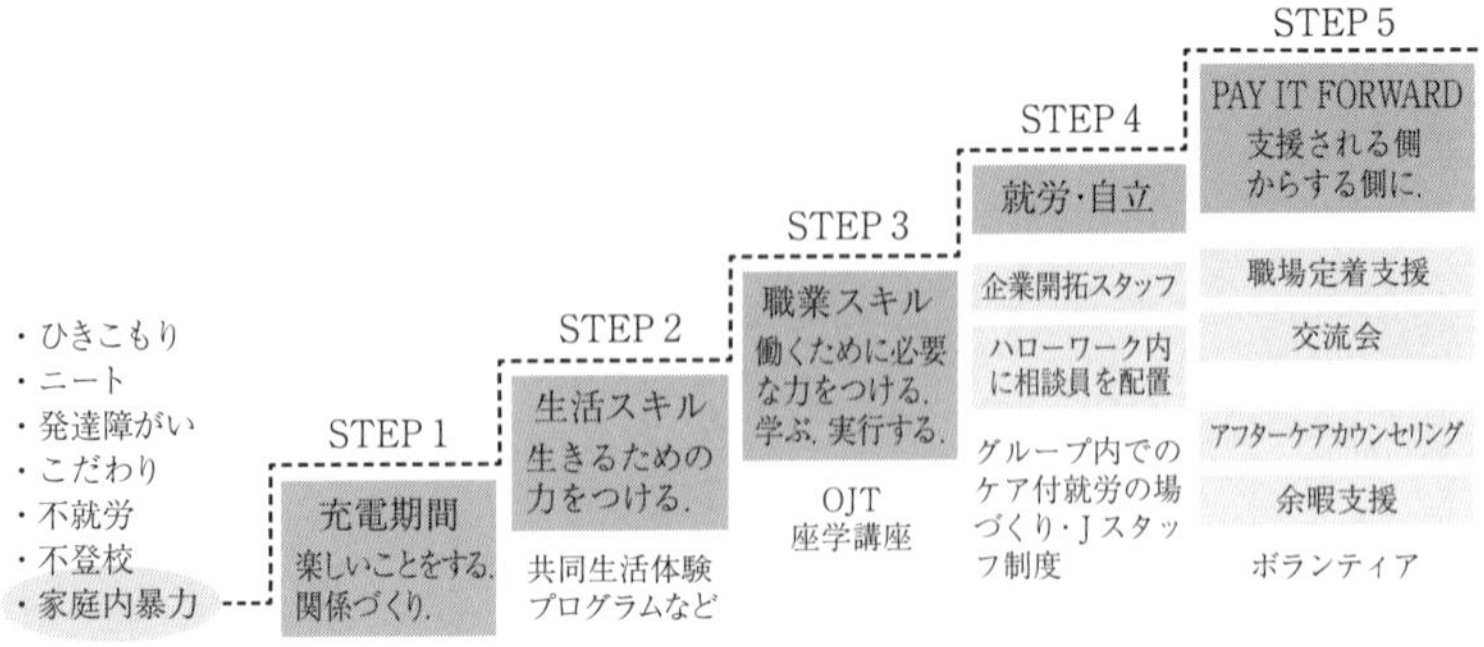

図11　自立へのステップメニュー

は各現場で働きながら、後輩である若者たちに近い存在として大きな役割を担っている。同じように生きづらさを抱えながらも、支援される側から支援する側になって仕事をしている彼らは、一番のロールモデルであり、どんな支援者が話をするよりも説得力がある。

Jスタッフ自身も後輩たちのサポートをする中で新たな気づきを得て、成長することも多い。彼らもここである程度の実務経験を積み、資格を取り企業などで働くようになる者もいれば、K2の中心的なスタッフになっていく者もいる。K2では支援が循環していくことが、若者支援の成果としてひとつの大きな指標になると考えている。支援される側である若者が社会に参加するだけでなく、若者や地域を支える側になったときに本当の意味で自立を果たせたと実感できるのだと思う(図11)。

〈事例2〉

定時制や通信制高校への訪問支援では主に、学校にはまじめに来ているが就職活動に参加できない、就労・自立が難しいような生徒を主に支援している。先生からの紹介で面談をはじめるときには本人たちにはあまり自分に支援が必要だという意識はないが、顔の見える関係ができることで卒業後のサポートにもつながる。

ある年の卒業年次の生徒は外国籍で、母親は日本語があまり理解できなかったため学校とのやり取りにも苦労しており、本人の課題は先送りになっていた。学力不足、コミュニケーションの不得意、考え方の偏りなどが環境によるものなのか能力的なものなのか、判断が難しかった。学校を卒業すると同時に環境を変えるために寮生活をはじめ、六カ月のプログラムに参加した。保護者への支援と本人への支援を切り離して個別に行うことにより、的確に問題を解決することができた。現在は親元に戻り、横浜市の紹介によるインターンシップからフルタイムでの就労へとつながっている。何かあれば相談できる環境も整っているため、安定した生活を送ることができている。

家族と本人の両方に課題がある場合は、問題の所在がわかりにくくなる。それぞれの問題を分けて考えることが大事だが、実際に一緒に住んでいる場合などは難しい。合宿型プログラムは本人への訓練や支援という面だけでなく、当事者を抱える家族への支援でもある。これは困窮家庭における問題だけでなく、親子が相互依存関係にあったり、本人よりも保護者の精神的な問題や課題が大きかったりする場合にも、様々な状況からいったん冷却期間を取ることで解決への道が開けることが多い。

通所型プログラムでは、支援者が本人と関わる時間は、週一時間の面談であったり、数時間の就労体験やセミナーの場であったり、非常に限られている。そのなかで信頼関係を築き、本人が抱える問題の本質にまで踏み込むのは難しい。踏み込んで支援をしたいと支援者がアプローチしても、本人が拒否することもあるだろう。「働きたい」という主訴に従って支援をする場合は、本人が求職活動をするのを止めることはできない。問題が見えにくい人であれば、とりあえず仕事が決まったら出て行ってしまう。

当事者に必要な支援がしっかりと行われるには、本人の「自己理解」が深まることが重要なポイントだと考えている。自分の能力や性格傾向、これまでの経緯を含めての癖や特性を理解できれば、対処法も見つかり、同じ失敗を繰り返さずに自分に合った自立の道を探すことができる。

自己理解が深まらないまま進路決定して支援を終了した者もいる。彼らは進路決定はしているが、このような状態にあった。

① 週数回や短時間の仕事などはしているが、社会的なひきこもり状態を長引かせている。

② フルタイムで働いているが、現状には不満があり、もっと自分に合う仕事があると転職などを望んでいる。

③ 現状では仕事ができているが、職場の状況が変われば切られてしまうだろうと予測される。

単なる進路決定だけを急げば、内実は非常に不安定なままで問題を先送りしてしまうことになる。時間はかかっても、一人ひとりの抱えている問題にしっかりと向き合って支援することが本当は近道である。しかし、なかなかそれができない現実に葛藤しながら、現場の支援者たちは日々仕事をしている。

〈事例３〉

合宿型プログラムを終了した後にＫ２で社員として働きながら、サポートを受けている若者がいる。今は働く上での困難を受け止めるためのプログラムをＯＪＴで学んでいる。

彼の父親が、来所するきっかけとなったときのことを次のように記している。

「自分はもうすぐ定年退職となるが、これからも今までのようにこの子を家においておいて、養っていけるのだろうか、自分が生きているうちはいいけど、先に死んでしまったら、この子はどう生きていくのかと思った時、非常に大きな不安に襲われました。〔……〕

その時インターネットで、Ｋ２インターナショナルを見つけました。たぶん家においておいても私の力では、子どもに社会の中で生活する力を与えることができないと感じていたからだと思います。外の力に頼らざるを得ない。その方が、子どもにとっても受け入れやすいのではと思うようになっていたからだと思います。〔……〕〔その後、プログラムに参加し〕就労プログラムを終えれば、当然社会に出ていくものと思っていましたが、三カ月、六カ月と過ぎて行っても私の期待通りの状況からは程遠いものと感じられる状況でした。その暗い気持ちを救ってくれたのが親父の会でした。〔……〕子どもが家から出て行ったことで、家の様子が大きく変わりました。家の中を覆っていた、重苦しい空気が無くなりました。自分が子どもを守るといった気持を放棄するだけで、こんなにも変わるものかと思うくらいです。〔……〕ただ自分の子どもに対しては、親として責任は取りたい、そのためにはＫ２と関わっていることが必要で、その接点として、他人の子どもに関わることは大切だと思っています」（『一〇〇人のひきこもり ２』、Ｋ２インターナショナルグループ、二〇一四年)。

本人の生きづらさは一過性のものではなく、本人もまわりもそれと一生付き合っていく意識と覚悟が必要である。私たち支援者も彼らの生きづらさを受け入れるには、理屈や知識だけでは続けることはできない。悪いところを治すのではなく、彼らのよい面を活かし、活躍の場を作るために努力をしている。また、若者当事者への支援だけではなく、保護者・家族を支える仕組みも作り、保護者の活躍の機会を作っている。保護者が居場所を見つけることも、当事者である若者にとっての安心につながるのだと思う。

まとめ

若者支援団体の担うべき役割

私たちＮＰＯが果たすべき役目は、数をこなす支援ではなく、質を引き上げる支援ではないか。質とは、正規雇用など雇用条件のことに限らず、その人なりの自立の道を丁寧に支援し、働くことの尊厳を守ることだと思う。また、失敗しても戻れる場所を確保することも私たちの役目であると思っている。

若者たちにとって働くことは学びの機会でなければならない。その一環として、中間就労の場を作ったり、企業や地方自治体と協力してまちづくりをすることなども考えられるかもしれない。相談支援から訓練、就労はひとつひとつを切り離しては考えがたい。相談をしながら訓練をし、訓練をしながら就労をし、就労をしながら相談を受ける、そのような支援こそが今の若者支援に求められているのだと思う。

合宿型の有効性の再検討

困難を抱えている若者にとって、合宿型・生活支援型のプログラムは有効な手段であると述べてきた。その最大の理由は、当事者を包括的に見ることが可能であることだ。一人の若者をまるごと受け止める中で、困難も長所も見えてくる。面談室で見せる緊張した顔ではなく、生活場面での無防備な顔を見ることができる。気持ちのゆるめ方を学ぶことで、持続可能な就労・自立への道が開けるのだ。

子どもが育つには、「食べる・寝る・遊ぶ」が必要だというが、若者が育つには「食べる・寝る・働く」が必要なのではないだろうか。人と一緒に食事をすること、安心できる住まい（不安定な状況から離れ、自分自身のことを考えられる環境）があること、仲間がいること、働くこと、必要とされる場があること。これらの要素を満たすことが支援の基本だと考えている。

就労初期の段階で特に多くの困難を抱える層にしっかりと手厚い支援をすることは、将来の社会コストの削減につながると考える。この取り組みを広げるためには、合宿型プログラムの社会的位置づけをしっかりと整備し、必要な人に支援が届く仕組みを作ることが必要である。

支援者にこそ支援を

生きづらさを抱える若者の困難は「わかりづらい」のだということを、この章を通して述べてきた。私たちの方法論は彼らの生きづらさ・困難さを「治す」「よくする」ことではない。その生きづらさを認め、理解し、受け入れた上で、彼らが人との付き合い方を学び、生きぬく力をつけられるように、一人ひとりに必要な環境を整えるのが私たちの作業である。

若者とのプロセスに正解はなく、支援者は知恵と知識を持って、フットワークよく気長に付き合っていかなければならない。しかし、行政や社会との関係では支援のスピードと目に見える成果が第一に求められる現状がある。不安定な若者を不安定な状態の支援者が助けられるだろうか。若者支援の現場スタッフが誇りを持って仕事ができ、生活が担保され、スキルアップができる環境を整えること。今はまだそれが十分にはできていない。「困難を抱える若者」を支援する土台作りとして、まずは支援者の環境をしっかり整えることが、重要な課題であることを確認したい。

【コラム】多職種連携による新しいキャリア教育

通信制という方法によらざるをえないという理由で、通信制高校へ入学を希望する／せざるをえない若者たちがいる。彼らの中には、対人関係や社会参加に臆するために〈学校から仕事へ〉の移行に困難を抱える者が少なくない。神奈川県立横浜修悠館高等学校には、校舎の一室に地域若者サポートステーション（「湘南サポステ・サテライトルーム」、以下、サポステ）が開設されている。進学や就職を希望する生徒に対しては、キャリアガイダンス担当の教員が指導を行っているが、進路未決定のまま卒業するリスクがある生徒に対しては、労働・福祉に精通しているこのサポステにつなぐ。人に見られずに来室できるようにと、いったん校舎から外に出ないと入室できないという空間的な配慮がなされている。教員の勧めではなく貼り紙などを見て自ら相談にやってくる生徒もいる。

すべての生徒に進路保障をするために、横浜修悠館高校ではこうした体制づくりとともに、学校設定教科「キャリア」を開設するなど、教育課程でも独自の模索をしている（二〇一二年度から一四年度の三年間、文部科学省研究開発学校の指定を受けた）。この教科には「キャリア活動」という科目があり、「障害のある生徒の自立と社会参加を目指す講座」、「外国につながりのある生徒の総合支援の講座」そして「一般的就労支援を目指す講座」の三つの講座が開設されている。

この「一般的就労支援を目指す講座」の一つ「キャリア活動ＩＣ」は、上述のサポステを運営している若者支援団体「Ｋ２インターナショナルグループ」（以下、Ｋ２）との連携協力で実施されている。ふだんから様子が気になる生徒に教員が声をかけたり、サポステでの相談を通してぜひ履修してほしいと思う生徒にスタッフが声をかけたりして、授業内容に関心をもった者が受講している。授業担当のスタッフによれば、彼らの多くが学校生活で、自分ではなかなか解決できない（卒業後の生活の困難を推察できる）「困り感」を抱えているという。

この科目の目標は「高校卒業後の自立と社会参加に向けた基礎力をつける」ことにあり、さらに「様々な職業・職業人に触れる」、「自己理解（職業興味など）を深める」、「仕事のルールやコミュニケーション方法を学ぶ」、「職業理解（職種や働き方の違いなど）を深める」、「自分と職業の関わりについて考える」といった具体的な到達目標が設定されている。それらの目標に基づいた教育内容は大別すると以下の三つに分類される。①職業に関する基礎知識を得て多様な職業に従事するゲスト講師の話を聞く座学（ハローワーク見学を含む）、②K2が運営する学食や飲食店、学童クラブ等の見学と、そのうち二つの仕事を九〇分間ずつ体験するという職場見学、そして、③「困り感」のある生徒に理解のある企業に協力してもらって実施される職場実習。希望者には夏休みにインターンシップもある。前期・後期には各一回以上個別面談が設定されており（インターンシップ参加者は後期に保護者面談もある）、保護者と協力しながら現実的な就労に関する支援も授業を通して行っている。

スタッフの話によれば、一年間の授業を通して生徒の多くが、「自分もやればできるんだ」という達成感を得られるまでに変わっていく。しかしながら、達成感を得て卒業していっても、社会生活がうまくいかない者も少なくないという。そこで二〇一四年度からは、自分の能力や課題を自覚できる機会を授業の中に織り込む工夫をしたそうだ。そこではまず、前期に実施されるK2での職場見学で達成感を獲得させる。そして後期の職場実習で教員とスタッフによる十分な配慮のもとで、できないことに気づく経験をさせる。

「やってみたい仕事優先ではなく、あえて逆の体験をさせるんです。人と関われないような子に、人とこつこつ関われるように。それとか体を動かしたくない子にはファームで働いてもらったりするんです」。

この授業を受けたある生徒の振り返りシートを見ると、自分ができること／できないことを経験することを通して就労に挑戦する意識をもつようになった様子が窺える。

「（働くことに関して、一番学んだことは何かという質問に対して）社会はそれほどこわいものではなく、自分がいやがっていただけなんだと思った」。

「（一年後の自分はどうありたいかという質問に対して）エネルギッシュにいろいろな事にぶつかれる人になりたい。失敗をおそれない人になりたい」。

相談機関である地域若者サポートステーションが、キャリア教育の授業づくりに年間を通して深く関わりながら、在学中から社会的排除のリスクのある若者を継続的に支援するこの多職種連携による取り組みは、これからのキャリア教育および若者支援の在り方を考えるうえで示唆に富む。

＊本稿は、二〇一四年一〇月二日、湘南サポステ・サテライトルームの金指麻衣子氏、ならびに神奈川県立横浜修悠館高等学校小俣弘子教諭へのインタビューおよびそのときに収集した資料と、同校より提供を受けた「文部科学省指定研究開発学校平成二六年度研究開発実施報告書第三年次（平成二七年三月）」に基づく。

（西村貴之）

第5章　若者を支える自治体の挑戦
――横浜市における子ども・若者政策の展開――

関口昌幸

一　横浜市における若者支援策の開始

若者支援の部署としての「こども青少年局」

横浜市が困難を抱える子ども・若者の自立支援に本格的に取り組み始めたのは、二〇〇六年からである。保育・子育て支援から児童の放課後の居場所づくり、児童虐待への取り組みなど、子ども・若者の育成・自立支援に関する施策を包括的に担う市役所の部局として「こども青少年局」が新たに組織され、この新しい局の主要施策の一つとして、社会・経済的な自立に困難を抱える若者への支援が打ち出されたことが始まりであった。

横浜市が若者支援の取り組みを始めるに至った背景には、ニートと呼ばれる「学校にも通わず、仕事もしていない若者」の存在が、新聞やテレビなどで広く報道されたことがある。国が若者支援の取り組みを本格的に始めようとしていたこと、また市民からも、親戚や友人、そして自分の家族の中にひきこもりや無業の若者がいて、行政として何らかの支援をしてほしいという相談が区役所の窓口などに寄せられるようになっていたことも挙げられる。

一方で当時はまだ、若者がひきこもりやニートになるのは、本人のやる気や意思の問題だとか、親が甘やかして育てたからで、公的機関が税金を使ってまで支援する必要はない、という声も根強くあった。

しかも「ニート」や「ひきこもり」という言葉だけがマスコミの報道でセンセーショナルに独り歩きしていたが、そのような困難を抱える若者がどれだけ市内に存在していて、どのようなニーズや課題を抱えながら生活しているのか、まったく把握できていなかった。行政としては、大海に小舟で漕ぎだすような極めてチャレンジングな取り組みであった。

若者を取り巻く社会の構造変化

こども青少年局が発足する以前の横浜市の青少年行政は、基本的に「青少年健全育成」と言われる薬物や深夜徘徊、不純異性交遊などの非行防止のための啓発活動と、地域での青少年交流・体験活動の促進など社会教育的アプローチが主なものであった。それまでの青少年行政が主に対象にしていた思春期の青少年の教育と生活の場は家庭と学校にあり、地域での社会教育を担う青少年行政は付随的なものだと考えられがちだった。

もっとも横浜市政においても、かつて青少年行政がメインストリームであった時代があった。一九六〇年代から七〇年代前半にかけての高度経済成長期。集団就職などによって、農村から都市に流入する青少年の抱える課題が社会全体の問題として受け止められた時代である。商店や工場への住み込みによる居住環境の貧しさ、休日の余暇・娯楽施設などの圧倒的な不足、そして頼るべき肉親や友人を持たないことによる社会からのドロップアウト(非行・犯罪)が、日本社会全体の高度経済成長のゆがみとして捉えられた。日本の産業の大動脈であった京浜工業地帯を抱え、地方から流入する青少年の巨大な受け皿となった横浜市は、新たな市民となった青少年が社会的に孤立しないように、余暇活動や仲間づくりのための施設(青少年の家、青少年図書館など)を全市にくまなく整備することで対応した。この時代は戦後日本の人口構造でボリュームゾーンを形成した団塊の世代が青年期だったこともあり、青少年行政に対する量的ニーズも確実に存在していた。また、高校や大学に進学する若者がまだ少なかったため、「職場」と「地域」に青少年の居場所を創ることが求められたのである。ところがその後、七〇年代から八〇年代にかけて高等教育機関への進学率が一貫して上昇し続けたのを受けて、青少年の居場所が地域や職場から「学校」へと移行し、青少年の育成は教育委員会が「学校教育」を通じて行うもの、というのが社会的了解事項になっていった。これによって先に述べたように、青少年行政が広義での社会教育の一部として吸収されてしまったともいえる。

しかし、一九九〇年代以降の日本社会では、青少年を取り巻く状況が大きく変貌した。グローバリゼーションが急速に進み、多くの企業が経営体質の合理化を迫られた。その結果、終身雇用制を基盤に会社が丸抱えで従業員の職業教育や福利厚生を図る日本型経営システムが崩壊する中で、非正規雇用や長期失業が慢性化し、若者の雇用環境全体が著しく不安定化した。これはまた、六〇年代の高度経済成長期から形成されてきた「高校や大学を卒業すれば、誰もが、自動的に会社に就職し、安定した収入を得て、いずれ結婚し、子供を生み育てる」という、学校から職業への単一的でスムーズな移行システムに基づく安定的な人生設計が難しくなりつつあることも意味していた。また九〇年代は、ちょうど日本の人口構造で団塊の世代と共に巨大なボリュームゾーンを形成する団塊ジュニア世代が一〇代後半から二〇代前半に差し掛かり、高校や大学の卒業・就職期を迎えた時期でもあった。このため、彼らが学校から職業への単一的かつスムーズな移行システムの崩壊という社会の構造的変化の最初で最大の「被害者」となった。すなわち、学校を出ても就職できず家にひきこもる、また就職しても不安定な雇用環境にあるためすぐに職を失い、職を転々とするなどの困難を抱える若者が、団塊ジュニア世代固有の人口ボリュームもあり、社会的に看過できないほど生み出されることになったのである。

このような社会の構造的な変化を踏まえ、横浜市が「こども青少年局」という新しい組織を設置し、その主要政策の一つとしてひきこもりやニートなどの困難を抱える若者への支援を掲げるにあたって、基本方針としたのが以下の二つであった。①青少年行政の対象を主に一〇代の思春期をターゲットにしたものから、「青年期から成人期への移行」に焦点を当て一五歳〜三四歳(二〇〇六年当時、団塊ジュニア世代は三〇代前半になっていた)まで年齢層を広げる。②これまでの健全育成や社会教育的アプローチに加えて、福祉・医療的なケアや就労相談や職業訓練など社会・経済的な自立支援の取り組みを行うことで包括的な若者施策を展開する。

こども青少年局の発足当時は、この二つの基本方針だけが子ども・若者行政という未知の大海に漕ぎ出して行くための羅針盤として存在していたのである。

二　それぞれの若者に応じた対応――よこはま型キャリアラダー

青少年自立支援研究会の発足

支援の対象となる若者（青少年）の対象年齢を広げることと、就労支援を基軸にして包括的な支援の仕組みを創ること。この二つの基本方針を踏まえたうえで横浜市こども青少年局がまず取り組んだのは、困難を抱える若者の実態を把握し、彼らの抱える課題やニーズを明らかにすることと、それらに基づいて必要とされる若者支援策を検討するための研究会（横浜市青少年自立支援研究会）を立ち上げることであった。

研究会の委員には現場でひきこもりの若者や不登校児の支援に取り組んでいたNPOのスタッフに参加してもらい、間接的ではあるが、委員会の議論に当事者の若者の声をなるべく反映させるようにした。また研究会の委員長は、若者の問題を長く研究してこられた宮本みち子氏が務め、宮本氏のアドバイスを踏まえて、国や県の若者支援機関や民間の支援団体の協力を得て、困難を抱える若者当事者に向けたアンケート調査（横浜市子ども・若者実態調査）を実施した。これによって市内の困難を抱える若者たちの生活状況やニーズ、課題の把握に努めた。アンケートの結果、例えば一言で「ひきこもり」と言っても、小中学校時代の不登校が原因で成人してもひきこもり続ける若者や、高校や大学を卒業して順調に就職したのに、何かのきっかけで離職してその後就職できず、ひきこもり続ける若者など、状況はさまざまであることが分かった。また現在は求職活動をしていない無業やひきこもりの若者でも、その八割は就労意欲があることなどが判明した。さらに国勢調査の結果から、市内の一五歳から三四歳までの無業の若者を一九九五年と二〇〇五年とで比較すると、ほぼ二倍に増えていることなども明らかになった。それらの客観的なデータに基づいて、市が取り組むべき施策の方向性について徹底的に議論・検討した。

研究会の開催を通じて横浜市行政が認識したのは、「困難を抱える若者」と一口にいっても、幅広い年齢層にさまざまな状態の若者が存在しているという現実である。自宅からほとんど外に出ない社会参加が困難なひきこもりの若者もいれば、ほんの少しのきっかけさえあれば就職できるような若者もいる。また、発達障害や精神疾患の疑いがあり医療福祉的な対応が必要とされる若者もいる。相談支援や社会参加のための訓練一つとっても、思春期にある一〇代後半の青少年と、一昔前だったら確実に「中年」と呼ばれた三四歳とでは、まったく異なる対応が求められる。このように年齢層や心身の状態、それに経済的な状況、家庭の状況が一人ひとり異なる若者に対して、きめ細かい支援をしていかねばならないということが、支援の仕組みを創る際の大きなポイントとなった。

ユーストライアングルとよこはま型キャリアラダー

研究会の成果を受けて、横浜市では二〇〇六年一二月から困難を抱える若者およびその保護者を対象に、職業的自立に向けた総合相談をはじめ、アルバイト活動セミナー、メンタルトレーニング等の就労に向けた支援を行う「よこはま若者サポートステーション」を横浜駅西口の民間ビル内に開設した。さらに、一九六三年の開設以来、市内のさまざまな青少年問題に取り組んで来た「青少年相談セ

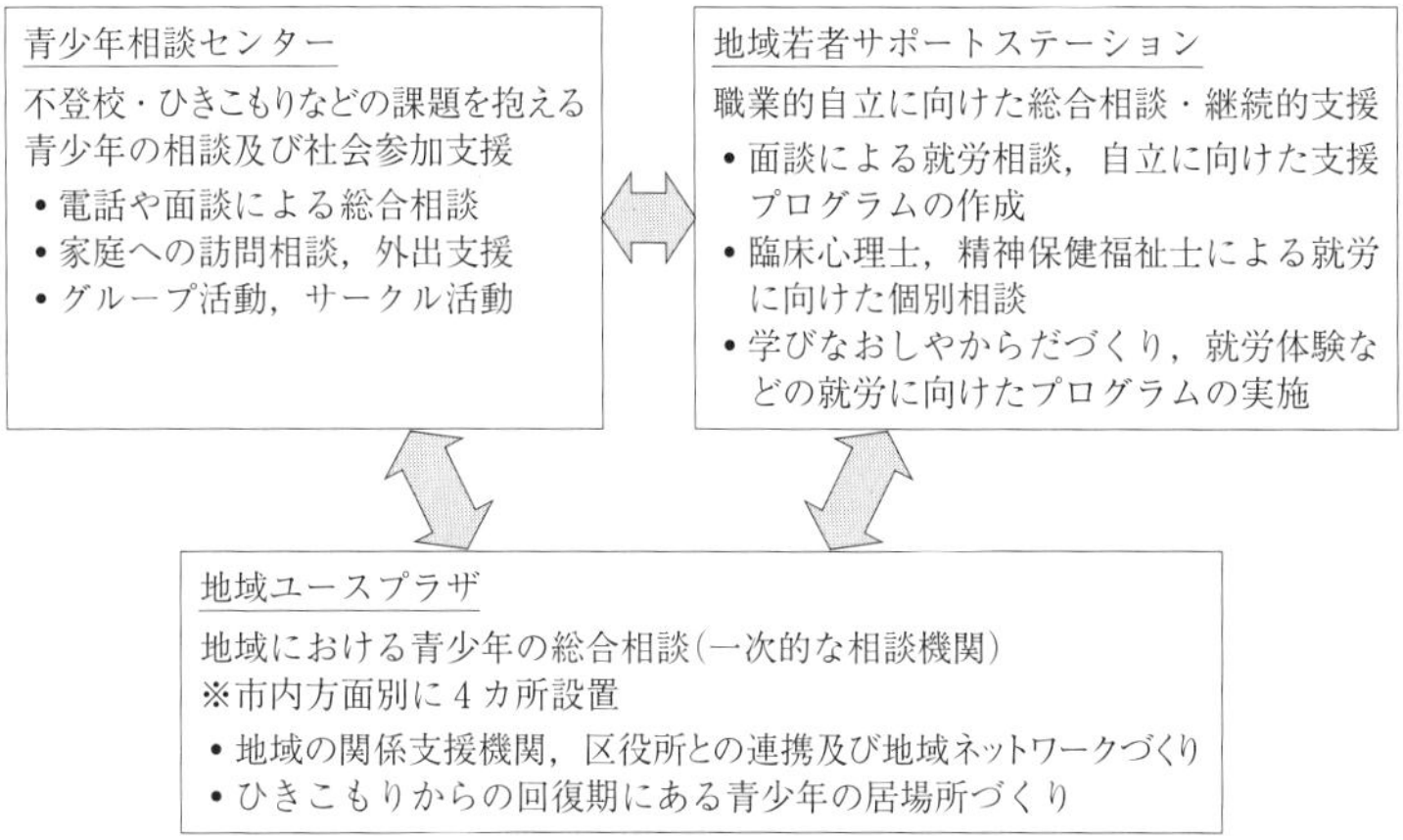
青少年相談センター
不登校・ひきこもりなどの課題を抱える青少年の相談及び社会参加支援
• 電話や面談による総合相談
• 家庭への訪問相談，外出支援
• グループ活動，サークル活動
地域若者サポートステーション
職業的自立に向けた総合相談・継続的支援
• 面談による就労相談，自立に向けた支援プログラムの作成
• 臨床心理士，精神保健福祉士による就労に向けた個別相談
• 学びなおしやからだづくり，就労体験などの就労に向けたプログラムの実施
地域ユースプラザ
地域における青少年の総合相談（一次的な相談機関）
※市内方面別に４カ所設置
• 地域の関係支援機関，区役所との連携及び地域ネットワークづくり
• ひきこもりからの回復期にある青少年の居場所づくり

図 1　一人ひとりの若者の状態に対応できる相談・支援のネットワーク，ユーストライアングル

ンター」での、不登校や重度のひきこもりの若者に対する相談機能を強化した。また、二〇〇七年には青少年相談センターおよび若者サポートステーションの支所的機能を持つ施設として、地域で居場所や社会体験・就労体験を提供し、青少年の自立支援に向けた相談支援を行う「よこはま西部ユースプラザ」を保土ケ谷区に開設した。それをきっかけとして、市内の東西南北、四カ所に「地域ユースプラザ」を開設した。「地域若者サポートステーション」「青少年相談センター」「地域ユースプラザ」という三つの相談機関を連携させることで、若者の状態や年齢に応じて対応できる相談・支援のネットワークを形成しようと考えた（図1）。「地域若者サポートステーション」と「地域ユースプラザ」については、補助金を交付する形で民間の支援団体に運営を委ねた。

　ただ、こうした相談支援機関のネットワークを形成する中で、さらなる課題が見えてきた。若者たち

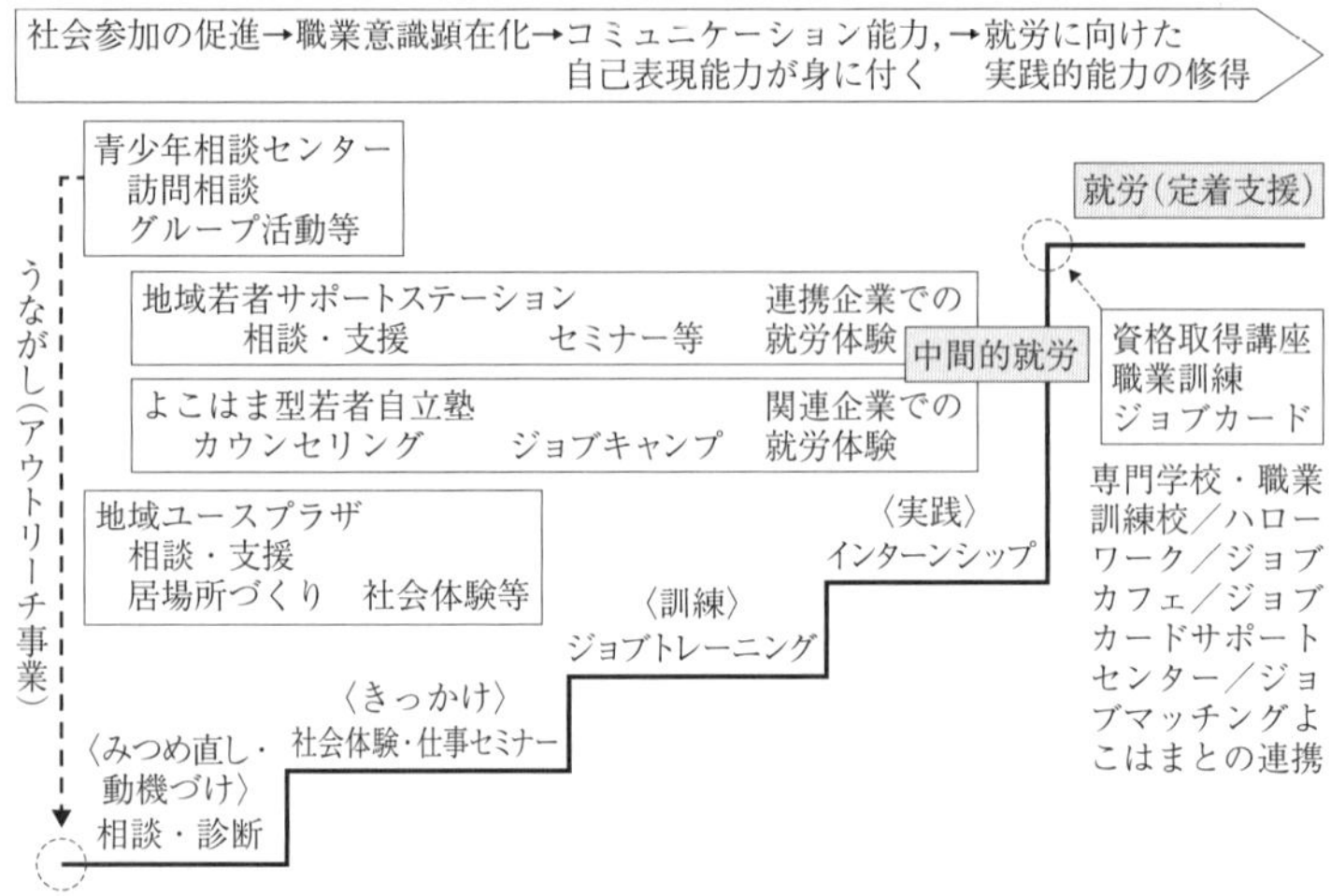

図２　次のステップにつながる就労支援の仕組みとしての
よこはま型キャリアラダー

への個別的なカウンセリングや就労セミナーは、社会的・経済的な自立に向けた一歩を踏み出させるきっかけにはなるが、コミュニケーション能力やスキルを磨くための体験や訓練を受ける機会がないと、なかなか就労には結びつかないのである。

そこで横浜市では、若者たちの状態や段階に応じた多様な社会体験・就労訓練プログラムを実施している。

例えば二〇〇八年から若者支援の民間団体であるＫ２インターナショナルグループ(以下、Ｋ２)と協働する形で「よこはま型若者自立塾——ジョブキャンプ」と呼んでいる合宿型の生活訓練・社会体験型のプログラムを開始した。このプログラムは、市内の野外活動施設で二、三週間、若者たちが合宿生活をしながら、その地域の社会福祉施設にボランティア活動に行くというものである。プログラムのなかで若者たちは、農家の手伝いや雑木林の間伐などを共同で行い、社会体験を積み重ねていく。それらの活動を通して自らの生活を見つめ直し、他者との密度の濃い関わりの中で社会性を身につけて行くことが狙いである。よこはま型若者自立塾は、その後、活動の発展の中で宮城県石巻市にも拠点を設け、震災からの復興支援と若者の自立支援を融合させる活動を展開している。例えば、横浜市役所の市民広場で、困難を抱える若者たちが石巻市民と一緒に開発・加工した特産品を市の職員や市民に対して、定期的に販売するための市を設ける「石巻進化躍進支縁バザール　うんめえもん市」は、一つの成果であるといえる。

また、専門学校と連携した実践的な資格取得講座や地元企業でのインターンシップ、給付金つきの職業訓練などを展開し、社会参加から最終的なゴールである就労に向けて徐々にステップアップしていく「よこはま型キャリアラダー」という社会体験・就労訓練の仕組みを形成してきた（図2）。

子ども・若者育成支援推進法と「横浜市子ども・若者支援協議会」

このように行政とさまざまな民間団体とが共創して、一人ひとりの若者の個別のニーズや課題に寄り添うようにして自立支援の取り組みを進めてきた横浜市であるが、二〇一〇年四月一日の「子ども・若者育成支援推進法」の施行によって、一つの転機を迎える。この法律はわが国としては、初めて、若者を福祉の対象として捉えたものであり、困難を抱える若者や子どもが抱える課題に包括的に対処するため、さまざまな機関が専門性を生かし、子ども・若者の発達段階や心身の状態に応じた支援を行っていくためのネットワーク形成を定めたものである。横浜市はこの子ども・若者育成支援推進法の制定を機に、この法律で定められている「子ども・若者支援地域協議会」(「横浜市子ども・若者支援協議会」)を全国の政令指定都市として初めて設置した。設置の目的は、当事者である子ども・若者の目線に立って、これまでの施策や事業を見直すと共に「よこはま型キャリアラダー」などを基軸にしながら、さらなる包括的な支援の仕組みづくりを目指すことであった。

この「子ども・若者支援協議会」の議論を通じて、これからの若者支援に向けて大きな課題が二つ見えてきた。「早期支援」と「出口支援」である。

三　早期支援の必要性——困難を抱える子どもへの支援

困難を抱える子どもへの早期支援の必要性

若者支援の現場スタッフの間では、「もっと早くこの人(利用者)に出会いたかった」という話がよく出る。困難を抱える若者の場合、二〇代後半から三〇代へと年齢を重ねるにつれ支援が難しくなり、長期化する傾向があるからである。また、若者が困難を抱えるに至った経緯を見ると、不登校や虐待など、小中学生の時期にその要因があるケースも多い。しかも、思春期の段階ですでに複数の困難な課題を背負わされ、押しつぶされそうになっている子どもも多い。

横浜市としても喫緊の対応が求められている児童虐待を例に取って考えてみよう。一言で「児童虐待」といっても、その要因はさまざまだ。保護者の社会的孤立や経済的困窮が要因となっているケースもあれば、当事者である子どもの不登校やそれによる学習の遅れ、発達障害が誘因となって保護者の中に養育に対する焦燥感や拒否感が生じ、虐待につながってしまうケースもある。すなわち、「虐待」の背景には、子どもとその家族を取り巻く複合的な困難な課題が存在している場合が多いのである。虐待を受けることで、知的発達の遅れや、集中力・おちつきのなさ、強迫的行動を見せるなど情緒面に影響が出たり、自傷や対人関係の障害等に結びついたりすることもあると言われている。さらに、学校や地域で居場所を失ったり、居場所がないと感じ、問題行動や非行につながるケースもある。虐待という不幸な家族関係が引き金となって、子どもたちの人生にさまざまな困難が積み重なるのである。

このように考えると、児童虐待への対応という政策課題一つとっても、「虐待事件」という形で顕れた深刻な個別ケースに焦点を当ててその対策を考えるだけでは、十分な効果を挙げることができないことがわかる。求められるのは、「モグラ叩き」のような個別対応ではなく、潜在的に虐待につながるようなリスクや課題を抱える子どもを含めて、関係者が一体となってそのような複合的な困難を解いていく仕組みを創ることではないだろうか。

当然のことだが、困難を抱える子どもに対する包括的な支援の仕組みを、児童相談所や児童養護施設などの専門機関のみで形づくることは不可能だと言える。潜在的なリスクを抱えた子どもへの虐待を未然に防ぐという視点からは、日常的に見守り、フォローするセーフティ・ネットを、身近な地域社会で形成する必要がある。併せて、養育環境が脆弱な子どもに対してはきめ細やかな生活・学習支援を行うなど、一人ひとりの子どもの状況に応じて自立を支援する伴走的な取り組みを展開することが大切になる。

困難を抱える小中学生のための生活・学習支援事業の展開

このように、困難を抱える子どもたちに対する地域レベルでのセーフティ・ネットの形成と、個別的・伴走的な取り組みの両方のメニューを兼ね備えたものとして、こども青少年局が二〇一〇年一〇月から、市内の神奈川、南、泉、瀬谷の四区と共同でモデル事業として開始したのが、困難を抱える小中学生のための生活・学習支援事業である。以下にこのモデル事業の内容を紹介し、今の時代の困難を抱える子どもたちに対する包括的な支援の仕組みづくりについて考えてみよう。

この事業は、モデル区（地域）にゆかりのある青少年育成や教育支援に取り組む団体（NPO法人、社会福祉法人、学校法人等）を事業主体とし、さまざまな理由で困難を抱える子どもたち（主に小学校高学年から中学生）に対して社会全体で包括的な支援の仕組みを創ることを目的とした事業である。事業の財源としては「神奈川県ふるさと雇用再生特別基金市町村補助事業」を活用している。本事業の特徴は次の三点だった。

① 支援の対象となる子どもたちの属性を限定せず、不登校やひとり親家庭、生活保護世帯、外国籍などを含め、困難を抱えている小中学生を遍く対象とすること。

② 学習支援に軸足を置きながら、地域の学校や青少年の居場所への支援者の派遣と区域・地域レベルでの支援人材や団体、社会資源のネットワーク形成とを併せて実施するなど、複合的なアプローチを展開すること。

③ モデル区（地域）の課題や資源に応じて、多様でユニークな支援体制や方法、メニューを進める

こと。

支援の対象となる子どもの属性をあえて限定しなかったのは、「生活保護世帯」とか「ひとり親家庭」など、これまでも行政の支援の対象となっていた層の周辺にこそ、一言で定義することができない複合的で複雑な「困難さ」を抱える子どもたちが増えており、彼らに対する支援のアプローチが急務だからである。

学習支援に力点を置くのは、今の社会で個人の人生における所得水準や、失業や貧困に陥るリスク、あるいは社会的ステータス等にもっとも影響を持つのは、その人の受けた教育ないし学歴であると考えられるからだ。製造業の空洞化や雇用の流動化によって、中卒や高校中退で、世の中を渡って行くことはますます難しくなっている。貧困の連鎖を防ぎ、子どもたちが自立して生きて行く上での進路を切り開くためには学習支援は欠かせない。一方で養育環境が脆弱な子どもたちに対して朝食を提供するなどの基本的な生活支援を行ったり、場合によっては、子どもたちの家庭（保護者）への福祉的・医療的な支援も必要になることが想定される。

このように複合的な支援を伴走的に行うためには、多様な支援主体や社会資源のネットワーク化が必須となる。

さらに、大都市・横浜の地域の多様性と子どもたちの抱える困難さの複雑性を考慮すると、全市一律の仕様や規格で事業を実施することはできない。むしろ子どもたちの暮らしに身近な区行政が、地域社会の固有の事情に応じて、どれだけ柔軟な支援サービスを現場目線で展開することができるのかが、事業の成否を分けるポイントとなる。その点を意識しながら、モデル区ごとにどのような事業体制でどのような支援サービスを実施してきたのかを、以下に概説してみよう。

神奈川区の事業主体は、同区にある「神奈川大学」である。大学内に事務局を設置し、その上で区内の小中学校や青少年の地域活動拠点などに、教職をめざす学生をボランティアとして派遣する。子どもたちに対する伴走的な支援の機会を、学生にとっても貴重な学びや社会体験の場として位置づけ、一石二鳥を狙っている。また中国など各国からの留学生が、外国につながる子どもたちへの伴走的支援も行う。これも事業主体が大学であるがゆえのアドバンテージである。

泉区の事業主体は、「社会福祉法人杜の会」である。同区にある児童養護施設「杜の郷」を拠点として、近隣にある「岡津ふれあいセンター」を借り上げ、地域の民生委員などの協力を仰ぎ、困難を抱える小中学生の生活・学習支援を行う「ふれあい塾」を運営する。「杜の郷」は、二〇一五年度中に困難を抱える子どもたちに対する相談と一時預かりを行う「横浜型児童家庭支援センター」の機能も兼ねており、多様な機能を持つ新しい社会的養護のあり方を提示するモデルケースとなっている。

瀬谷区では、「特定非営利活動法人ワーカーズわくわく」が区内の戸建ての民家を賃借し、子どもたちが合宿型で「白いご飯を炊いて食べる」体験や個別学習支援を行うための拠点として「生活塾・竹村の丘」を開設した。「わくわく」は地域に根ざして高齢者のデイケアや障害児の居場所づくりを行っている団体でもある。

ＮＰＯが展開する市民事業的な手法で、子どもたちだけでなく障害者や高齢者なども含めて社会的に排除されがちなあらゆる困難層を包摂するセーフティ・ネットを、地域社会に再構築する可能性を探りながら事業を実施している。

このように四区から始まった「困難を抱える小中学生のための生活・学習支援事業」だが、翌年度から対象区を順次拡大し続け、二〇一五年四月一日から「生活困窮者自立支援法」が施行されると、同法が位置づける「学習支援事業」として一八区で展開されることになった。なお事業の運営主体の募集・選定や支援メニュー（学習支援のみを行うのか、学習支援＋生活支援を行うのか）の選択は、各行政区に任されている。

四　出口支援──中間的就労の場の創出に向けて

出口支援として求められる中間的就労

若者たちの最終的な就労の場を確保する出口支援もまた、横浜市にとって極めて重要な課題である。困難を抱える若者の状況に応じてさまざまな支援や訓練を展開しても、最終的な局面（最終面接など）まで行くのだがなかなか就労ができない、また働き続けることができない若者が多く存在する。このような若者たちに対しては、支援を受けながら就労することができる、いわゆる中間的な就労の場を創ることが必要となる。一般就労が難しい若者でも、自分のペースで、例えば継続的な支援を受けながら働くことのできる場や機会を地域の中にどのように創るのかという課題である。

国の社会保障審議会は次のような見解を表明している。

一九九〇年代の半ばから、安定した雇用が減少し世帯構造も変化して、現役世代を含めて生活困窮者の増大が顕著になった。

この傾向はリーマンショック後に加速している。年収二〇〇万円以下の勤労者は三割近くにのぼり、世帯主でも一割を超えている。一七歳以下の子どもがいるひとり親世帯等の世帯員の貧困率は五〇%を超えている。〔……〕〔こうした生活困窮者が〕懸命に働いても貧困から脱却できず、生活保護の受給しか生計を維持する手段がないとすれば、働き続ける意欲は減退していく。

〔そして〕自己有用感をもてず、将来の展望を完全に失った人々が増えると、現役世代を中心に能力、知識、技能の形成が進まなくなり、勤勉な労働力というこの国の最大の資源が失われていく。

〔……〕また、生活困窮が広がるなかで、家族などのつながりをなくして孤立化する人々が少なくない。低所得で家族をつくることができず、また年金など老後の備えをする余力のないまま単身で老齢期を迎えていく人々も増えている。社会的孤立の拡大は、自立への意欲を損ない、支援を難しくし、地域社会の基盤を脆弱にする(社会保障審議会「生活困窮者の支援のあり方に関する特別部会」報告書)。


このような危機意識のもと、国は、生活困窮者の活動的な社会参加と就労を支えながら、その生活向上を図り、地域の活力、つながり、信頼を強めていくために「生活困窮者自立支援法」を二〇一五年四月から施行している。この生活困窮者に対する新しい生活支援制度の柱の一つを成しているのが「中間的就労」という考え方だ。国は、生活困窮者のうち一般的な就労が困難な人々が、社会的に孤立せず、人と出会い、仲間とのつながりの中で就労体験やトレーニングを行う、一般就労に向けた支援付きの訓練の場や仕組みとしてこれを位置づけている。生活困窮者に生活保護以外の自立生計の道を切り拓くという強い政策的ミッションも持っている。

横浜市でも、複合的な困難を抱える市民に対する中間的就労については、生活保護行政の一環として先駆的に取り組んでいる。例えば中区では、被保護者の安定就労を目指して、生活訓練・社会訓練・技術習得訓練を一体的に実施するため、地域や民間団体と連携しながら事業を行っている。また保土ケ谷区では、社会に出るきっかけがなく、働いた経験の少ない若者が、きめ細かい支援を受けながら企業等での就労・社会体験ができるよう、NPO法人に委託する形で事業を展開している。困難を抱える若者の就労を促進する際に、地域住民やNPOや企業と一体となって、社会参加や就労体験の仕組みを展開する中間的就労が大切であることは、このような取り組みが実績をあげていることからもよくわかる。

一方で中間的就労の主たる対象となる生活困窮者の中でも「健常者」と「障害者」の境界域にいる人たちは、障害者のように企業に法定の雇用義務が無いだけに、かえって一般企業では就労が困難な状況にある。その中で、生活保護を受給していない層については生活困窮者自立支援法ができたとはいえ、まだまだ安定的な就労は困難な状況にある。従ってこのような境界域にいる人たちが、仕事を得て経済的に自立することを支援するためには、地域単位で、たとえ困難を抱えていても働くことのできる新たな労働市場を形成していく必要がある。そのような労働市場を「中間的就労」に対して「中間労働市場」とここでは仮に呼ぶこととする。さらにこうした「中間労働市場」を実現するために、地域社会の中で相互扶助をもたらすソーシャルキャピタルが蓄積されながら、人、モノ、カネ、サービスが自律的に循環するエコシステムを「コミュニティ経済」と定義する。以下では市域における困難を抱える若者の安定した雇用・就労のための仕組みとしての「中間労働市場」と、「コミュニティ経済」の萌芽を示すものとして、K2の活動を紹介する。

K2の取り組み――にこまる食堂を中心に

K2は、不登校やひきこもり、家庭内暴力などを経験し、生きづらさを抱える若者たちの自立支援のために、よこはま南部ユースプラザや湘南・横浜若者サポートステーション、よこはま型若者自立塾の運営など、横浜市と連携しながらさまざまな事業を展開している。二四時間の相談窓口の開設や生活基盤をつくるための共同生活寮の運営、そして彼らの就労訓練や雇用先の確保のため、飲食店、清掃会社、保育園、学童保育などを展開している。まさに「相談から社会参加、就労支援、雇用の創出」まで、一人ひとりの若者の状況に寄り添いながら包括的にサポートしているのである。特にK2が生みだした就労の場として「250 にこまる食堂本店」(以下「にこまる食堂」)は、社会性と採算性の両者を兼ね備えたソーシャルビジネスの先進事例として全国的に注目されている。

JR根岸駅近くにある「にこまる食堂」は、名前の通りカレーやどんぶりなどのランチを二五〇円という安い値段で食べることのできる食堂だ。昼時になればOL、サラリーマン、近所の主婦などさまざまな人で賑わっている。この「にこまる食堂」で働いているのは、ひきこもりやニートなどの生活から社会復帰を目指している若者たちである。彼らは、〝ジョブスタッフ〟と呼ばれる若者を指導・サポートするリーダーから、接客や調理を教わりながら実際に働くことで、社会に出るための技術や経験を身につけている。

働いている若者たちの身分や待遇は個々の目的やキャリアに応じてさまざまだ。社会参加や職業訓練の一環として働いている者もいれば、インターンシップや有償ボランティアの者、また障害者手帳を取り障害者雇用枠で働いている者もいる。さらに経験を積むと、ジョブスタッフ（契約社員）やK2の正社員となるケースもある。一言で「中間的就労」といっても、個々の意向や能力に応じて、その働き方は千差万別だ。このような多様な働き方を支える仕組みを持っている点がK2の特徴である。

中間労働市場を成り立たせるための大きなポイントとなる事業の採算性においても「にこまる食堂」では、さまざまな工夫が凝らされている。食堂利用者は、まず年会費一〇〇〇円を払ってサポーターズカードを購入する。会費の一〇〇〇円は一般財団法人若者自立就労支援協会への寄付となる。サポーターズメンバー以外の人は同じメニューの食事が三〇〇円。そのうち五〇円が同協会への寄付として使われる。この寄付金は、食堂の運営や若者の職業訓練などの活動費として使われる。また、食材はインターネットなどを通じて寄付を呼び掛けている。全国から中元・歳暮の贈答品の余り物や、自分の田んぼで採れた米などが次々に寄せられる。寄付で集まった多種多様な食材は、同グループが経営する「アロハキッチン」に持ち込まれる。「アロハキッチン」は、市立みなと総合高等学校学食内にあり、学食の調理を請け負うかたわら、にこまる食堂などの料理の下ごしらえを行うセントラルキッチンとしての役割も果たしている。持ち込まれた食材は、安全性や品質の厳しいチェックをされた上で、それらを使ったメニューが考案され、調理しやすいように加工される。この「アロハキッチン」もまた困難を抱える若者たちの中間的就労の場になっている。さらに二〇一二年度からは、よこはま型若者自立塾の長期合宿型プログラムで行われている「にこまるソーシャルファーム」(農地に隣接するアパートで合宿生活を送り、畑作りや住居の整備等を行いながら生活習慣を改善し、就労体験をする仕組み)で採れた野菜も「にこまる食堂」の食材として活用されている。

このように生産―加工―流通―販売の一連のプロセスを、K2は包括的につくりだし、それぞれの場で中間的就労の機会を生んでいる。そのようにして、行政や市民から多様な資金や資材を獲得しつつ、事業運営にかかる総コストを圧縮する仕組みをつくっているのである。K2が生みだしたこのような仕組みは、「中間労働市場」を成り立たせる先駆的な事例と言えるだろう。

中間的就労を成り立たせるためのコミュニティ経済

ただし、市内でもK2のような事例は、まだまだ数少ない。中間的な就労の場を増やしていくためには、当事者や協力事業者の自助努力だけでなく、健常者と障害者のグレーゾーンにいる中間的就労の対象者についても、障害者に対する就労支援制度のような行政の制度的支援が必要になってくるのではないだろうか。

例えば中間的な就労を受け入れる事業者への優先的な委託や受注、一定期間の社会保険料の免除などが考えられるが、仮に法制度を整えたとしても、適正な形で「中間労働市場」を形成するためには、制度を悪用して困難を抱える若者を不当な賃金で搾取する企業をあらかじめ排除するなど、解決しなければならない課題は多い。

一方で「中間労働市場」を持続可能な形で成り立たせていくためには、行政が主導的に法制度を整えたり、中間的就労の対象者を支援する民間団体に補助金を支出するというだけでは、限界がある。「中間労働市場」は、むしろ民間相互の関係性によって人、モノ、カネ、サービスが循環するコミュニティ経済の原則によって、形成されることが望ましい。行政に過度に依存する支援サービスの構造は、将来の日本の社会・財政構造を考えると極めてリスクが高い。首都圏の大都市といえども、超高齢・人口減少社会が進むことで、生産年齢人口と共に税収が減少しつづけることが予想され、行政運営においても、これまで以上に施策や事業の選択と集中が求められる可能性が高い。

そこで横浜市行政が考案したのは、多様な民間主体が広く社会から資金や人材を調達し、市民自らの力で「中間労働市場」を形成することのできるプラットフォームを構築することであった。

このプラットフォームが、ＬＯＣＡＬ　ＧＯＯＤ　ＹＯＫＯＨＡＭＡ（以下、ローカルグッドヨコハマ。一六七頁のコラム参照）であり、横浜市が、企業やＮＰＯなどの民間主体と共に二〇一四年六月から運営しているものである。

このローカルグッドヨコハマの機能は、①横浜市が抱えるさまざまな地域課題を掘り起こし、集める、②インフォグラフィックス（情報やデータを視覚的に表現したもの）などにより課題を市民に対して可視化する、③課題に対する市民の関心を喚起し、クラウドファンディングなどの仕組みを活用することで解決のための取り組みへの参加を促す、という三点である。すなわちＩＣＴを活用することで、地域課題の解決に広範な市民の参加と協働を促すと共に、そのような参加と協働の営みが、地域住民相互のソーシャルキャピタルの蓄積とセーフティ・ネットの形成をもたらしながら、地域に新たな雇用を生み出し、経済的に持続することを支えるプラットフォームなのである。

横浜市は、このローカルグッドヨコハマに対して、企画設計の段階からシステム構築、コンテンツ作成、データの提供分析、クラウドファンディングのプロジェクト調整や「ローカルグッドカフェ」の運営まで、その構築・運用プロセスに寄り添うようにさまざまな形で支援を続けてきたが、補助金などの形では一切、費用を負担していない。

にもかかわらず、このプラットフォームの機能を活用することで、コラムで紹介しているように「バイターン」など「中間労働市場」の形成を志向するいくつかのプロジェクトが、現実化している。今後、このローカルグッドヨコハマの機能を拡充し、市域における「コミュニティ経済」の展開を本格化することで、多様な民間主体が横浜の地域社会に「中間労働市場」を形成していくための礎をしっかりと築いていくことが求められるだろう。


二〇〇六年からほぼ一〇年に及ぶ横浜市の若者支援の取り組みを駆け足で振り返って来た。一言で総括するならば、横浜の若者支援策は、若者が切実に抱えるニーズや状況に寄り添いながら、多様な民間と行政の協働によって社会の新たな課題に挑み、さまざまな施策や事業を積み重ねつつ、時間の流れと共に可変的なエコシステムを形成しているといえるだろう。

＊本稿は横浜市が発行する政策情報誌『調査季報』の一六二号、一六七号、一七一号、一七六号に掲載した原稿を新たに加筆修正し、再構成したものです。

【コラム】ローカルグッドヨコハマというプラットフォーム

ローカルグッドヨコハマで蘇った「バイターン」

ローカルグッドヨコハマが二〇一四年の一〇月後半から一二月初旬にかけて、クラウドファンディングを通じて取り組み、達成した三つのプロジェクトの中の一つに、困難を抱える若者の中間労働市場を地域に創ろうとする試みがあった。「バイターン」と名付けられたそのプロジェクトは、経済的に困窮し、進路決定にあたって家庭の支援を期待できない若者たちが多く在学する高校で、NPOによる高校の図書館を利用した進路相談と地元企業でのアルバイトを兼ねたインターンシップを展開し、若者たちが卒業後、無業やひきこもり状態に陥らないよう支援するプロジェクトである。ちなみに「バイターン」という名称は、職業的経験であるアルバイトと、企業内の教育的なインターンシップをかけあわせるという意味で考案された。

「普通科課題集中高校」と呼ばれる高校には、生活困窮世帯などさまざまな困難を抱えている、もしくは困難を抱えるリスクの高い生徒が多く在籍している。バイターン実施プロジェクトは、高校卒業後に就職を希望する生徒に、本プロジェクトが開拓した企業を紹介し、三日間の職場体験「インターン」を実施するというものである。

この三日間を面接機会として、学生と企業のマッチングを図る。三日間のインターンのあと、希望した生徒と企業は「アルバイト」の雇用契約を結び、高校生はアルバイトを開始。アルバイト期間中も、企業・学校・本プロジェクトのコーディネーターが生徒の成長を見守り、卒業後の正規雇用への移行サポートを行うという継続的な就労支援プロジェクトである。

「バイターン」は、もともと二〇一二年一月〜二〇一三年三月末まで、神奈川県の「新しい公共支援事業」の支援金を受け、神奈川県立田奈高等学校、株式会社シェアするココロ、NPO法人ユースポート横濱、パソナ、横浜市が運営協議体を組み、実施してきた取り組みであった。

企業開拓から生徒のフォローまで一貫して行い、地元企業を中心に説明して回った結果、受け入れに協力する企業は約四〇社にまで増えた。これまでのバイターン事業で、インターンを行った生徒は二八人、アルバイトについた生徒は二一人、正社員として就職を果たした生徒は二人となっている。

田奈高校は、長年にわたり、校長から副校長、教員などの職員が一体となり、学校ぐるみで生徒のキャリア形成支援に取り組んできた実績を持つ高校である。また横浜市行政においても、田奈高校に対しては、よこはま若者サポートステーションを通じて、高校側の取り組みを支援する形で、家庭的な事情や経済的な理由で厳しい状況におかれている生徒への生活や就労の相談、その他さまざまな悩みや課題に対応してきた。その点でこの高校は、民間の支援団体や行政とも連携しながら、これまでも困難を抱える若者支援のパイオニア的な取り組みを進めてきたといえる。

ところが、バイターンの取り組みについては、二〇一三年四月からは神奈川県からの支援金がなくなり、運営継続が難しくなっている状況があった。二〇一四年末のクラウドファンディングの目的は、協力企業を募り、事業を周知し、生徒とのマッチングおよび伴走支援を行うための費用を集めることにあった。具体的な提案メニューとしては、受入企業のマッチング(生徒への丁寧な事前研修、不安の強い生徒の付き添い、生徒・企業の双方に対するアフターフォロー、雇用契約時のサポート等)と日常会話を通じた学校図書館での交流相談(ぴっかりカフェの教員・生徒への浸透、延べ五〇〇名の生徒へのアウトリーチ、教員との情報共有体制の確立)である。実際にクラウドファンディングで総額一〇〇万円を集めることによってこのプロジェクトは実現し、現在、活動が始まっている。

「コミュニティ経済」を支えるプラットフォームとして

ローカルグッドヨコハマは、このバイターンの他に、二つのプロジェクトを成立させている。「いのちの木」と名付けられたプロジェクトは、家族に呼び寄せられ、地方から横浜郊外のニュータウンに移り住んだ結果孤立し、自宅にひきこもりがちなお婆ちゃんたちの編み物会社を、いのちの木というコミュニティカフェを拠点として設立しようというもの。またファール ニエンテ「みんなの庭」と名付けられたプロジェクトは、障害者が施設内の農地で小麦や野菜を自ら栽培し、パンやピザを焼き、パン屋やイタリア料理のレストランを経営する社会福祉施設に地域住民と障害者が交流し、協働するためのコミュニティガーデンを創ろうというプロジェクトである。

バイターンを含めたこの三つのプロジェクトは、いくつかの共通点を持っている。一つはひきこもりがちな高齢者であれ、障害者であれ、困難を抱える高校生であれ、就労を通じた社会参加を目指している点である。しかもなるべく付加価値の高い働き方をすることで、労働の成果物に対して、市場から高く評価されることを目指している。これは、仮に社会的な困難を抱えていたとしても、働くことによって自己肯定感を高めることができるし、より高い賃金を稼ぐことで経済的自立が可能になるからである。

さらに、働くこと(またはそれに向けた訓練)が、多様な人たちとの交流の中で行われるという特徴を持っている。その場が図書館を活用したカフェであったり、社会福祉施設の敷地を利用したコミュニティガーデンであったり、いのちの木というコミュニティカフェそのものであったりするが、いずれもこの場（空間）を通じて、働くことが地域に開かれ、それが当事者の活力や安心感の源になっている。

またこれらのプロジェクトがいずれも地域社会に根差して働き、地域の中で経済を回していくことを志していることも特徴だ。地元の高校を出て、地元の企業で働く。長年の経験で培った生活技術を活かして、地域でモノづくりをする。自分たちで小麦や野菜を栽培し、それを原料にパンやピザを焼き、自分たちの店で販売する。それは昭和三〇年代の地方都市の自給自足経済をリバイバルするものであるともいえる。

ローカルグッドヨコハマがこれらの三つのプロジェクトの実現にあたって果たした役割は、クラウドファンディングを活用して活動資金を調達しただけではなく、プロジェクトの協力者を集めたり、ローカルグッドカフェなどを通じてプロジェクトの趣旨や内容について地域の住民と共有するための対話の場を設けたり、大学研究者や有識者などによってプロジェクトの社会的な意味づけを明確化するなど、多岐にわたっている。この点でもローカルグッドヨコハマは、横浜のみならず全国の自治体が今後「中間労働市場」や「コミュニティ経済」のあり方を考え、実践していく際に大いに参考になるものであるといえよう。

（関口昌幸）

第６章　困難をはねかえす道筋
――若者の主体化のために――

津富　宏

はじめに

本章では、社会的排除を受けている若者が、どうしたら、主体として立ち上がることが可能なのかについて考えたい。問題意識は、社会的排除をされている若者を、ケアや支援の客体としてしまうのではなく、社会形成の主体とすることがいかにして可能かということである。客体から主体への転換。そんな道のりは可能だろうか。

社会的排除とは、経済関係からの排除ではなく、社会関係からの排除を指すために設けられた概念だが、本章では、社会関係とは、単に孤立していない状態ではなく、社会に市民として参加している状態、すなわち、社会形成の主体である状態であると考える。なぜなら、自らが置かれている社会的排除の状況を変えるには、社会の形成に主体的に参加することが必要であるからだ。

しかし、弱者に対するケアや支援は、しばしば、エンパワメントとは逆方向に作用し、パターナリスティックな文脈のもと、被庇護的な地位に、被支援者を置いてしまう。本人が社会からのケアや支援に依存しているという印象が際立つと、「甘えるな」といった社会的非難の対象となったり、本人自身が無力な立場にあると感じて被庇護的な地位からの脱出をあきらめたりもする。

つまり、ケアや支援は、往往にして被保護が必要である者というスティグマ(烙印)を剝がすどころか、より強く刻印してしまうのである。たとえば、本田ほか(二〇〇六)は『「ニート」って言うな!』において、働けない若者を「ニート」と呼ぶことの弊害を指摘している。

社会的被排除者である若者を主体として、若者をとりまく不透明な未来に取り組むというアプローチは、欧州の若者政策の柱である。欧州評議会が発刊した、欧州若者白書(Commission of the European Communities 2001: 4)は、次のように提示している。

ともかく、欧州の若い世代には言いたいことがたくさんあるはずだ。結局のところ、彼らこそ、経済的変化、人口のアンバランス、グローバリゼーション、文化多様性によって、主たる影響を被っている、まさにその人たちである。私たちは、新たな、不安定性が現れるこの時代にあって、若者が、新たな社会関係のかたち、すなわち、連帯を表明する新たな方法や、異質性と対応しそのうちに豊かさを見出す新たな方法を創造することを期待する。

「彼らこそ、経済的変化、人口のアンバランス、グローバリゼーション、文化多様性によって、主たる影響を被っている、まさにその人たちである」、そして、「私たちは、〔……〕若者が、新たな社会関係のかたち〔……〕を創造することを期待する」という表現には、困難な状況に置かれている当事者である若者自身に、この状況を突破してもらうことへの期待が表れている。

スウェーデン・ヨーテボリ市にて

欧州の若者政策をリードすると言われるスウェーデンでの経験を紹介したい。

二〇〇九年六月、私はヨーテボリ市中心部から南西約一〇キロの位置にあるテンネリエド地区を訪問した。テンネリエドは、公営住宅団地が立ち並ぶ、移民が多く治安が悪いと言われる地域である。テンネリエドでは、犯罪に対する不安が問題となっていた。その理由は移民の存在である。移民は、言葉の問題もあり、スウェーデン社会になじめないと、自分たちのグループにこもってしまう傾向がある。その結果、同じ団地内でありながら住民間の交流が減少し、地域のお年寄りには移民の若者を敬遠する人も多かった。

そこで、入居者組合が、移民を社会に統合するために、地域再開発として始めたのが「若者プロジェクト」である。まず、入居者組合は、若者の指導の専門家であるユースワーカーを雇った。彼の仕事は、再開発のプランを描くことである。彼は、夏休みに、移民の若者たちに声をかけて、夏休みの勉強会兼レクリエーションの場を設け、その締めくくりに、まちづくりのワークショップを開き、移民の若者たちの意見を出してもらった。

参加した若者たちを主体にして、再開発のための建設委員会を立ち上げた。どんな公園を作ったら、どんなグランドを作ったら、利用したいと思うかを尋ね、再開発の設計図を描いたのである。

担当のユースワーカーは、「移民の若者に、団地の共有部分を、自分たちが利用したいと思えるように設計させたんだ。そうすれば、自ら進んで公共空間に出てくるし、そこで他の住民と出会うことになる。これこそ、最善の社会統合になる」と言った。欧州では、社会的排除層の若者たちを、都市再開発の主体として位置付けることにより、未来の社会の担い手であるというアイデンティティを持たせる取り組みは少なくない。

本章では、主体としてのアイデンティティ形成を支える素材を、二つの観点から提供する。一つは、被排除者の主体化を支える心理的基盤という観点であり、もう一つは、被排除者の主体化を支える社会的基盤という観点である。前者は、ポジティブ心理学からのアプローチ、後者は、ソーシャルワークからのアプローチとなる。

被排除者の主体化を支える心理的基盤

若者、とりわけ社会的被排除層の若者は、さまざまな困難を抱えており、そうした困難がゆえに、ケアや支援の対象に位置づけられている。心理学には、そうした困難を乗り越える手がかりを与えてくれるいくつかの概念がある。たとえば、外傷後成長（Posttraumatic Growth, 以下ＰＴＧ）（Tedeschi and Calhoun 2004）、ストレスに関連した成長（Stress-Related Growth, 以下ＳＲＧ）（Park et al. 1996）、有益性の発見（Benefit-Finding, 以下ＢＦ）（Helgeson et al. 2006）、さらに、苦難から生まれる愛他性（Altruism Born of Suffering, 以下ＡＢＳ）（Staub and Vollhardt 2008; Vollhardt 2009; 安藤二〇一〇）など、困難の乗り越えに伴うポジティブな側面に着目した一連の概念である。

これらの概念は、トラウマとなる経験、あるいは、ストレス度の高い経験に引き続く、プラスの効果をもたらす変容に着目して、ポジティブ心理学（人の病理ではなく、成長や幸福に着目する心理学の一派）が発達させてきたものである。犯罪被害（レイプ、虐待）、家族問題（死別、離婚）、健康問題（がん、ＨＩＶ感染、心臓発作）などトラウマとなる経験は、心的外傷後ストレス障害（ＰＴＳＤ）の原因とみなされることはあっても、有益な効果をもちうるとは考えられてこなかった。しかし、上記の諸概念は、これらの困難に有益な側面を見出そうというのである。なお、これらの困難は、社会的不利と相関しているので、社会的排除のリスクの高い若者はこれらの困難をより多くの頻度で経験していると考えられる。

これらの概念は、当事者としての経験を踏まえた、主体的な社会参加のニュアンスを含んで発達してきた。たとえば、ＰＴＧは、他者とのかかわり（relating to others）、新たな可能性（new possibilities）、個人的な強み（personal strength）、精神性における変容（spiritual change）、人生についての感謝（appreciation of life）という五因子からなる（Tedeschi and Calhoun 1996）。宅（二〇一〇）は、「新たな可能性」の例として、重篤な病による家族の死を経験した人が、その体験をきっかけに看護職に就くことになったという例や、つらい出来事をきっかけとしてボランティア活動に従事するようになったという例を挙げている。

また、ＡＢＳとは、Staub（2005）によれば、「自らの困難な経験にもかかわらず、いや、まさにその困難な経験ゆえに、被害を受けた人々が、他者を助けようと動機づけられること」を指し、「ネグレクト、身体的・性的虐待、(宗教的)迫害、拷問、集団虐殺などを受けた人々が、世界に対し敵対的ないし復讐的になるのではなく、意味のある仕方で他者を助けようとすること」であり、当事者としての経験を、主体的な社会参加のきっかけとみなす概念である。ABSの実証研究は、ホロコーストなど、集団に対する人為的な被害を受けた人々に着目したものが多いが、リスクのある若者やコミュニティにおける暴力にさらされている子どもなど、社会的に不利な条件にある子ども・若者も視野におさめている(Vollhardt 2009)。

こうした諸概念が、当事者のナラティブにどのように表れているかを確認しよう。

被排除者の主体化を支える心理的基盤の例証(1)

リヴァプールで犯罪からの離脱を調査したマルナ(二〇一三)が収集した、犯罪から離脱している人たちのナラティブ(人生の語り直し)を見よう。たとえば、

この前、僕は〔弟の〕子どもたちに言ったんだ。二人を座らせて、そして、「よく聞いてくれ。僕とキミたちのお父さんは、人生を無駄にしたんだ。僕は、キミたちに、僕たちがしたようなことはしてほしくない。一五年間も一六年間も、僕とキミたちのお父さんは人生を棒に振った。だから、今、僕たちの失敗という本から、教訓というページを得てほしいんだ」と言ったんだ。(三三歳男性)(マルナ二〇一三:一四七)

つまり、自らの「失敗」経験は自分の財産であり、かつ、他者にとっては教訓である。専門職として、また、かつての自分たちのために働くことで、自らの経験を生かしたいという者も多い。

> 僕は、近いうちに保護観察官になりたいと思っている——保護観察官でなくても、更生保護サービスの分野で働きたい。僕は、自分が通過してきた、自分の人生——つまり、経験——を、他の人にささげたい。わかるだろ、要は、他の人に、彼らが僕と同じようなことをしたら、どんな経験をすることになるのかを伝えるのさ。（三二歳男性）（マルナ二〇一三：一四五）

それは、自らの当事者としての経験が本物であり、自分たちでなければ経験を共有できないと信じるからである。

> ……それで、私は、私たちは、世界にどんなふうに対処していけばよいかを学んでいるから特別なんだと感じる。依存症者でない人は、教えてもらう機会がないので、この世界にどう対処するかを知らない。だから、私は、自分たちを特別な人々なんだと感じる。（三〇代女性）（マルナ二〇一三：一三九）

このように、元犯罪者のナラティブは、ＰＴＧやＳＲＧ、ＢＦやＡＢＳの証左となっている。

被排除者の主体化を支える心理的基盤の例証(2)

わが国の事例として、私自身がかかわっている、NPO法人青少年就労支援ネットワーク静岡(以下、SSSNS)と、NPO法人セカンドチャンス!(以下、SC!)の、それぞれの活動に関係する二人の若者のインタビューの一部を紹介しよう。SSSNSはいわゆるニート支援のNPOで、聞き取りに応じてくれたA君(二〇代男性)は、同NPOがスタッフ(当時)として雇用していた元被支援者である。SC!は少年院出院者の相互支援団体で、B君(二〇代男性)は、同団体の立ち上げにかかわり副理事長(当時)を務めていた中核メンバーである。

うつ病を抱えつつ社会復帰を果たしたA君は、以下のように話す。

……なんて言うんですかね。自分が辛かった経験を人に話すことによって、うん、その人に対して、まあ、僕も立ち直れたから、君も、きっと立ち直れるよ、そんなメッセージが送れればなあっていうところが伝えられるので、まあ、この[支援者としての]仕事に、お話があったときに、就こうかなと思って。

このように、A君は、自らのうつ病経験を、支援者としての強みとして活用したいという希望を表現する。

少年院入院経験のあるB君もまた、次のように話す。

自分の過去を肯定的にとらえられるかもしれないという可能性というか、自分の経験が、そんなに、なんて言ったらいいですかね、……自分がやってたことに意味ができるかもしれないと思っている部分もあったり……だから、その自分が隠したいところ、消したい過去の中に、実は自分のすべきことのヒントがあるのかなと思ってて……もしかしたらそれって、自分の消したい過去とか、誰にも言いたくないような過去に、自分のすべきことというか、人を助けられる可能性があることが隠れてるのかなと思って。

B君も非行経験が単なる隠すべき過去ではなく、他者を助けるのに有用な資源ではないかという気付きを表現している。

被排除者の主体化を支える社会的基盤

被排除者は、パターナリスティックな支援‐被支援の関係におかれることで、主体ではなく客体とされ、不均衡な力関係にさらされやすい。支援者に、支援の必要性や内容についての判断を独占されてしまうからである。つまり、サービス提供を受けることによって、ディスエンパワメントされてしまうのである。

そこで、このような不均衡な関係形成を乗り越えるための、社会的な概念基盤が必要となる。参考となるのが、Loncle et al.(2008)による、欧州における若者の社会参加の類型である。彼らは、政治的参加、社会的参加・市民参加、利用者(ユーザー)参加、教育・雇用を通じての参加という四類型を挙げているが、そのうち、支援-被支援による力関係の不均衡を乗り越えることを可能とするのが、支援-被支援関係をサービスの利用関係へと読み替える、利用者参加である。その結実の一つは、「障害」を社会的障壁の結果であるとみなす「障害の社会モデル」である。このモデルでは、支援という振舞い自体が、被支援者を周縁化し排除する仕組みの一つであるとされる(Askheim 2003)。

利用者は自らの人生の専門家であって、自らの最善の利益のために何をすべきかを知るための能力があり、よって、この能力を発揮することができれば、不均衡な力関係を変革し奪われていた力を取り戻していくことができる。この認識に立って、利用者の経験に根拠を持つ知識と能力を意思決定に生かすのが利用者参加である。

以下、若者分野における利用者参加による主体化の事例を三つ挙げよう。

被排除者の主体化を支える社会的基盤の例証(1)

「ユーザー・ボイス」(User Voice)は、元犯罪者、元非行少年、元薬物依存症者など、刑事司法制度の(元)利用者の声を刑事司法制度の運営に生かすことにより、運営改善を図ることを目的としている、イギリスの非営利団体である。薬物依存から脱する過程を記した自伝『台無しの人生』(原題 *Wasted*, Johnson 2007)がベストセラーとなったマーク・ジョンソンが二〇〇九年に設立した。その理念「犯罪者だけが、再犯をなくすことができる」(「Only offenders can stop re-offending」)は、当事者こそ専門家であるという理念を明瞭に表現している。

ユーザー・ボイスは刑務所や地域で種々のプロジェクトを行っているが、若者を対象とするもので、代表的なのは、「排除された若者のプロジェクト――君の話はなに？」(「Excluded Youth Project: What's Your Story?」)(User Voice 2011)である。同プロジェクトの目的は、

①元犯罪者の主導により、犯罪を犯した若者から、人生経験、刑事司法機関の評価、犯罪の原因についての意見や声を聞くための、大規模な取り組みをすること。
②若者の意見や声を整理し、実務家や政策決定者と共有すること。
③仲間によって指名された若者の代表と協働し、若者のアイディアを提案すること。

の三つである。

このプロジェクトの特徴は、担当者が皆、元犯罪者であることである。彼らは、三三二五人の若者からフォーカスグループ(グループ・インタビューのために集められた一定の条件を満たす人たち)を通じて意見を聞き、また、五八二人の若者を対象に質問紙調査を行った。その目的は、進行役自身が「同じ道を歩いてきたことを参加者にわかってもらうことで、大きな壁を取り払うこと」にある(User Voice 2011: 16)。調査を受けた若者は次のように言う。

俺が会ったことがある人で、こんなことをするのは、あんたが初めてだよ。これってすごいこと

だと思う。尊敬できる人がいるってことさ。あんたに会うと、俺はもっとちゃんとしようっていう勇気をもらえる。だって、あんたは自分の人生を変えたわけだろ。あんたにできるなら、誰にだってできる（ローリィ、ノースウェスト）（ibid.: 12）

調査者が、若者のロールモデルになっているわけだ。そして、初めて話を聞いてくれる人に出会った経験が、若者の人生を転換させていく。

これまで話せる相手がいなかった。家では暴力だらけで、僕はそれを止めることもできなかったし、人に話すこともできなかった。友だちとマリファナをやって酒を飲んでたから、サポートがなかったら、ここには来れなかったと思う。（キース、サウスウェスト）（ibid.: 17）

この活動は、サービス提供者にも高く評価されている。

〔利用者の〕洞察、知性、感受性にはいつも驚かされる。私たちが、彼らに向けがちなステレオタイプとは「逆」だ。私たちは政策決定者として、サービス利用者の意見を十分に聞いているとはいえない。システムの中にいる人たちの意見から、自分たちを切り離してしまうのは簡単だが、彼らの経験も、私たちの経験と少なくとも同じくらいには、重要だ。（ジョン・ドリュー、ユース・ジャスティス・ボード委員長）（ibid.: 15）

フォーカスグループと質問紙調査を踏まえて、二〇一〇年一二月、相互指名で選ばれた三〇名の若者と、国会議員、司法省などの二五名の政策決定者が集まり、「若者の犯罪を減らすために、私たちはともに何ができるか」というメインテーマに沿って、オープンスペーステクノロジー（あらかじめ、話し合う議題を設定せずに場を開き、議題の設定も含めて、場の自己組織化に任せるワークショップの手法）を用いて対話・提案を行った。その結果の一部を紹介しよう（ibid.: 18–23）。

学校：学校で排除されてしまう若者の比率は驚くほど高い。これらの若者が秩序を乱していないとはとてもいえないが、学校は、これらの若者の行動の背景に何があるのかに関する議論を積極的に巻き起こし、治療的な支援や元犯罪者のかかわりが果たしうる前向きな役割について探求することができる。地方自治体は、ユースサービスに向けている資源の一部を、排除された若者に優先的に用いることを模索しなければならない。

雇用：元薬物依存者と元犯罪者に特化した、利用者主導の、国による職業紹介機関を設立する。そこでは、仕事を紹介するだけではなく、元犯罪者に雇用や教育を提供する人々に対してインセンティブを付与する。こうしたプロジェクトは各地で行われているが、そのカバーしている範囲は狭く、今回の調査に参加した若者でその存在を知っている者はいなかった。

警察：参加した若者たちは、地域の犯罪問題、とりわけ、地域の人々の関係、警察官の職質の手続き、ギャングカルチャーに取り組むために、排除された若者たちと警察が協働する機会を拡張したいという強い関心を示した。
多機関連携：排除された若者は、自分たちが犯した犯罪に対する反応として提供される行政・司法サービスについて、フィードバックするためのより多くの機会を与えられるべきである。これは、予算削減がサービスに影響を与えている今、より一層重要である。地域の刑事司法機関は、より効果的なフィードバックの仕組みをつくり、排除された若者が一体となって、司法サービスに関する役割を果たせるよう、協力しあう必要がある。

学校や雇用に関する提案では、利用者自身がどんなサービスを受けたいかが示され、警察に関する提案や他機関連携に関する提案では、利用者がサービスに関与したいという主体的な意思が示された。ユーザー・ボイスは優れた利用者参加の事例である。

被排除者の主体化を支える社会的基盤の例証(2)

「ナショナル・ボイス」(A National Voice, 以下ANV)は一九九九年に設立された、社会的養護を経験した、一四歳から二四歳の若者による、イギリスの非営利団体である。社会的養護の(元)利用者が主導して、養護システムに積極的な変化を起こすことを目的としている。ANVの目的は、以下のとおりである。

① 若者が主導する組織であり続ける。

②個人として、また、集団としての声を出すこと、そして、社会的養護の当事者自身に影響するすべての意思決定に、当事者が関与する。
③イギリスの社会的養護の制度に関する、地方・中央政府の決定に情報を提供し影響を与える。
④社会的養護の当事者の人生と経験について専門家と一般市民を教育する。
⑤社会的養護の当事者についてプラスのイメージを促進する。
⑥社会的養護の問題について認識を高めスティグマを減らす。
⑦社会的養護の当事者を積極的に後押しし児童の権利条約を推進する。

①に示すように利用者自身が主体となり、②に示すように利用者の声を代弁して、政府のみならず社会全般に影響を与えていこうというのである。

ＡＮＶは、二つのタイプの啓発活動を行っている。一つは、社会的養護に関する全国的な当事者集会の開催（二〇〇二年）や各種調査の実施など、政策決定者への情報提供や提言を念頭に置いた活動である。その成果は、たとえば、二〇〇六年に発表された、社会的養護に関する緑書『ケアが大切――社会的養護のもとにある子どもと若者の人生を変える』（「Care Matters: Transforming the Lives of Children and Young People in Care」）に対する、具体的な若者の声に基づく、下記のような提言として取りまとめられている（A National Voice, not dated）。

- 当事者に関する決定についてより多くの情報と選択肢を当事者に与え、彼らの意見を考慮する。

- 措置先（里親、養護施設など社会的養護の提供者）と通学先の学校を安易に変更しない。
- 準備が整うまで自立生活を強制されない。
- 社会的養護を離れるときは、パッケージ化されたサポートを受けつつ、安全でまともな住まいが得られる。
- 自分以外の社会的養護の当事者と出会い経験を共有できる。
- 一般の若者同様、「若い大人」として失敗しつつもサポートが得られる。
- 代表性があり、児童サービス局の委員と局長が口先だけでなく責任を負う、「誓約」と「社会的養護当事者評議会」を設立する。

もう一つは、社会的養護の当事者のイメージを変革する運動である。「スーパーソニック（超音波）キャンペーン」という、サッカー選手からスポーツキャスターとなったマーク・ブライト、女優のサマンサ・モートン、陸上選手のクリス・アカブシなどの、社会的養護の当事者であったセレブのメッセージを配信し、当事者である若者を励ますと同時に、社会による偏見を打破することを目的としている運動や、「これはスーツケースではない」（This is NOT a Suitcase）キャンペーンという、措置先を移動する際に私物を入れる袋としてごみ収集用のポリ袋を用いる慣習を撤廃する運動がある。後者の運動名は、「〔私物を運ぶために、ゴミ収集用のポリ袋の〕黒い袋でなくて、スーツケースがほしい」という若者の発言から名づけられたもので、まさに利用者発の運動である。ANVは、自治体に働きかけて、（おそらく二〇〇六年時点で）九〇の自治体において、私物運搬のためにポリ袋を用いないという憲章を採択させた。

わが国においても、社会的養護を経験した若者による、当事者活動団体の動きが徐々に始まっている（津崎二〇〇九：終章）。

被排除者の主体化を支える社会的基盤の例証（3）

わが国において、被排除者である若者の声を、現実の変革に反映させた例として、二〇一一年から二〇一二年にかけて行われた「大阪レイブル一〇〇人会議」に始まり「大阪レイブル超就活」に至る一連の取り組みを紹介したい。「レイブル」とは、レイトブルーマー（遅咲き）の略で、大器晩成型の人という意味である。この取り組みは、大阪府が行った、「大阪一丸」というプロジェクト（NPO法人スマイルスタイルが実施主体）の一環として行われた。

まず、「大阪レイブル一〇〇人会議」には「レイブル」八三名が参加し、「私たちは何に困っているのか」「今の支援や環境に足りないものは何か」「どういう仕組みがあったらうれしい、どうなれたらhappy」という三つのテーマを、ワールドカフェ（参加者が複数のテーブルを交替しながらアイディアを共有し、集合的な知性を生み出そうという場づくりの手法）というワークショップの手法を用いて話し合った。ユーザー・ボイスと同様、ワークショップが重要な対話ツールであることがわかる。この結果、

- レイブルの集まる新しいコミュニティをつくり、自分たちでやりたいことをやってみて、仕事をつくる。

・見事就労できたら成功というレイブルタレントを育てる動画サイト上の番組を企画し、レイブルを体験雇用してくれる企業を募集する。
・企業に対して、履歴書や職務経歴書などを省いた採用を行ってもらい、ありのままを見てもらうよう求める。

といった当事者ならではの意見が全部で一七件出された。ここで出た意見を踏まえて、第二回として、ニートやひきこもりの支援を行っている支援団体が集まって「レイブル就労モデル検討会議」をひらき、「レイブルの特徴」「レイブルの就労にあたっての課題」「どのような環境がレイブルの就労に必要か」について議論した。この会議の結果、

・職親制度を設けて、レイブルタレントの支援を行う。
・レイブル職場体験月間を設けて、正規・非正規を問わずに職場受け入れを行う。
・レイブルを対象とする特例子会社をつくって、そこでの労働をステップアップとして企業への就労を目指す。

といった意見が出された。さらに、第一回のレイブル本人による会議と第二回の支援機関による会議の意見を受けて、第三回として、企業による「レイブル就労モデル検討会議」が開かれた。企業からは、たとえば、

- 事前に本人についてよく知っておきたい。
- 支援団体による、レイブル本人および企業のスタッフに対するフォローが必要である。
- 特例子会社を通じて、既存の仕事を個々人の特性に応じて配分するのは有効である。

といった意見が出された。

これらの三回の会議の結果を踏まえて支援プログラムが構築され、翌二〇一二年に「大阪レイブル超就活」が実施された。このプログラムは、五日間のセミナーの後、コーディネーターの支援を受けながら、一カ月間企業で職場体験を受けて就職を目指すもので、レイブルや企業の意見を生かしたものとなっている。

一連の取り組みは、ユーザー・ボイスの「排除された若者のプロジェクト」(Excluded Youth Project)に比べれば、レイブルと、支援機関や企業との直接対話がなく物足りない。しかし、当事者の声を「聴く」だけで終わるのではなく、当初から、当事者の声をもとにプログラムをつくるという設計となっていた点において、わが国では出色のものである。

以上、当事者の主体性を発揮するための心理的基盤と社会的基盤について述べてきたが、ついで、これら二つの観点から、当事者の主体化を促進する条件について述べよう。

被排除者の主体化を促進する条件

心理的基盤から見た、被排除者の主体化を促進する条件

PTGを促進する要因に関する研究レビューである、Tedeschi and Calhoun(2004)によれば、PTGは、トラウマとなる出来事について、反芻的に思考することで促進される。反芻的に思考するとは、過去を現在に引きずるということではなく、むしろ、過去の目標を手放して新たな目標に向かい、その出来事を意味づけなおすということである。たとえば、

あれは、私の人生の出来事の一つで、私にとってそれが起きることは必要だったんだ。うん、それは、私に起きた最良の出来事だったと思う。〔……〕あのことを経験してそれを生き抜いていなかったら、私は、こんなふうには生きていないと思う。なぜって、以前の私は、本当に自分を壊してしまうような生き方をしていたからだ。私がもう一度やり直せるとしたら、同じことが同じように起きてほしいと思う。あれが起きないことなんて望んでいない(Tedeschi and Calhoun 1995: 1)。

このように、反芻的思考は、「トラウマ」をターニングポイントとするナラティブを発達させることによって、PTGを促進する。彼らは、反芻的思考の指示を伴う日記記入によってPTGが促進される研究(Ullrich and Lutgendorf 2002)を挙げて、ナラティブの発達に自己開示が有効であると指摘す

る。その上で、ソーシャルサポートとＰＴＧが関連することを示した一連の研究を引用して、ソーシャルサポートが得られる相互支援グループにおける自己開示が、ＰＴＧの促進につながるナラティブを発達させると主張している。相互支援グループ、いわゆる、自助グループがＰＴＧを促進するという彼らの主張は、利用者参加を支持している。

また、Staub and Vollhardt（2008）は、ＡＢＳの促進要因を三つ挙げている。第一は、苦難の後の心理的な回復、たとえば、出来事の経験を書きそれを集団で共有する治療、真実和解委員会や修復的司法など真実究明による正義の実現、加害者が加害に至った理由の理解。第二は、他者からの支持的な手助け、たとえば、被害前・被害時点・被害後における他者からの支援や、実生活あるいは物語における利他的なモデルとの接触など。第三は、本人自身の行動、たとえば、被害時点での援助行動、意識啓発活動、自助グループへの参加、真実究明運動など他者を支援する社会運動への自発的な参加。

これらの三つの要因は区分されているが、実際には、相互作用をもちながら同時に起きると考えられる。たとえば、真実究明運動に自分から参加することを通じて、利他的なモデルと接すれば、心理的な回復が促進されるであろう。第三の要因に明らかなように、彼らは、社会的被排除者自身に、主体として取り組んでもらうことが、自己有効感を高め、援助者としてのアイデンティティの獲得へとつながると考えている。

社会的基盤から見た、被排除者の主体化を促進する条件

子ども・若者の利用者としての参加の促進は、各国で政治的な意思として行われている。イギリス

の教育雇用訓練省の取り組みを紹介しよう。同省は、二〇〇一年に、『聴くことを身につける――子どもと若者の参与のための中核的原則』(「Learning to Listen: Core Principles for the Involvement of Children and Young People」)(Great Britain. Children and Young People's Unit 2001)を出して、子ども・若者参画の原則を打ち出して実践を重ね、その結果を踏まえて、二〇〇三年に『参加の文化をつくる――子ども・若者を、政策、サービス計画、実施、評価に巻き込む』(「Building a Culture of Participation: Involving Children and Young People in Policy, Service Planning, Delivery and Evaluation」)(Kirby et al. 2003)を発表し、子ども・若者参加を促進するための手法について、詳細なガイダンスを提供している。

実際に、子ども・若者の意見は政策形成に生かされている。たとえば、二〇〇五年に発表された緑書『若者は重要である』(「Youth Matters」)(Department for Education and Skills 2005)では積極的に若者の意見を求め、一万九〇〇〇名を超える回答を得て、その回答をもとに『若者は重要である――次の数歩』(「Youth Matters: Next Steps」)(Department for Education and Skills 2006)が発表された。

さらに、こうした実践を受け、社会サービスにおける専門機関である、社会的ケア評価機構(Social Care Institute for Excellence, SCIE)は、サービス提供者及び利用者からの聞き取りやケーススタディに基づいて、子ども・若者参加がいかにソーシャルサービスに貢献しうるかを整理し、子ども・若者参加を推進するため、サービス提供組織は、以下の四点について組織開発が求められるとしている(Wright et al. 2006)。

① 参加の文化の開発

参加を当然とする文化を開発することによって、管理職と現場スタッフ、そして、子ども・若者が共有し理解している、子ども・若者参加についてのコミットメントが示されなければならない。文化は、しばしば参加を妨げる障壁として論じられてきたが、現在は、単なる障壁ではなく、サービス開発の正当な対象であると考えられている。

②　参加の構造の開発

子ども・若者が、積極的な参加者として活動することを可能とする構造を計画し開発する。構造には、スタッフ、資源、意思決定及び計画プロセスが含まれる。参加の文化をもつだけでは、実際の結果に影響をもたらすような「仕事の仕方」を変えたことにはならない。子ども・若者が意思決定過程に影響を及ぼすことで初めて、参加は変化や改善をもたらす。

③　参加のための効果的な実務の開発

現場スタッフが、子ども・若者の参加を可能とし、その結果として組織内の変化や改善を可能とする、仕事の仕方をする必要がある。そのためには、子ども・若者の参加が、子ども・若者の人生にとってプラスになるという認識が有用である。こうして、日々の実務が改善されることで、子ども・若者は参加に手ごたえを感じて組織に変化を起こすことができる。

④　レビュー参加の効果的なシステムの開発

レビュー（モニタリング及び評価）の過程を開発し、子ども・若者の参加が、どのようにソーシャルサービスを変化・改善したかを記録する必要がある。子ども・若者は、目標・プロセス・アウトカムを定義し、測定方法を決定する、このレビュー過程に参加しなければならない。

このように、サービス利用者の参加は、サービス提供者とサービス利用者との関係の変化を伴う。つまり、サービス提供者の持つ知識（専門性）がサービス利用者の持つ知識（経験）より上位に位置づくというパターナリスティックな関係から、サービス利用者の持つ知識自体が何らかの専門性として位置づけなおされ、より対等な関係へと向かうという変化である（Clarke 2006）。

この変化は、ソーシャルサービスを支える知識というパワーは誰のものか、という争いを通じてもたらされる。そもそもエンパワメントとは、被排除者に対するパワー（権力）の付与であり、利用者参加とは、利用者と参加者の権力関係の見直しである（Askheim 2003）。権力関係が変わらなければ、利用者参加は実現しない（Gunn 2008）。

Carr（2007）は、権力関係の不均衡を見直し、サービス提供者とサービス利用者の間に開かれた対話が行われることを求め、この場において、双方が現場知に基づいた議論を行うことで、何らかの共通性（たとえば、社会正義）に至ることを期待する。これは、Askheim（2003）による、ソーシャルワークの理論形成に、利用者を巻き込むべきであるという主張とも関連する。このような対話の場で語られるのは、これまで専門家（提供者）が語ってこなかった、利用者の「もう一つの」現実である（この現実には、心理的基盤において取り上げた、ＰＴＧやＡＢＳに関する語りも含まれるであろう）。

利用者は、この開かれた対話の場に、「一利用者としての」個人的な（personal）経験に基づいた、「利用者としての」集合的な（collective）アイデンティティをもって参加する。さらに、この場における対話を通じて、提供者と協働したサービスの形成者としての、ひいては、市民としてのアイデンティティを発達させることになろう(Carr 2007: 269)。すなわち、社会的基盤の形成とは、サービス利用者が、主体者としてのアイデンティティを形成しうる、対話の場の形成である。

おわりに

パターナリスティックな支援 - 被支援関係を維持することは、支援者にとって、多くのメリットがある。第一に、「もう一つの専門家」である当事者による、専門性への挑戦を退け、専門性の源泉を独占できる。第二に、当事者を従属者の地位に置くことで、自らのサービスに対する需要(いわゆる、支援ニーズ)を確保できる。第三に、仮に不十分なサービスであっても、権力の不均等性を用いて、その事実を隠蔽できる。このような力学が働くからこそ、私たちは意図的に、支援 - 被支援関係を乗り越えなければならない。

フィンランドの若者法(Youth Act)第八条(Ministry of Education, Finland 2006)には、

若者は、地域や地方における、ユースワークと若者政策に関する事項の取り扱いに参加する機会を与えられなければならない。さらに、若者は、自らに関する事項について、その意見を聴かれなければならない。

と定められている。

パターナリスティックな、相手の主体性を失わせる支援は、依存関係を維持するものである限り、根本的な解決策にはなりえない。支援は、本人に、社会の主体的形成者であるという自覚をもたらし、自発的な問題解決へと後押しするものでなければならない。わが国においても、若者支援の進展する中、支援現場それぞれが、若者の主体化を図る場として機能していくことを期待する。

参考文献

安藤清志(二〇一〇)「否定的事象の経験と愛他性」『東洋大学社会学部紀要』四七巻二号、三五―四四。

宅香菜子(二〇一〇)『外傷後成長に関する研究――ストレス体験をきっかけとした青年の変容』風間書房。

――(二〇一四)『悲しみから人が成長するとき――PTG』風間書房。

津崎哲雄(二〇〇九)『この国の子どもたち　要保護児童社会的養護の日本的構築――大人の既得権益と子どもの福祉』日本加除出版。

社会的養護の当事者参加推進団体日向ぼっこ編(二〇〇九)『「日向ぼっこ」と社会的養護――施設で育った子どもたちの居場所』明石書店。

ホンカネン、タルヤほか(二〇一一)『フィンランド中学校現代社会教科書――一五歳　市民社会へのたびだち』高橋睦子監訳、明石書店。

本田由紀、内藤朝雄、後藤和智(二〇〇六)『「ニート」って言うな!』光文社新書。

マルナ、シャッド(二〇一三)『犯罪からの離脱と「人生のやり直し」――元犯罪者のナラティヴから学ぶ』津富宏・河野荘子監訳、明石書店。

宮本みち子(二〇〇二)『若者が《社会的弱者》に転落する』洋泉社新書y。

リバーマン、ロバート・ポール(二〇一一)『精神障害と回復――リバーマンのリハビリテーション・マニュアル』西園昌久総監修、池淵恵美監訳、SST普及協会訳、星和書店。

A National Voice (not dated) *These Matter To Us: A National Voice Position Paper on the New 'Care Matters'Bill*, http://www.anationalvoice.org/index.php?option=com_k2&view=item&task=download&id=7_e0c4f096c3e892be79b4d3e166bc5fba&Itemid=140（二〇一五年八月一六日閲覧）

Arnstein, S. R. (1969) "A Ladder of Citizen Participation," *Journal of the American Institute of Planners 35:* 216–224.

Askheim, O. P. (2003) "Empowerment as Guidance for Professional Social Work: An Act of Balancing on a Slack Rope," *European Journal of Social Work 6:* 229–240.

Carr, S. (2007) "Participation, Power, Conflict and Change: Theorizing Dynamics of Service User Participation in the Social Care System of England and Wales," *Critical Social Policy 27:* 266–276.

Clarke, J. (2006) "Consumers, Clients or Citizens? Politics, Policy and Practice in the Reform of Social Care," *European Societies 8:* 423–442.

Commission of the European Communities (2001) *European Commission White Paper: A New Impetus for European Youth.* [COM (2001) 681 final].

Department for Education and Skills (2005) *Youth Matters*, Great Britain. Children and Young People's Unit.

——— (2006) *Youth Matters: Next Steps: Something to Do, Somewhere to Go, Someone to Talk to*, Department for Education and Skills, U. K.

Erikson, E. H. (1968) *Identity, Youth and Crisis*, Norton.

Great Britain. Children and Young People's Unit (2001) *Learning to Listen: Core Principles for the Involvement of Children and Young People*, Great Britain. Children and Young People's Unit.

Gunn, R. (2008) "The Power to Shape Decisions? An Exploration of Young People's Power in Participation," *Health and Social Care in the Community 16:* 253–261.

Hart, R. A. (1992) *Children's Participation: from Tokenism to Citizenship* (Innocenti Essays, No. 4), UNICEF.

Helgeson, V. S., K. A. Reynolds, and P. L. Tomich (2006) "A Meta-Analytic Review of Benefit Finding and Growth," *Journal of Consulting and Clinical Psychology 74:* 797–816.

Johnson, Mark (2007) *Wasted: A Childhood Stolen, an Innocence Betrayed, a Life Redeemed*, Sphere.

Kirby, P., C. Lanyon, K. Cronin, and R. Sinclair (2003) *Building a Culture of Participation: Involving Children and Young People in Policy, Service Planning, Delivery and Evaluation*, Department for Education and Skills, U. K.

Loncle, P, V. Muniglia, and R. Spannring (2008) "Introduction: Youth Participation in Europe: Between Social and Political Challenges and Youth Policies," in P. Loncle and V. Muniglia eds., *Youth Participation, Agency and Social Change: Thematic Report*, Deliverable No. 21 of the Project 'Youth — Actor of Social Change', UP2YOUTH.

McAdams, D. P. and E. de St. Aubin (1998) "Introduction," in D. P. Adams and E. de St. Aubin eds., *Generativity and Adult Development: How and Why We Care for the Next Generation*, American Psychological Association.

Ministry of Education, Finland (2006) Youth Act (72/2006), http://planipolis.iiep.unesco.org/upload/Youth/Finland/Finland_Youth_Act_amended_2010. pdf(二〇一五年一月一四日閲覧)

Park, C. L., L. H. Cohen and R. L. Murch (1996) "Assessment and Prediction of Stress-Related Growth," *Journal of Personality 64:* 71–105.

Staub, E. (2005) "The Roots of Goodness: The Fulfillment of Basic Human Needs and the Development of Caring, Helping and Nonaggression, Inclusive Caring, Moral Courage, Active Bystandership, and Altruism Born of Suffering," in G. Carlo and C. P. Edwards eds., *Moral Motivation through the Life Span*, Vol. 51 of the Nebraska Symposium on Motivation, University of Nebraska Press.

Staub, E. and J. Vollhardt (2008) "Altruism Born of Suffering: The Roots of Caring and Helping After Victimiza-

tion and Other Trauma," *American Journal of Orthopsychiatry* 78: 267-280.
Tedeschi, R. G. and L. G. Calhoun (1995) *Trauma and Transformation: Growing in the Aftermath of Suffering*, Sage.
——(1996) "The Posttraumatic Growth Inventory: Measuring the Positive Legacy of Trauma," *Journal of Traumatic Stress* 9: 455-471.
——(2004) "Posttraumatic Growth: Conceptual Foundations and Empirical Evidence," *Psychological Inquiry* 15: 1-18.
Ullrich, P. M. and S. K. Lutgendorf (2002) "Journaling about Stressful Events: Effects of Cognitive Processing and Emotional Expression", *Annals of Behavioral Medicine* 24(3): 244-250.
User Voice (2011) *Summary of Young Offenders' Insights into Tackling Youth Crime and its Causes*, http://www.uservoice.org/wp-content/uploads/2011/04/User_Voice_Exec_Summ_web. pdf（二〇一一年八月二四日閲覧）
Vollhardt, J. R. (2009) "Altruism Born of Suffering and Prosocial Behavior Following Adverse Life Events: A Review and Conceptualization," *Social Justice Research* 22: 53-97.
Wright, P., C. Turner, D. Clay, and H. Mills (2006) *The Participation of Children and Young People in Developing Social Care*, Social Care Institute for Excellence. http://www.scie.org.uk/publications/guides/guide11/files/guide11.pdf（二〇一五年八月一六日閲覧）

URL一覧

大阪一丸　http://osaka1gan.jp/
A National Voice　http://www.anationalvoice.org/
User Voice　http://www.uservoice.org/

ブックガイド

宅香菜子(二〇一〇)『外傷後成長に関する研究――ストレス体験をきっかけとした青年の変容』風間書房。

日本語では数少ない、外傷後成長に関する研究文献。しかし、外傷後成長について、一般的に学ぶには、このあとに出版された、同じ著者の『悲しみから人が成長するとき――PTG』(二〇一四年、風間書房)のほうがお勧めである。

タルヤ・ホンカネンほか(二〇一一)『フィンランド中学校現代社会教科書――一五歳　市民社会へのたびだち』高橋睦子監訳、明石書店。

欧州の若者参加について知るには、北欧諸国の社会科の教科書を読むのが最も分かりやすい。このほか、代表的なロングセラーに、アーネ・リンドクウィスト、ヤン・ウェステル『あなた自身の社会――スウェーデンの中学教科書』(一九九七年、川上邦夫訳、新評論)がある。

シャッド・マルナ(二〇一三)『犯罪からの離脱と「人生のやり直し」――元犯罪者のナラティヴから学ぶ』津富宏・河野荘子監訳、明石書店。

犯罪から「離脱」に関する古典的研究(原著は、二〇〇一年著)。イギリスのリヴァプールで犯罪を行った者のうち、犯罪を続けている者と犯罪をやめている者を比較し、犯罪から離脱する要因が主体的なものであることを明らかにした。

＊本研究の一部は、平成二一―二三年度科学研究費補助金(基盤研究(B)「犯罪者(特に、少年犯罪者)の社会復帰に関する理論的検討とアクションリサーチ」の助成を受けた成果に基づいています。

【コラム】
外国につながりを持つ高校生支援

グローバル化の時代、日本では外国につながりを持つ子どもが増えてきている。文部科学省「日本語指導が必要な児童生徒の受入れ状況等に関する調査（平成二四年度）」によれば、二〇一二年五月一日現在、公立学校に在籍する外国人児童生徒七万一五四五人のうち、日本語指導が必要な者は二万七〇一三人（およそ三八％）いる。忘れがちなのは、新しく日本国籍を取得した者や、保護者の国際結婚により家庭で使われる言語が日本語以外の者がいるなど、日本国籍を持つ子どもの中にも、日本語指導が必要な者が一定数（六一七一人）存在するという事実である。

彼らの中には、日本語での授業についていくことが容易ではない者、いじめを受けた経験を持つ者も少なくない。また、外国人シングルマザーなどの一人親家庭をはじめ、彼らの保護者の就労状況は厳しく、経済的に困窮している家庭の子どももいる。総じてマイノリティである彼らに対する教育保障は手厚いとはいいがたい。

とりわけ高校進学は大きな障壁である。全国の公立高校の中で最も日本語指導が必要な若者が集まる神奈川県では、「外国籍」や「日本国籍を取得して三年以内（就学前の期間を除く）」の若者を対象に、「在県外国人等特別募集」枠が設置されている県立高校があり、入試の問題文に仮名が振られるなど、彼らへの配慮がなされている。とはいえ、入国後の在留期間が通算三年を超えているためにこの特別枠に該当しない者の中にも、日本語力が乏しく一般入試によって希望する高校に進学が叶わない層が一定数おり、改善の余地が見られる。

前述の調査によれば、日本語指導が必要な若者で高校に通っている者のおよそ五割以上が、定時制や通信制高校に進学している。この二つの課程の中退率は全日制に比べて一七倍であり、当然ながら日本語力が乏しい彼らも中退するリスクを抱えていると考えてよい。高校進学後の彼らにどのような支援が可能だろうか。

外国につながる子どもの教育保障を多角的に支援しているNPO法人「多文化共生教育ネットワークかながわ」(ME-net)と神奈川県教育委員会は、二〇〇七年度から「多文化教育コーディネーター派遣事業」という協働事業を展開している。ME-netが推薦する日本語教育の専門的知識や地域での支援経験や人的資源を持つ者を、県がコーディネーターとして支援が必要な高校に派遣する。二〇一四年度の派遣校は一六校(定時制四校、通信制一校)。派遣先高校の教師たちとコーディネーターが、高校の実態にあわせて以下のような支援を展開する。①日本語支援・学習支援(取り出し指導(在籍学級以外の教室で指導を行う方法)等の指導教員の補助)、②保護者面談や教育相談等への通訳派遣、③母語話者(サポーター)による支援(母語による学習支援等)、④保護者あての学校資料などの翻訳、⑤居場所づくり(外国につながりを持つ子どもたちの日常的な交流の場)、⑥進路に関する情報提供や交流事業(相談業務や外国につながる先輩との交流によるキャリア教育プログラム)、⑦外国につながりを持つ高校生の学校内外の交流イベントへの参加と支援。

神奈川県立横浜修悠館高等学校には、二〇一四年度時点で外国につながりを持つ在籍生徒数は一七三人。そのうち諸経費を納入し、学習活動を行える生徒(実活動生徒)は一一〇人おり、全実活動生徒の四・九%に該当する。決して少なくない外国につながりを持つ生徒の学習支援のためにこの高校は、多文化教育コーディネーター派遣校の指定を受けている。多文化教育コーディネーターの中村典子氏は、週に二日この高校に派遣され学習支援を行っている。当初居場所スペースでの学習支援をすることになっていたが、それではなかなか支援が必要な生徒が来てくれないため、教育相談・学習支援担当であり外国につながる生徒を集めたクラスの担任をしている教諭と相談の上、校内を歩き回り生徒のもとへ出向いていくアプローチをとるようになったそうだ。中村氏は、入学一年目を無事乗り切り進級できるかがその後の高校生活において重要だととらえ、担任と連絡を密にとりながら、少しでも気にかかる生徒がいれば、彼らのもとに行き声をかけ彼らの話に耳を傾ける。欠席が続く生徒には、「この授業は出ないとね。私待っているね」と時間割を確認して一緒にその教室まで行く約束をする。自分の連絡先を生徒たちに伝えてあり、いつでも相談を受けられる体制にしているという。「先生ではなく、勉強以外の話のできる立場」として学習支援にとどまらないドロップアウトを防止する生活指導の一端を担っている。

こうした多文化教育コーディネーターが行う支援は、外国につながりを持つ高校生が高校に定着するための直接的な支援である。それと同時に、その取り組みは、「外国につながる生徒にとってわかりやすい授業は、日本人生徒にとってもわかりやすい授業である」(「ME-net 外国につながる子どもへの教育・進路サポート事業活動報告二〇〇六～二〇一〇」三二頁)といった授業観に基づく教育実践など、マイノリティの生徒が生きる世界への理解を学校現場に促す役割を果たしている。在留制度の制約など、学校から仕事への移行過程が不安定にならざるをえない状況に置かれている外国につながりを持つ高校生は少なくない。彼らの家庭と、高校や地域社会をつなぐ支援の連携がますます必要になってこよう。

＊本稿は二〇一四年一〇月一六日、多文化教育コーディネーター中村典子氏へのインタビューおよび二〇一五年二月二日、NPO法人多文化共生教育ネットワークかながわ代表高橋徹氏へのインタビュー時に収集した資料に基づく。

＊参考文献：「ME-net 外国につながる子どもへの教育・進路サポート事業活動報告二〇〇六～二〇一〇」（二〇一一年）、NPO法人多文化共生教育ネットワークかながわ「多文化教育コーディネーター規定」（二〇一四年五月作成）。

（西村貴之）

第７章　若者政策における所得保障と雇用サービスの国際比較
——日本・オランダ・オーストラリア・イギリス・フィンランド——

樋口明彦

はじめに

本章では、若者が抱えるリスクへの対応策を所得保障と雇用サービスという二つの視点から検討することにしたい。失業や非正規雇用など労働の不安定化によって、若者はしばしば十分な所得を得ることができず、それは日常生活の困窮を招きかねない。近年、ヨーロッパ諸国の社会政策のなかでは、安定した就労を促進する雇用サービスと、日々の社会生活に必要な最低限の所得を給付する所得保障制度を、相互に連携させて運用する事例が増えてきている。

本章の狙いは、若者に対する所得保障と雇用サービスの取り組みを日本・オランダ・オーストラリア・イギリス・フィンランドの国際比較という観点から整理して、日本に対する社会政策上の示唆を導き出すことである。最初に、所得保障制度を「保険型」（日本・オランダ）、「扶助型」（オーストラリア）、「混合型」（イギリス・フィンランド）という三つの類型に整理して、それぞれの類型において失業保険・失業扶助・社会扶助という給付がどのように運用されているのかを描き出す。次に、所得保障を基盤に運営されている雇用サービスのあり方をアクティベーションという観点から探り、その特徴を考察する。最後に、以上の考察から、日本が抱える社会政策上の課題を指摘する。

一　問題の背景

アクティベーションの広がり

先進国は、所得保障と雇用サービスの連携をどのように進めてきたのだろうか。一九八〇年代以降、ＯＥＣＤの報告書では、失業者のアクティベーションが重要なテーマとしてしばしば取り上げられてきた。明確な定義があるわけではないものの、アクティベーションは「より多くの人々を有能な労働力へ転換すること、活発な求職活動や就業能力を高める施策への参加を条件づけることで失業や給付が勤労意欲にもたらすかもしれない負の効果を払拭すること、円滑に仕事へ復帰できるよう雇用サービスやその他の労働市場に関わる手法を運用すること」(OECD 2013a: 132)と表現されている。とりわけ、失業期間の長期化とそれに伴う失業給付費用の増大が、アクティベーションの大きな推進力となってきた。さらに二〇〇〇年代に入ってからは、アクティベーションの及ぶ範囲は失業者だけでなく、障害者・早期退職者・ひとり親など広範な給付受給者にまで広がり、人々に就労を促し給付への依存を断ち切ろうとする趨勢がいっそう強まっていく(OECD 2013a: 132)。

先進国で進められているアクティベーションを考える際に重要な点は、その対象者が、単なる失業者だけでなく、失業者と非労働力を共に含む広義の無業者であるという事実である。後述するように、就労支援を推進するアクティベーションの浸透は、常に適切な就労支援を模索するなかで、同時に人々の就業能力を適切に評価する試み、すなわち若者・長期失業者・障害者・ひとり親・移民など就労困難者と呼ばれる集団の析出とニーズの査定を推し進め、失業者と非労働力の境界を再吟味する意味合いを持ってきた。このとき、アクティベーションの最も先鋭的な目標の一つが若者である。本章においても、その対象者を失業者と非労働力を共に含む若年無業者に見定めて、分析を進めることにする。

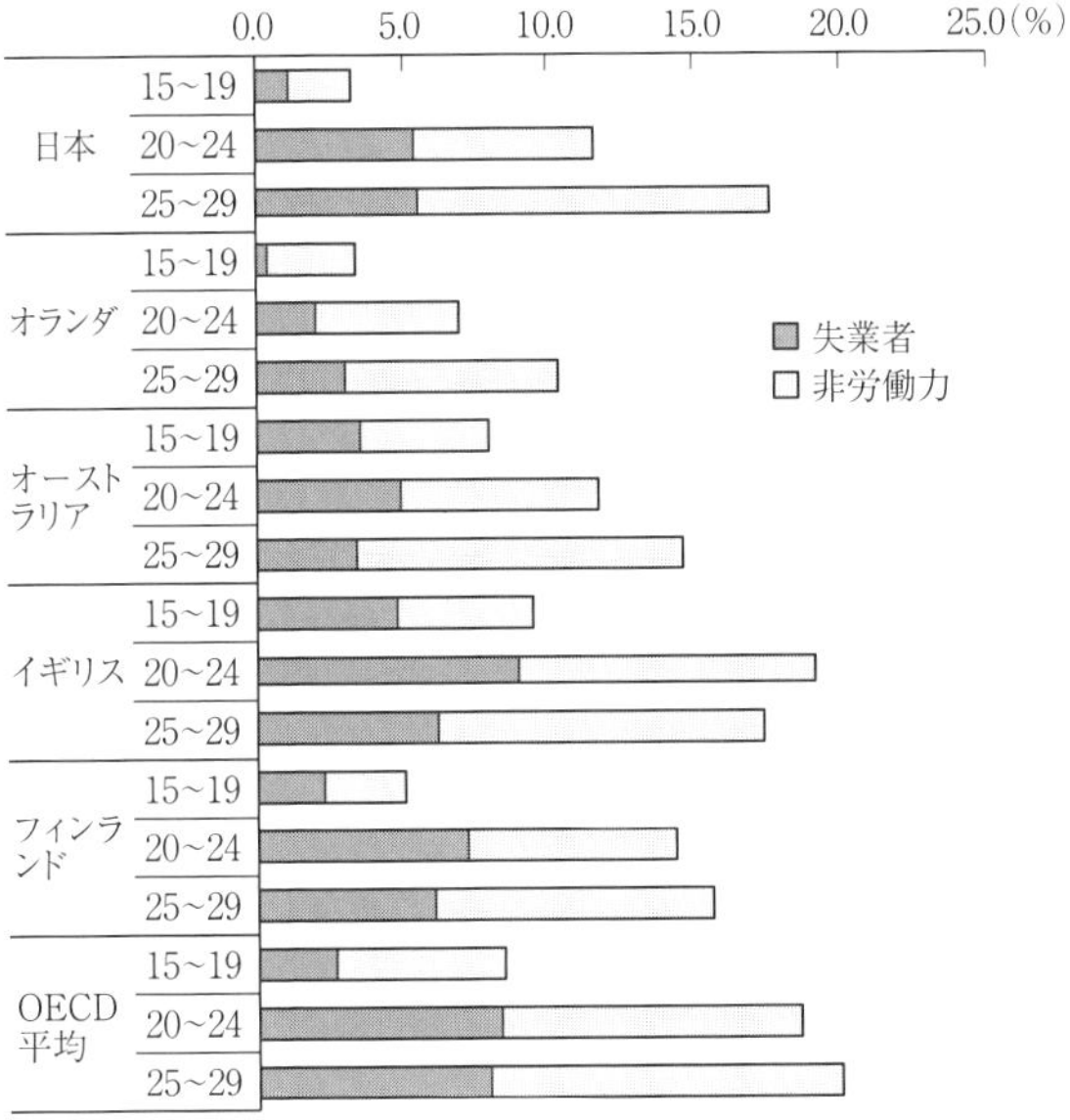

図1　15〜29歳の人口に占める失業者と非労働力の割合(2011年)

注：日本は2012年の値.
出典：日本(総務省 2013)，その他(OECD 2013b)

若年無業者の現状

では、各国において、どのくらいの若者が失業と非労働力の状況にいるのだろうか。図1によると、その傾向は国に応じて大きく異なることが分かる。例えば、失業者の割合を見てみると、OECDの平均値と比べて、オランダの値が「一五〜一九歳」〇・四%、「二〇

～二四歳」二・〇％、「二五～二九歳」三・〇％ととりわけ低いことに気付く。日本も、オランダほどではないものの、その値は総じて高くない。他方、平均値を越える事例は、イギリスの「一五～一九歳」四・八％および「二〇～二四歳」九・〇％、そしてオーストラリアの「一五～一九歳」三・五％となっている。次に非労働力の割合を見てみると、OECDの平均値より高いケースは日本の「二五～二九歳」一二・一％に限られる。また、どの国でも年齢が上がるとともに、非労働力の割合が増加する傾向がうかがえる。若年無業者を一括りにして眺めてみても、オランダの値が極めて低いことは顕著で、この特徴は就業率の高さと言い換えることもできよう。

二　所得保障制度の国際比較

所得保障の三つの類型

仕事に従事していない失業者あるいは非労働力にとって、無業者に対する所得保障制度は自らの生活を維持するうえで重要な役割を担っている。細かな制度設計は各国の歴史的経緯に応じて大きく異なるものの、その給付は大きく三つの種類に整理することができよう(OECD 2007: 16-59)。第一に、失業保険(雇用保険)による給付(unemployment insurance benefit)が挙げられる。この給付は、働いている期間に失業保険へ加入し、一定期間にわたる拠出の記録が前提となって、受給資格が発生する。多くの国々で、その支給額は前職の所得に左右されるけれども、イギリスのように金額が一律の場合も存在する。第二に、たとえ失業保険の受給期間が終了したり、もともと失業保険に加入していなかったりした場合でも、いくつかの国ではその欠落を補う失業扶助（unemployment assistance）が存在する。通常、失業扶助はいかなる拠出記録も求められることがなく、ただ資力調査だけに基づき、金額も一律に固定されていることが多い。第三に、十分な資力のない者に対する社会扶助（social assistance）がある。社会扶助は、必ずしもその対象者を失業者に限定することなく、貧困のリスクに直面する低所得者層への最終的なセーフティ・ネットとして位置づけられる。そのため、受給資格も原則的に過去の雇用歴や拠出記録とは無関係に資力調査だけに基づく。オーストラリアやニュージーランドのように失業保険制度のない国では、実質的に、失業扶助が無業者の所得保障制度の根幹を担い、社会扶助の役割を兼ね備えている。

では、日本・オランダ・オーストラリア・イギリス・フィンランドにおいて、無業者に対する所得保障制度はどのようになっているのだろうか。二〇一〇年時点における制度の概要をまとめた表1から、三つの類型を導きだすことができよう。第一に、失業保険と社会扶助からなり主に社会保険制度に依拠する「保険型」（日本・オランダ）、第二に、失業扶助に基づく「扶助型」（オーストラリア）、第三に、失業保険・失業扶助・社会扶助を併用して失業に対処する「混合型」（イギリス・フィンランド）である。日本の場合、二〇一一年から失業扶助に該当する「職業訓練受講給付金」の制度が始まったため、「混合型」に分類するべきかもしれない。しかしながら、現在までのところ、その受給者数は非常に限定的であるため、本章では「保険型」と見なして論述を進める（詳細については後述）。以下、この類型に沿って、各国における所得保障と雇用サービスのあり方を確認していこう。

(**要件**：受給要件　**金額**：受給額　**期間**：受給期間)

失業扶助	社会扶助
●職業訓練受講給付金《国》 **要件** 求職かつ職業訓練をする者，資力調査 **金額** 月10万円＋交通費 **期間** 訓練期間中(最大2年)	●生活保護《国・地方自治体》 **要件** 親族の扶養義務，稼働能力の行使，資力調査 **金額** 平均労働者の21.0%(東京) **期間** 無制限
――	●社会扶助《地方自治体》 **要件** 20歳以上，資力調査 **金額** 平均労働者の33.1% **期間** 無制限
●ニュースタート手当 Newstart allowance《国》 **要件** 22歳～年金受給年齢の求職者，資力調査 **金額** 平均労働者の18.0%(固定額) **期間** 無制限 ●若者手当 Youth allowance《国》 **要件** 16～21歳の求職者，18～24歳のフルタイム学生，16～24歳のフルタイム職業訓練生，16～17歳のyear12修了者で就学のため一人暮らしの者，資力調査 **金額** 一人暮らしで平均労働者の14.6%(固定額)，親同居で平均労働者の9.6%(固定額) **期間** 無制限	――
●所得に基づく求職者給付 Income-based jobseeker's allowance《国》 **要件** 18歳～年金受給年齢の求職者，資力調査 **金額** 平均労働者の9.9%(固定額) **期間** 無制限	●所得補助 Income support《国》 **要件** 16歳～年金受給年齢，働けない理由(疾病・障害・育児・介護など)，労働は週16時間以内，資力調査 **金額** 平均労働者の9.9%(固定額) **期間** 無制限
●労働市場補助 Labour market subsidy《国》 **要件** 17～64歳の求職者，資力調査 **金額** 平均労働者の16.8%(固定額) **期間** 無制限	●社会扶助《地方自治体》 **要件** なし(ただし，18歳まで親の扶養義務あり) **金額** 平均労働者の12.7% **期間** 無制限

金」は2011年施行.

表1　無業者に対する所得保障制度(2010年)

		失業保険
保険型	日　本	●強制保険《国》 **要件** 拠出期間が直近1年のうち6カ月 **金額** 前職の50〜80% **期間** 最大9カ月
	オランダ	●強制保険《国》 **要件** 拠出期間が直近36週のうち26週(週規定)，直近5年のうち4年で52日以上(年規定) **金額** 前職の75%(2カ月後から70%) **期間** 3カ月(週規定)，最大22カ月(年規定)
扶助型	オーストラリア	——
混合型	イギリス	●強制保険(拠出に基づく求職者給付 Contribution-based jobseeker's allowance)《国》 **要件** 拠出期間が直近2年のうち12カ月 **金額** 平均労働者の9.9%(固定額) **期間** 最大6カ月
	フィンランド	●任意保険《国》 **要件** 雇用期間が直近28カ月のうち34週，拠出期間が10カ月 **金額** 基本給付(平均労働者の16.8%)＋前職の所得と基本給付の差額の45% **期間** 最大23カ月

注：原則，40歳単身者を想定して算出．日本の「職業訓練受講給付
出典：(OECD 2013c)

失業給付(失業保険・失業扶助)

失業者に対する所得保障のあり方は、捕捉率(失業者のうちどのくらいの割合の人々が給付を実際に受け取っているか)と代替率(一般労働者の平均所得と比べてどのくらいの割合の金額を失業者が実際に受け取ってい

るか）という二つの指標からおおよそ測ることができよう。そして、これらの指標は「保険型」「扶助型」「混合型」という所得保障制度の類型と大きく関係している。

まず「保険型」の特徴は、保険金の拠出とそれに伴う受給資格の発生という保険原理に基づく点にある。この原理の下では、拠出と受給の相互関係が見えやすく、被保険者に公平性の感覚を提供しやすい反面、失業保険からの脱落というリスクには対応できないという構造的な問題も存在する。失業保険の受給期間が終了してしまったり、そもそも拠出期間が足りずに保険に適用されなかったりした場合、たとえ失業していたとしても、その者は失業給付を受け取ることができない。これは、捕捉率の低下と言い換えることもできよう。事実、日本の場合、雇用保険（失業保険）はあるものの、必ずしもすべての労働者が加入しているわけではない。二〇一一年の時点では、雇用保険の適用要件が「一週間の所定労働時間が二〇時間以上であり、一年以上引き続き雇用されることが見込まれること」とあることから、アルバイトやパートタイム労働者の一部は適用外となるうえ、もちろん拠出期間が一年に満たない場合も保険から漏れることになる。すなわち、非正規労働者や長期失業者など雇用経歴の乏しい者にとって、失業保険は必ずしも所得保障制度の機能を果たすわけではないのだ。当然、不安定雇用に従事しがちな若者にとって、このリスクは身近なものである。各国における失業給付の普及度を把握するため、表2では、労働力調査に基づく失業者数に対して、失業給付受給者数がどのくらいの割合を占めるのかを見ることにしたい。表2によれば、日本が二三％と他国に比べて低く、約四分の三の失業者が失業給付なしで求職していることがわかる。もう一つの「保険型」であるオランダも、失業への所得保障制度として失業保険を根幹に据えている。ただ、その受給率は六六％と日本に比べて相対的に高く、その背景には最大の受給期間が長いことが挙げられよう。

日本やオランダのような「保険型」とは対照的に、「扶助型」であるオーストラリアは、資力調査だけに基づく一定額の給付システムを採用している。ここでは失業扶助と社会扶助の間に実質的な違いが存在しない。その結果、失業扶助が最終的なセーフティ・ネットとして機能するうえ、その捕捉率が高いことが特徴である。表2から、失業給付受給者の占める割合を見てみると、オーストラリアは一〇一%と非常に高いことがわかる。ただし、この高受給率について留意しなければならないのは、オーストラリアの場合、失業扶助を受給している者の中には、受給と引き換えの義務として職業訓練や教育に専念する者、病気のため一時的に働けない者、パートタイムで働く者も含まれ、彼ら／彼女らが求職活動に従事していないこともあるという事実である。このとき、見かけ上、失業扶助受給者数が失業者数を上回ることになる。実際、二〇一一年の失業扶助受給者のうち、公式な失業者の定義に該当する求職者の割合は五一・四%にすぎない（OECD 2012: 156）。このように、労働力調査に基づく失業者数と失業扶助受給者数の間にはずれがあるため、短期失業者や資力調査を満たさない者など、給付を受給していない失業者が存在する可能性も否定できない（OECD 2012: 139）。とはいえ、貧困層のうち、何らかの所得保障を受給している者の割合は八四・六%と非常に高く（Mood 2006: 449-450）、オーストラリアにおける所得保障制度がかなり幅広く行き渡っていることが確認できる。したがって、オーストラリアの所得保障制度の

表2　失業者数に対する失業給付受給者数の割合（2011年）　（単位：%）

日本	23
オランダ	66
オーストラリア	101
イギリス	59
フィンランド	137

注：失業給付は，失業保険による給付および失業扶助を指す．
出典：オランダ（Statistics Netherlands 2013），その他（OECD 2013a: 141）

受給率を見る限り、少なくとも選別的ではないと考えることが妥当だろう。

失業保険と失業扶助を併用する「混合型」の所得保障は、国によって大きく運用が異なっている。イギリスの場合、失業保険による給付は支給額が一定に固定されている(失業扶助と同額)うえ、受給期間も短いなど、日本やオランダほど失業保険による所得補塡の役割は大きくない。この点、所得補塡の役割が大きいフィンランドとは対照的である。イギリスにおける失業給付の捕捉率は五九%と日本に比べて高いものの、オーストラリアやフィンランドよりは低い値となっている。また、登録済み失業者のうち失業保険と失業扶助による受給率(二〇〇五年)はそれぞれ一九%と七二%に至り(Clasen 2007: 29)、近年は失業扶助が中心的な役割を担うようになってきている。つまり、イギリスの場合、「混合型」ではあるけれども、失業者に対する給付については実質的に「扶助型」に近くなりつつあるといえよう。これに比べて、フィンランドの失業者に対する所得保障は複雑である。フィンランドの失業保険は任意保険で、産業セクターを基盤にした三六の独立した失業基金が存在する。受給要件を満たす組合員は、「基本給付」および前職の所得に比例した失業保険による給付(「所得比例型給付」)をもらう一方、失業保険の受給要件と同等の雇用歴がありながらも失業基金の組合員ではない失業者の場合は、一定額の「基本給付」だけを受け取ることができる。ただ、これらの給付条件に見合わないか、あるいは給付を使い切った失業者は、資力調査に基づく「労働市場補助」という失業扶助を申請することができる。フィンランドの失業者に対する所得保障は、イギリスに比べて、非常に手厚いことが特徴である。失業給付の捕捉率は一三七%と極めて高水準で、失業保険の受給期間も相対的に長い。捕捉率が高い背景には、受給者に求職活動の定期的な報告が厳格に課されていないため、ともすれば受給者は労働力調査では失業者というより、非労働力とカウントされ、結果的に受給者数が失業者数を上回る事情がある。

このような五カ国の捕捉率の違いに加え、所得保障における代替率はどのようになっているだろうか。表1の「受給額」を見てみると、給付額が前職の所得に比例する失業保険の場合、おおむね所得代替率が高い一方(日本：前職の五〇〜八〇％、オランダ：前職の七〇〜七五％、フィンランド：基本給付＋前職の所得と基本給付の差額の四五％)、一定額の失業扶助の場合、その金額はかなり低いのが実情である(オーストラリアのニュースタート手当：平均所得の一八・〇％、イギリス：平均所得の九・九％、フィンランド：平均所得の一六・八％)。つまり、失業扶助の場合、捕捉率は高くなるものの、代わりに代替率が低くなる傾向がうかがえる。

社会扶助

次に、所得保障制度における社会扶助の役割を見ていこう。「保険型」である日本やオランダにとって、失業保険から漏れた人々に対する穴埋めの方法の一つとして社会扶助を想定することができるが、実際の制度運営は必ずしもそのようになっているわけではない。例えば日本の場合、失業者が社会扶助(生活保護)を受給することは極めて難しい。なぜなら、生活保護を受給するには、本人が十全に稼働能力を活用しているか、さらに親族による扶養義務が果たされているかなど、厳しい審査基準を満たす必要があるからである。事実、五カ国のなかでも社会扶助の受給率は〇・四％と極めて低い(表3)。オランダでも、その傾向は変わらず、社会扶助の受給率は一・〇％と高くない。オランダの

表3 15～64歳人口に対する社会扶助受給者の割合（2004年）（単位：%）

日　本	0.4
オランダ	1.0
オーストラリア	3.5
イギリス	2.1
フィンランド	0.3

注：社会扶助は，ひとり親手当を含む．そのため，オーストラリアも表記されている．
出典：（Duell, Grubb & Singh 2009: 83）

低受給率の背景には、厳しい審査基準があって、できうる限り自分で生活するよう努力し、「通常許容できる仕事」なら何でも従事する義務の存在がある。この厳しい基準のため、事実上、二五歳以下の若者は特別な理由（ひとり親など）がない限り、社会扶助を受給することは難しい（OECD 2008: 123–124）。

「混合型」における社会扶助の役割も国に応じて異なる。イギリスの社会扶助は「所得補助」と呼ばれ、ひとり親・疾病や障害のある者・何らかの理由（家庭でケア労働に従事など）で働けない者が対象者（一六歳以上）となる。「所得補助」は、受給中に求職活動が課せられない点に特徴がある。表3によれば、イギリスにおける社会扶助の受給率は二・一%で、日本・オランダ・フィンランドよりはやや高い。フィンランドにおける社会扶助の受給者は、〇・三%と多くない。

以上のように、確かに社会扶助は一定の役割を果たしているものの、その規模は総じて小さく、あくまで残余的なものにとどまっているといえる。

若者による所得保障へのアクセス

以上の考察から、五カ国における所得保障制度をどのように整理することができるだろうか。第一に、おおよその傾向として、所得保障の類型に応じて失業給付の果たす役割が大きく違うことがわかる（表4）。日本とオランダからなる「保険型」は、代替率が高い一方、捕捉率が低い傾向になりがちである。対照的に、オーストラリアの「扶助型」は、捕捉率が高いけれども、代替率が低くなっている。両者を折衷した「混合型」の場合、その制度設計の重心に応じて、その特徴も変化する。失業保険を基盤としながらも、実質的には失業扶助が大きな役割を果たすイギリスは、捕捉率がそれほど高くないうえに、代替率も低い。他方、失業保険も失業扶助も手厚いフィンランドは、捕捉率も代替率も相対的に高い値を示している。

第二に、失業保険と失業扶助の役割に応じて生じる捕捉率の違いは、とりわけ若者に大きな影響を与えることを忘れてはならない。なぜなら、保険原理に起因する捕捉率の制限は特に若者において顕著に現れるからだ。年齢階層別に失業者数に対する失業給付受給者数の割合を見た図2から、若者における捕捉率を見てみると、日本の「一五〜二九歳」一一・六%、オランダの「一五〜二四歳」九・二%、オーストラリアの「一六〜二四歳」六七・三%、イギリスの「一六〜二四歳」四三・〇%となっている(イギリスは、失業保険による給付と失業扶助の機能上の違いが小さいため両者を合算して算出)。典型的な「混合型」であるフィンランドの場合、失業保険による給付と失業扶助のあいだに大きな違いがあるため、給付ごとに「一七〜一九歳」と「二〇〜二九歳」の捕捉率を見てみよう。失業保険による給付である「所得比例型給付」はそれぞれ〇・二%と六二・五%、失業保険の未加入者を補完する「基本給付」は〇・六%と三八・八%、失業扶助である「労働市場補助」は四〇・三%、一一八・九%となっている。このように、失業保険制度に

表4　5カ国における失業給付の特徴

		捕捉率	代替率
保険型	日　本	+	++
	オランダ	+	++
扶助型	オーストラリア	++	+
混合型	イギリス	+	+
	フィンランド	++	++

注：+低い，++高い

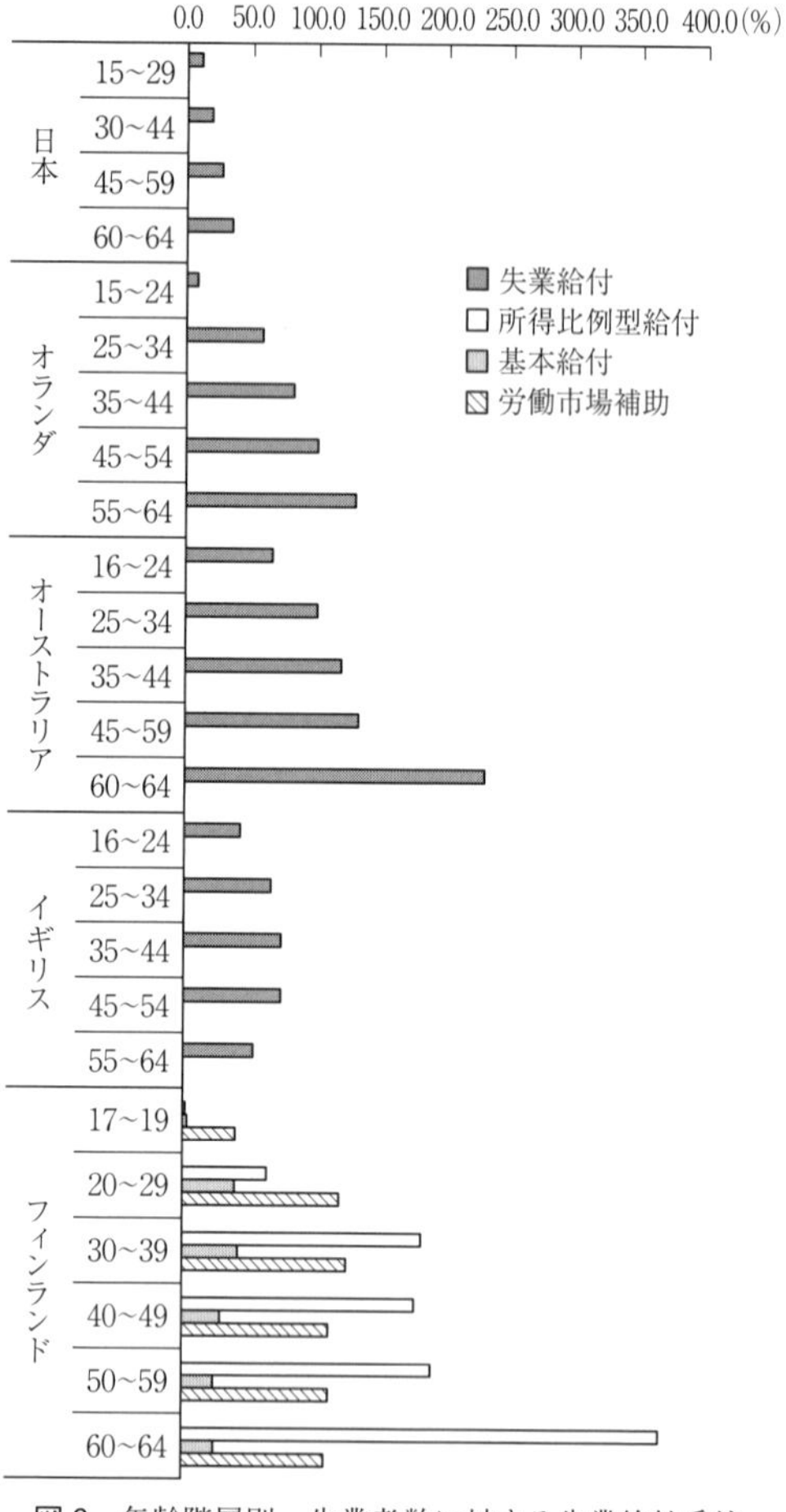

図2　年齢階層別，失業者数に対する失業給付受給者数の割合(2012年)

出典：(厚生労働省 2013a)(Statistics Netherlands 2013)(AGDSS 2013)(DWP 2013b)(FSA and Kela 2013: 89)から筆者が算出．

依拠した「混合型」である日本とオランダの場合、捕捉率の低さは若者においてさらに強まっていることがはっきりわかる。それとは対照的に、「扶助型」であるオーストラリアでは若者でも相対的に捕捉率が高く維持されている。また「混合型」でありながら、全体の捕捉率はそれほど高くなく、むしろ「保険型」に近いイギリスであっても、若者における捕捉率は日本やオランダに比べると高い傾向にある。つまり、年齢階層における捕捉率の違いが少ないのだ。フィンランドの場合、たとえ失業保険による給付の捕捉率が若年者において低くても、その不足を失業扶助が補っていることが確認できる。したがって、若年失業者の所得保障にとっては、失業保険による給付よりも、人々に幅広く行き渡りやすい失業扶助の存在がいっそう重要であるといえよう。

第三に、オーストラリアを除いて、各国とも社会扶助制度が備わっているが、その範囲は限定的で、失業給付の不足を補っているとはいいがたい。むしろ、失業者に対する所得保障制度としては、障害給付のほうが補完的な役割を担っている。各国における障害給付の状況については、第三節にて改めて触れる。

以上の考察から明らかなように、若年失業者にとって所得保障は必ずしも十全に享受できる制度ではない。とはいえ、失業扶助が整った「扶助型」や「混合型」の国々では、「保険型」の国々に比べて、若者は相対的に所得保障制度にアクセスしやすい環境にあることも事実である。では、所得保障制度へのアクセスが、なぜ若者にとって重要だと言えるのだろうか。当然、所得保障制度の活用が、ともすれば経済的困窮に陥りがちな若者の不安定な家計を支える役割を果たすことは言うまでもない。さらに重要な点は、所得保障へのアクセスが、単に給付だけでなく、職業紹介・カウンセリング・職業訓練など、若者のニーズに応じて必要な雇用サービスを提供する貴重な機会にもなっているということである。つまり、経済的ニーズに基づく所得保障制度の幅広い射程こそ、雇用サービスを多くの人々に送り届ける基盤となっているのだ。逆に言えば、捕捉率の低い所得保障制度を備えた国々の場合、所得保障から漏れた人々は、同時に様々な雇用サービスにもアクセスできないリスクに晒されることになる。

このようなリスクは、失業給付の捕捉率がとりわけ低い日本において大きな意味を持つ。無業者の所得保障制度が「雇用保険制度と公的扶助制度の「亀裂」」(OECD 2010: 19)と表現されるように、雇用保険から漏れる失業者の多くにとって所得保障を受けることは難しい。この低受給率こそ、日本の所得保障制度の根幹に位置する特徴である。確かに、所得保障の低受給率という構造的問題に対して、わずかながら緩和の兆しも現れ始めている。二〇〇八年のグローバルな経済危機によって雇用環境が悪化した結果、生活保護の審査基準がやや緩和され、その受給率は一・六%(二〇一一年)と少しだけ増加した。また、二〇一一年から「求職者支援制度」が導入され、雇用保険を受給できない求職者に対して、①職業訓練の機会、②訓練期間中の給付金、③就労支援サービスの提供がなされることになった。ただし二〇一二年度の実績を見てみると(厚生労働省二〇一三b)、職業訓練の受講者が九万三八〇三人、「職業訓練受講給付金」の受給者が五万六一四五人となっている。それぞれ当該年度の失業者の三・三%、二・〇%に相当し、その割合は低いことが分かる。つまり、日本における「職業訓練受講給付金」は、確かに失業扶助という位置づけでありながらも、失業扶助が通常備える高い捕捉率という特徴を決定的に欠いているのだ。制度の出発点が職業訓練の受講者に絞った給付ということで、当初から非常に選別的であったことが低捕捉率の理由として考えられる。したがって、日本は、確かに所得保障制度の拡充という方向に向きつつあるけれども、その実態はいまだに強固な「保険型」といっても差し支えないだろう。

次節では、近年その取り組みが進んでいるアクティベーションを手がかりに、所得保障と雇用サービスの緊密な連携が、無業者への支援のあり方をどのように変えているのか整理することにしたい。

三　アクティベーションを取り巻く制度改革

給付と雇用サービスの一元化

▼ワン・ストップ・サービスの構築

失業給付を受け取る対価に、求職活動・カウンセリング・職業訓練・職場体験・ボランティア活動など就業能力の向上を図るための活動を義務的に課す所得保障と雇用サービスの連携は、アクティベーションとして各国で積極的に取り組まれてきた。この趨勢の背景には、二つの政策上の意図が垣間見える。第一に、給付と雇用サービスの提供を一元化すること（ワン・ストップ・サービス）により、失業給付の受給者と雇用サービスの利用者の間にあった距離を縮めて、求職者のサービスに対するアクセスを高め、いっそう効率的な就労支援を提供することが可能となる（OECD 2013a: 172）。なぜなら、様々な目的や用途に応じて公的サービスはしばしば複雑に分岐しており、専門的な知識を持たない多くの人々にとって困惑を招きがちだからである。第二に、アクティベーションによる就労支援の強化は、増大の一途をたどる社会保障費の支出を抑制して、財政の健全化を図る思惑とも合致する。

では、各国における給付と雇用サービスの一元化の流れを、順番に追っていこう。オーストラリアは、最も積極的に組織改革を進めてきた国の一つである。オーストラリアの所得保障制度は、一九九八年に導入された「相互義務」という基本理念に基づき、受給者に様々な義務活動を課す一方、給付窓口の一元化と雇用サービスの連携という制度改革を行い、サービスの効率化を促進してきた。最初に、失業扶助の申請者は、あらゆる給付の共通窓口である「センターリンク」(Centrelink)で、資力調査に基づく受給審査ならびに質問用紙による「求職者分類測定」(Job Seeker Classification Instrument)を受ける。この結果に応じて、求職者は具体的な支援プログラムを請け負う「ジョブ・サービス・オーストラリア」(ＪＳＡ)の「ストリーム１」から「ストリーム３」に振り分けられ、就労に大きな障壁がある場合のみ「ストリーム４」あるいは「障害雇用サービス」に誘導される。「ストリーム１」では、求職者は二週間ごとに求職活動の結果を報告しなければならず、また失業から一三週のうちに求職者ワークショップに参加しなければならない。「ストリーム２」と「ストリーム３」の場合、最初からＪＳＡとの間で雇用移行プランを作成し、ニーズに応じた柔軟な求職活動を行う。複雑なニーズを抱える「ストリーム４」の求職者も、ＪＳＡと面談を行い、ＪＳＡは職業プログラムと職業に関連しない活動を適宜織り込みながら、求職活動を支える。一年経っても就職できない場合、求職者は仕事体験活動に参加することが求められる。このように、オーストラリアは失業扶助の受給を軸に、求職者をニーズに応じて段階的に支援していくやり方を採用している。

このような組織改革の趨勢は、イギリスでも確認できる。二〇〇二年から、それぞれ分かれていた公的な雇用サービスと給付業務を司る機関を統合する「ジョブセンター・プラス」(Jobcentre Plus)が設置され始め、二〇〇六年には全国展開に至る(Clasen 2007: 32)。このような制度改革を背景に、給付と雇用サービスの連携を強め、給付への依存をできるだけ抑制するウェルフェア・トゥ・ワーク政策が本格化することになった。この代表例が、一九九七年に政権に返り咲いたニューレイバーによる一連の「ニューディール」である。これは、「一八〜二四歳の若年者」や「二五歳以上の長期失業者」

など特定のリスク集団を設定して、段階的な支援プログラムへの参加を義務として課している点に大きな特徴がある。それ以外にも、義務ではなく自発的な参加に依拠した類似のプログラムとして、「五〇歳以上の労働者」「ひとり親」「障害者」「失業者のパートナー」を対象とした「ニューディール」も実施された(Clasen 2007: 39-43)。

二〇一〇年に保守党と自由民主党の連立政権が誕生して以降、所得保障の受給資格は一層厳格なものになりつつある。例えば、過度に複雑化した従来の給付体系を簡素化して、資力調査に基づく「ユニバーサル・クレジット」に一本化し、労働へのインセンティブを維持しやすいよう改変することが提起されている(DWP 2012)。以上のように、オーストラリアとイギリスにおけるアクティベーションには、雇用サービスの効率化とともに、福祉への依存を抑えようとする強い政策的含意がうかがえる。

▼地方分権に沿った再編

他方、フィンランド・オランダ・日本の場合、制度改革が行われてきたものの、給付と雇用サービスの一元化に至っているとはいいがたい。むしろ、その再編過程は地方分権に沿って進んでいることが特徴である。フィンランドにおけるアクティベーションの動きも、ゆっくりと進んでいった。一九七〇～八〇年代のフィンランドでは、助成金付きの仕事を一二カ月以上の失業者に提供することが法的に定められていたため、多くの者にとって自発的な求職活動はそれほど魅力的な選択肢ではなかった。しかしながら、失業率が下がらない状況を受け、一九九〇年代後半から失業者の所得保障制度のあり方が見直されるようになる。第一に、一九九四年に「労働市場補助」が導入され、失業保険による給付への滞留を抑制する仕組みが整えられていった。第二に、一九九七年から、助成金付きの仕事を失業者に与えることに制限がかけられ、その数も徐々に減っていくことになる。そして第三に、失業者の求職活動を後押しする目的で、一九九八〜二〇〇一年にかけて雇用サービス改革が始まり、定期面談・スキル評価・求職プランの策定・自発的な求職活動の支援などのメニューが導入された。このように、フィンランドでは、何よりも失業者に自発的な求職活動を促す環境整備が急務だったのである(OECD 2009b: 68-76)。その後、アクティベーションが本格的に強まり、二〇〇一年に「社会復帰に向けた労働に関する法律」が制定され、「労働市場補助」と社会扶助受給者は社会復帰に向けた労働に参加するよう定められた(MoEE 2008: 29-34)。

ただし、フィンランドでは、給付と雇用サービスの一元化が完遂したわけではなく、制度も未だに断片的な様相を呈している。各地に配備された「雇用事務所」が、求職センターを併設して職業紹介を行う一方、失業者とともに求職計画の策定や職業ガイダンスなどを行っている。また、「社会保険機関」(Kela)が様々な給付の支払いを受け持っている(OECD 2009b: 48-51)。フィンランドにおける組織改革は地方分権という文脈も無視できない。第一に、二〇〇四〜〇六年にかけて、地方自治体と「雇用事務所」が共同で全国に「労働力サービス・センター」を設置し、就労の難しい求職者を対象に総合サービスを提供することになった(OECD 2009b: 51-52)。第二に、二〇〇六年には、一〇〇週以上失業した求職者の「労働市場補助」の半額を地方自治体が負担することになったため、失業者の就労支援を促す強い経済的インセンティブが地方自治体に生まれた(OECD 2009b: 14)。

オランダにおける所得保障と雇用サービスの関係は、二〇〇二年から始まった「労働と所得の鎖」に基づいている。この仕組みは、公的職業紹介サービスを担う「労働・所得センター」（ＣＷＩ）、失業保険による給付と障害給付を支払う「社会保険機関」（ＵＷＶ）、社会扶助を担う地方自治体という三つの組織からなる。失業者が登録する最初の窓口である「労働・所得センター」は、プロファイリングによってすぐ求職活動ができる「Ａグループ」と、心理的問題や障害などのために何らかの準備が必要な「Ｂグループ」に分けたうえで、「Ｂグループ」を「社会保険機関」あるいは地方自治体に送る。「労働・所得センター」では、主に「Ａグループ」を対象に職業紹介を行い、失業者は四週間ごとの報告が課されるものの、その活動はほぼ自主性に委ねられる（OECD 2008: 129–131）。もし、六カ月経っても仕事が見つからない場合は、「社会保険機関」に送られ、再統合指導員が支援に当たる。九カ月後でも就職できないときは、再統合プログラムへの参加が検討される（Schils 2007: 52–55）。

失業保険の支払いは国の管轄で実施される一方、社会扶助および若者への施策は地方自治体が担う。緊縮財政の圧力に後押しされ、地方自治体に独立した運営を促す強力な地方分権化は、社会扶助の取り扱い件数を削減しようとする強い経済的インセンティブを地方自治体に働かせる。例えば、アムステルダムの場合、社会扶助を受給できるのは二七歳からと決められ、それ以下の若者には職場体験や職業訓練の機会が提示される（OECD 2008: 134）。この機会を了承することで初めて、若者は「社会扶助」（bijstandsuitkering）ではなく、社会扶助と同額の「インターンシップ手当」（stagevergoeding）を受給することができる（De Koning et al. 2006: 19）。したがって、地方自治体を主体とする若者政策のあり方は、所得保障と雇用サービスを極めて密接に連携させている。とりわけ就労あるいは職業訓練を最優先し、その代償として何らかの給付を認める施策は「ワーク・ファースト政策」と呼ばれ、地方自治体の八五％が実施している（OECD 2008: 133）。ともあれ、オランダでは、所得保障と雇用サービスは強い就労への誘導のなかで構築されている。

日本における所得保障と雇用サービス（ハローワーク）の連携は、失業保険による給付の受給者に対して行われ、受給者は四週間に一度の頻度で求職活動の報告が課されている。ただ、職業訓練や職場体験などプログラムへの参加は義務化されていない。日本でも、大規模な制度改革というよりは、むしろ雇用サービスの一部が地方に移譲される傾向のほうが顕著であった。例えば、若者に対する雇用サービスの一元化を目的とした「ジョブカフェ」が、二〇〇四年から国による公的職業紹介サービスの協力のもと地方自治体によって運営され始め、その数は全国で八七に上った（二〇〇七年）。また、主に若年無業者を念頭に置いた「地域若者サポートステーション」も、二〇〇六年から地方自治体の管轄で設置されている。職業に関する個別相談、就職支援プログラム、不登校や中退者支援、職場体験などの事業を実施する傍ら、地域を基盤に公的職業紹介所・教育機関・福祉機関・行政機関とのネットワーク形成を行い、若者の受け皿作りに力を注いでいる（OECD 2009a: 113-118）。

プロファイリングの要請

給付と雇用サービスの一元化によって、求職者が社会サービスにアクセスする環境が改善されたとするなら、次にさまざまな背景を抱えた求職者のニーズを適切に判断し、最も適切なサービスに振り分ける作業が大きな意味を帯びるようになってくる。このような要請は、しばしば求職者のプロファイリングとして結実する。このようなプロファイリングは、とりわけオーストラリアやオランダにおいて、求職者の分類に役立てられている。

オーストラリアでは、「求職者分類測定」が導入され、年齢と性別・最近の労働経験・失業扶助の受給歴・教育歴・職業資格・英語能力・出生国・先住民族かどうか・先住民族の居住地かどうか・地理的障壁の有無・労働市場との距離・交通手段へのアクセス・電話の有無・障害の有無や健康状態・住居の安定度・世帯状況・犯罪歴の有無・個人特性という一八の項目に従って求職者を点数化し、ニーズに応じた雇用サービスに振り分ける作業が一般化している。ただ、求職者のなかには、特別な就労への障壁を抱えている者もいるため、二〇〇六年から「仕事能力評価」(job capacity assessment)も併用することになった。この目的には、①労働への障壁を評価すること、②失業扶助の受給に伴う活動義務の免除を審査すること、③「障害支援年金」(disability support pension)の申請を評価することが挙げられる(OECD 2012: 110–114)。

オランダにおいても、「労働・所得センター」でのプロファイリングを通じて失業者を二つのグループに分類し、ふさわしい雇用サービスの提供に役立てている。ニーズに応じてクライアントを分類して、サービス提供の方針を決めるやり方は、アムステルダムの「雇用・所得サービス」でも実施されている。仕事経験・言語・教育歴・病気の有無などの基準に沿った質問用紙を用いてコンピュータによる自動診断を行うが、例えば移民の場合は過度に低く判定されることがあるので、その際はケース・マネージャーが判断する。フィンランドにおいても、失業者のプロファイリングが導入されているものの、まだすべての求職者に義務的に課せられているわけではない(MoEE 2008: 48–49)。

表5　20～64歳人口における障害給付受給者の割合(2010年)

(単位：%)

日　本	2.1
オランダ	8.1
オーストラリア	5.4
イギリス	7.2
フィンランド	8.3

注：日本・オーストラリアは2008年，イギリス・オランダは2009年の値
出典：(OECD 2013d: 272)

しかしながら、プロファイリングの導入は求職者のニーズを正確に把握し、ふさわしい雇用サービスを提供するという正の側面がある一方、むしろ社会政策の見取り図から導きだされた理想像に求職者を無理やり適応させる手段になりかねないという負の側面も併せ持つ。その背景には、障害給付による失業給付の代替効果、すなわち、アクティベーションの進展に伴って失業者に対する活動要件が厳しくなった結果、失業給付受給者が、それほど厳密に活動要件を課されることのない障害給付に移行しようとする事情がある。プロファイリングは、障害給付の受給者を削減する道具としても機能し始めているのだ。

二〇～六四歳人口における障害給付受給者の割合を見てみると(表5)、日本が二・一%と低く、それにオーストラリアの五・四%が続く一方、オランダ・イギリス・フィンランドの値はそれぞれ八・一%、七・二%、八・三%と相対的に高くなっている。社会扶助に対する厳しい制限という特徴に限った場合、日本とオランダは近似しているものの、障害給付の受給に目を転じるとその寛容度には違いを見出すことができる。例えば、オランダの場合、一八歳までに職業的な障害を抱えていると判定された若者に対する「ハンディキャップを持った若者への雇用サポート」(Wajong)の受給者が徐々に増えている。この増加は社会扶助や失業保険による給付が厳しくなったことの代替効果によるものだと、OECDの報告書は指摘している(OECD 2013a: 124-125)。

急激な障害給付への流入を抑制するため、求職者の稼働能力の再診断に着手する国もある。オース

トラリアでは、「障害支援年金」の受給者数が、一九九七年から二〇〇九年の間に四三・五％増え、七五万七一一八人に至る。この趨勢に歯止めをかけるため、歴代の政権は受給条件の強化（二〇〇六年）、「仕事能力評価」申請手続きの制限（二〇一〇〜二〇一二年）を行い、「障害支援年金」の水際対策を進めている（Yeend 2010）。

イギリスにおいても、失業給付と健康に関する給付の境界をいかに設定するかということは、大きなテーマの一つとなっている。「障害給付」（incapacity benefit）の申請者数は、一九七〇年代後半で五〇万人に満たなかったが、一九八〇年代から徐々に増加を続け、二〇〇八年には二三八万人に達した（Beatty & Fothergill 2013）。このような「障害給付」の急増に歯止めをかけるため、当時の労働党政権は二〇〇八年から障害給付の新規申請者のために「雇用・支援手当」（Employment and Support Allowance）を導入して、将来的に「障害給付」に完全に取って代わるよう制度改変を行った。「雇用・支援手当」は、申請者を「仕事に適したグループ」「仕事に関連した活動グループ」「支援グループ」の三つに分類し、「仕事に適したグループ」の該当者は受給額が低く求職活動が課せられる「求職者給付」に移管されることになる（Warren, Garthwaite & Bambra 2013）。現在、「障害給付」の受給者全員に対して「労働能力評価」（work capability assessment）による再審査が進められ、二〇一三年四月の時点で、約七四万人のうち二七％が「仕事に適したグループ」と再評価される結果となった（DWP 2013a）。

四　アクティベーションの限界と可能性

アクティベーションの課題

以上のように、各国におけるアクティベーションの動向を探ってきたが、日本の若者政策に対する示唆を検討する前に、アクティベーションに対する批判を確認しておこう。第一に、給付受給者を減らし、労働市場へ再参入させるために労働プログラムへの参加を課すアクティベーションの基本姿勢は、ともすれば求職者に強い制裁を与え、求職者の意思を損なう強制的な色合いを帯びる危険性がある。例えば、ステファン・ジガラスは、「オーストラリアの「相互義務」制度において義務を強調することが、最も給付の必要な人々に忌避と憤りを生み出しているように見える」(Ziguras 2003: 40) と述べ、過度な義務の履行が求職者の福祉を害することに反転するジレンマを指摘する。

第二に、現行のアクティベーションは、就労こそ最善の解決策と見なすあまり、ともすれば労働条件の悪い低賃金労働の蔓延を招きかねない。カレン・ケラードたちは、たとえ就職したとしてもすぐ失業状態に舞い戻ってしまう「傷跡効果」の存在に目を向け、就労してから在職中に提供されるサポートの有効性について考察している (Kellard et al. 2002)。このような視角は、就職という労働市場へ参入する一時点ではなく、むしろ労働市場内でのキャリア形成というプロセスに焦点を当てている点に特徴がある。労働市場における環境整備という点で考えると、オランダの試みは興味深い。非正規雇用に従事する若者の割合が高いオランダの場合、仮に低賃金労働に就いたとしても、必ずしもそこに長く留まるわけではない。有期雇用から無期雇用への移行率を見てみると、二〇〇一年の値は約四〇％に達し、他のEU諸国の平均よりも約一四％高くなっている（Quintini, Martin & Martin 2007: 10）。また、オランダのパートタイム労働はしばしば無期契約で、フルタイム労働とは労働時間が異なるだけで、給与・有給休暇・付加給付・年金などの労働条件は均等になっている（OECD 2008: 112）。確かに、「保険型」であるオランダの場合、失業扶助がないため就労経験の乏しい若者にとって所得保障は極めて限定的であるけれども、労働市場の流動性を高めると同時に、雇用形態間の均等待遇を実現する取り組みは、いわば労働市場による包摂を可能にしていると言えるかもしれない。

このように、アクティベーションは決して万能薬ではない。そのありようを考える際には、以上のような課題も視野に入れた考察が必要といえよう。

日本の若者政策に対する示唆

以上の考察から、所得保障制度と雇用サービスを連携させるアクティベーションの意義を整理し、日本の若者政策に対する示唆を導きだそう。第一に、活発なアクティベーションの背景として、失業扶助に体現されるような捕捉率の高い所得保障制度の存在が前提であることを改めて確認しておこう。仮にアクティベーションが過度な活動要件を課して、人々を所得保障制度から離脱させることになれば、アクティベーションのそもそもの目的が空洞化してしまう。事実、オランダでは、若者に対するアクセスの欠如が大きな潜在的リスクであり続けている。なぜなら、過度な「ワーク・ファースト政策」の推進は若者を社会扶助から撤退させる危険性を孕み、「いかなる給付も受けない者は、伝統的なアクティベーションの射程からアプリオリにこぼれ落ちてしまう」(OECD 2008: 141) からである。所得保障制度の存在は、人々に社会制度へのアクセスを可能とさせる貴重な機会となっているのだ。

第二に、このような所得保障制度があってこそ、人々が抱えるニーズを適切に評価し、それに対するふさわしい社会サービスを提供することができることも忘れてはならない。しばしば看過してしまうことだが、人々の抱えるニーズは必ずしも最初からはっきり分かっているわけではなく、潜在化していることも少なくない。つまり、社会サービスへのアクセスによって初めてニーズが顕在化するのだ。

このように考えると、所得保障の捕捉率が極めて低い日本は、何よりも人々が広範な社会サービスを活用するためのアクセスの基盤を欠き、そのため人々のニーズ評価も十分にできないというジレンマに陥っていることは想像に難くない。第一に、たとえ公的機関によって雇用サービスが提供されていたとしても、若者が必ずしも利用するとは限らない。例えば、若年無業者向けの代表的施策である「地域若者サポートステーション」と「若者自立塾」(共同合宿型の就労支援プログラム)の利用状況を見てみると、前者の新規登録者数が四万三二二九人(二〇一三年)、後者の修了生が四九〇人(二〇〇八年)であり、それぞれ当該年度の若年無業者(通学・家事を除く)の七・五%、〇・一%に当たる。この利用率は決して高いものではない。捕捉率の高さを誇る失業扶助がない「保険型」の日本において、実質上、雇用サービスは自己申請に近い形で利用されざるをえない。このような雇用サービスの供給体制は、様々な障壁を抱え、最も重いニーズを持った若者こそ、最もサービスを利用することが難しいという逆説を招きかねないのだ。

第二に、公的サービスに対するアクセスを欠き、ニーズの評価からも隔たった若者は、社会での位置づけも曖昧にならざるをえない。例えば、日本では長く社会との関わりを欠いた「ひきこもり」の存在が語られてきたが、「ひきこもり」という状態はまさに公的サービスに対するアクセスの欠如の裏返しと見なすことも可能だろう。日本では、「ひきこもり」を始め、「フリーター」「ニート」「ネットカフェ難民」など若者の属性を示す名称が流通して、特定の集団を選別的に実体化させる様子がしばしば見られた。このような名称の先行は、確かに隠れた社会問題の顕在化に役立つ反面、負の特徴を備えた名称が過度に浸透することによって、若者に対するスティグマを助長させ、社会サービスからのさらなる離脱を誘発しかねない。

以上の考察から、脆弱な所得保障制度を特徴とする日本が直面する課題を、次のような問いに集約させることができるだろう。すなわち、アクセスの基盤を欠いた若者政策はどのようにして可能なのか。この課題を解決するためには、日本においても若者に対するアクセスの基盤を生み出すことが何よりも肝要である。第一に、最も直裁的な方法として、日本でも失業扶助のような捕捉率の高い所得保障制度を創出して、若者のアクセスを確保する仕組みを構築することが考えられる。第二に、雇用サービスの供給をできる限り一元化することは、多くの人々に必要なサービスを効率的に届けるために必要だろう。後期中等教育が広く普及している日本の現状をふまえ、若者に必要なサービスを提供する拠点として、学校にはしばしば過大とも言える期待が寄せられてきた。確かに、今後も学校が若者にとって重要な社会資源であり続けることを疑う余地はないけれども、学校を基盤としたサービス供給には、中途退学者や卒業者にはサービスを提供できない、教育機関に依拠しているため労働市場のニーズにうまく対応できないなど、無視できない限界も存在する。ともあれ、日本における若者政策は、公的サービスに対するアクセスを保障する仕組みの整備こそ、最優先の課題と見定める必要がある。

おわりに

日本における若者支援の伝統を想起すると、しばしば若者の「居場所」が大きなテーマとなってきたことに思い至る。このような「居場所」の必要性は、若者が自己を見つめ直し、自己を回復して再び社会に参入する時間と場所を提供すると同時に、この「居場所」が若者と繋がるかけがえのないアクセスの機会でもあったことから生じたのではないだろうか。アクティベーションにおける所得保障と雇用サービスの位置、そして若者にとっての所得保障制度の役割を問うことは、そんな日本において若者が必要なサービスを活用することができる環境を整備していくことにほかならない。その営みは、若者を日本社会の一員として改めて承認するプロセスでもあるはずだ。

参考文献

厚生労働省(二〇一三a)『雇用保険事業年報　平成二四年度』。

厚生労働省(二〇一三b)『平成二五年行政事業レビューシート　求職者支援制度に必要な経費』。

総務省(二〇一三)『平成二四年労働力調査年報』。

AGDSS (2013) *Income Support Customers: A Statistical Overview 2012*, Australian Government Department of

Social Services.

Beatty, Christina and Steve Fothergill (2013) "Disability Benefits in the UK: An Issue of Health or Jobs?" Colin Lindsay and Donald Houston eds., *Disability Benefits, Welfare Reform and Employment Policy*, Palgrave Macmillan.

Clasen, Jochen (2007) *Distribution of Responsibility for Social Security and Labour Market Policy: The United Kingdom*, Amsterdam Institute for Advanced Labour Studies.

De Koning, Jaap, Peter Van Nes, Marinka Van de Kamp and Marcel Spijkerman (2006) *Het gebruik van prikkels in de bijstand: Onderzoek bij zes sociale diensten*, Social Economic Research Rotterdam.

Duell, Nicola, David Grubb and Shruti Singh (2009) *Activation Policies in Finland*, OECD Publishing.

DWP (2012) *Universal Credit: The Impact on Passported Benefits*, Department for Work and Pensions.

DWP (2013a) *Employment and Support Allowance–Incapacity Benefits Reassessments: Outcomes of Work Capability Assessments by Duration of Claim–Update*, Department for Work and Pensions.

DWP (2013b) "DWP Statistics Tabulation Tool," https://www.gov.uk/government/collections/dwp-statistics-tabulation-tool（二〇一三年一一月一〇日閲覧）

FSA and Kela (2013) *Statistical Yearbook on Unemployment Protection in Finland: 2012*, Financial Supervisory Authority and Social Insurance Institution.

Kellard, Karen, Laura Adelman, Andreas Cebulla and Claire Heaver (2002) *From Job Seekers to Job Keepers: Job Retention, Advancement and the Role of In-work Support Programmes*, Department for Work and Pensions.

MoEE (2008) *Employment Report 2007*, Ministry of Employment and the Economy.

Mood, Carina (2006) "Take-Up Down Under: Hits and Misses of Means-Tested Benefits in Australia," *European Sociological Review*, 22(4): 443–458.

OECD (2007) *Benefits and Wages 2007*, OECD Publishing.

OECD (2008) *Jobs for Youth: Netherlands*, OECD Publishing.

OECD (2009a) *Jobs for Youth: Japan*, OECD Publishing.

OECD (2009b) *Activation Policies in Finland*, OECD Publishing.

OECD (2010) *Activation Policies in Japan*, OECD Publishing.

OECD (2012) *Activating Jobseekers: How Australia Does it*, OECD Publishing.

OECD (2013a) *Employment Outlook 2013*, OECD Publishing.

OECD (2013b) *Education at a Glance 2013*, OECD Publishing.

OECD (2013c) "Benefits and Wages: Tax-Benefit calculator," http://www.oecd.org/els/soc/benefitsandwagestax-benefitcalculator.htm（二〇一三年一一月一〇日閲覧）

OECD (2013d) *Economic Policy Reforms 2013: Going for Growth*, OECD Publishing.

Quintini, Glenda, John P. Martin and Sébastien Martin (2007) *The Changing Nature of the School-to-Work Transition Process in OECD Countries*, Forschungsinstitut zur Zukunft der Arbeit.

Schils, Trudie (2007) *Distribution of Responsibility for Social Security and Labour Market Policy: The Netherlands*, Amsterdam Institute of Advanced Labour Studies.

Statistics Netherlands (2013) "StatLine," http://statline.cbs.nl/StatWeb/dome/?LA = en（二〇一三年一一月一〇日閲覧）

Warren, Jon, Kayleigh Garthwaite and Clare Bambra (2013) "A Health Problem? Health and Employability in the UK Labour Market," Colin Lindsay and Donald Houston eds., *Disability Benefits, Welfare Reform and Employment Policy*, Palgrave Macmillan.

Yeend, Peter (2010) "Disability Support Pension," *Budget Review 2010–11*, Department of Parliamentary Services, Australia.

Ziguras, Stephen (2003) *Much Obliged: Disadvantaged Job Seekers' Experiences of the Mutual Obligation Regime*, Brotherhood of St Laurence, St Vincent de Paul Society and Centre for Public Policy, University of Melbourne.

ブックガイド

ＯＥＣＤ編(二〇〇八)『図表でみる世界の最低生活保障——ＯＥＣＤ給付・賃金インディケータ　働くための福祉の国際比較』明石書店。

所得保障制度のあり方は、実際のところ国によって大きく異なる。本書は先進国における所得保障制度を俯瞰することで、基本的な見取り図を提供してくれる。

脇田滋・井上英夫・木下秀雄編(二〇〇八)『若者の雇用・社会保障——主体形成と制度・政策の課題』日本評論社。

本書は日本における若者の社会保障の現状を検討している。

おわりに——若者移行政策を構想する

宮本みち子

若者支援を〈流行〉で終わらせないために

若者は、明日の社会を担う貴重な人材であり、この社会の持続のためには若者を育てることは必須の事業である。ところが若者支援には恒久性や持続性が欠けている。バブル崩壊、リーマンショック、東日本大震災を機に若者支援事業は盛り上がりを見せた。しかし多少回復すると公的事業は引き上げられてしまう。また、支援事業の対象となった現象には何がしかの手が届くが、対象とならなければその現象がどんなに悲惨であっても放置される。つまり、若者問題を俯瞰的にとらえ長期的視野を持って取り組む体制はこの国に確立してはいない。

一九八〇年代から若者の失業や貧困問題が発生した欧州では、二〇〇〇年前後から若者政策は確立された政策分野となり、「若者」は、高齢者や女性や障がい者等と同様に政策対象となった。脱工業化社会においては、若者の「成人期への移行のリスク」は一過的な景気の問題ではなく、一貫した構造の問題であることが明らかになったからである。ところが日本の若者支援はいま岐路に立っている。一時期の流行現象として終わってしまうことを食い止めなければならない。これが本書の執筆者たちの共通した思いであった。本書の目的は、若者が成人期へと移行する仕組みを社会のインフラとして構築すること、つまり普遍性のある社会サービスとしての確立をめざすことであり、そのことを若者の権利として確立することだった。それを本書では若者移行政策としたのである。

若者移行政策の確立を

本書では、若者移行政策の範囲を広く考えた。若者が安定した生活基盤を得て、自立や家族形成を達成するためには、就労、教育・訓練、社会保障、家族形成、住宅など、暮らしの全体を支える環境整備が必要である。ひとりひとりの事情に応じた支援のセットが必要で、現状の縦割り行政では救済することができない。しかも、若者期は乳幼児期—学齢期—青年期から連続的であり、支援が必要な若者の多くは幼少の頃から課題を抱えていることが多いことを想起すれば、若者政策はライフコースの視点を持つ必要がある。

若者移行政策における最優先の課題は、時代の転換の波を諸に蒙った若者を放置しないことである。これらの若者は種々の点でハンディキャップを負っている若者であり、成人期への移行の危機はまずはこのような若者たちの問題であり、雇用政策に限らず、教育・福祉・保健医療その他の領域にわたる総合的な取り組みを必要としているからである。とくに、複合的な困難を持つ若者たちに対しては就労支援だけでは効果は発揮できない。この一〇年におよぶ若者労働施策だけでは問題は解決しなかったことを認識する必要がある。

このような考え方は、スウェーデンの若者政策によく表れている。スウェーデンの若者に関する行政組織は一九八〇年代以後、余暇活動や健全育成という狭い範囲を若者部門とすることをやめ、分野横断的に広範囲な視野を持つようになった。具体的には、教育、余暇活動、住宅、医療、労働、社会統合、平等政策など、広範な分野を包む政策として考えられている。

さらに、若者政策が持つべき重要な視点がある。たとえば欧州連合(EU)の一連の若者政策を見ると、五つの主要な視点が示されている。①若者にしかない知識や経験を社会の〝資源〟として活用するという視点、②若者には、良質な生活条件を享受する権利があるという視点、③社会に対して影響を与える権利があるという視点、④公的な取り組みは若者が自立するための機会を支援しなければならないという視点、⑤若者の多様性を尊重するという視点である。これらは現代における若者観を体現したものと見ることができるだろう。

このように若者政策は、若者の生活条件の向上をめざそうという社会の願いを表すものである。今必要なことは、大人の世界に踏み出し生活基盤を築き始める時期の若者を守り育て、彼ら彼女らの自立を支援することを社会理念として打ち立てることである。どのような状況にあっても若者が将来に向かって成長できる環境があり、自分自身の生活基盤を築くことができ、困難に陥ってもセーフティ・ネットが張られていることを実感できるような社会をめざしたい。若者が安心して暮らせることは、この社会を持続するために不可欠の条件であるはずだ。

若者移行政策の四つの柱と若者の生活保障政策の重点

私たちは若者移行政策を四つの柱で構成した。①〈学び〉学校教育の改革とオルタナティブな学びの場を作ること、②〈つなぐ〉若者の社会参加を支える仕組み作り、③〈生活支援〉若者が生きていく

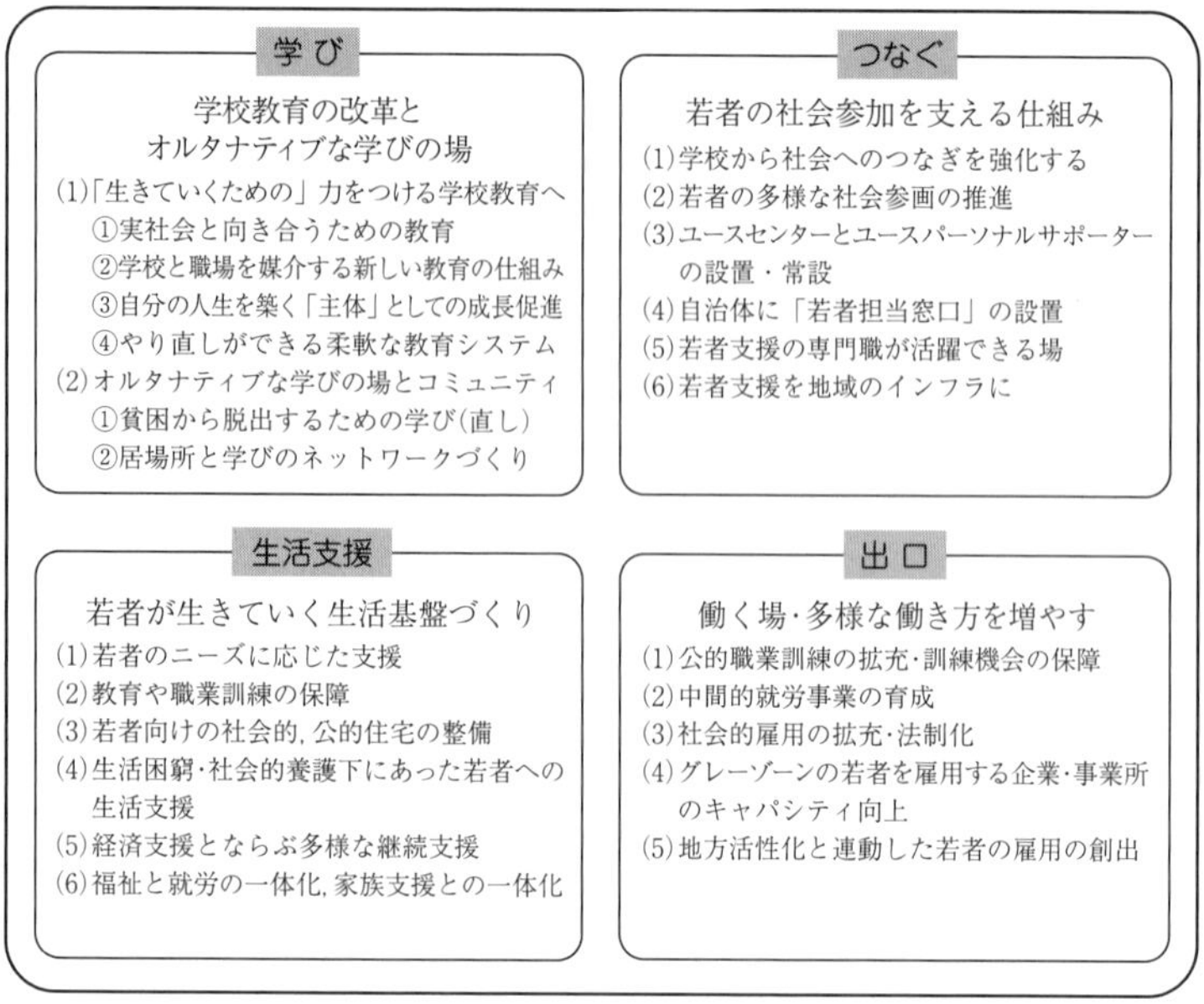

学び
学校教育の改革と
オルタナティブな学びの場
(1)「生きていくための」力をつける学校教育へ
①実社会と向き合うための教育
②学校と職場を媒介する新しい教育の仕組み
③自分の人生を築く「主体」としての成長促進
④やり直しができる柔軟な教育システム
(2)オルタナティブな学びの場とコミュニティ
①貧困から脱出するための学び(直し)
②居場所と学びのネットワークづくり
つなぐ
若者の社会参加を支える仕組み
(1)学校から社会へのつなぎを強化する
(2)若者の多様な社会参画の推進
(3)ユースセンターとユースパーソナルサポーターの設置・常設
(4)自治体に「若者担当窓口」の設置
(5)若者支援の専門職が活躍できる場
(6)若者支援を地域のインフラに
生活支援
若者が生きていく生活基盤づくり
(1)若者のニーズに応じた支援
(2)教育や職業訓練の保障
(3)若者向けの社会的,公的住宅の整備
(4)生活困窮・社会的養護下にあった若者への生活支援
(5)経済支援とならぶ多様な継続支援
(6)福祉と就労の一体化,家族支援との一体化
出口
働く場・多様な働き方を増やす
(1)公的職業訓練の拡充・訓練機会の保障
(2)中間的就労事業の育成
(3)社会的雇用の拡充・法制化
(4)グレーゾーンの若者を雇用する企業・事業所のキャパシティ向上
(5)地方活性化と連動した若者の雇用の創出

図1　若者移行政策を構成する4つの柱

生活基盤作り、④〈出口〉働く場・多様な働き方を増やす、である。それをまとめたのが図1である（ビッグイシュー基金編二〇一五）。

若者移行政策の大枠は、自立に向かう若者に特有のニーズを理解し、教育、雇用、福祉、保健・医療などの包括的な環境整備をめざすことである。そこで、若者の生活を保障するという大局的見地から今求められている政策の重点を整理してみよう。

図中の四つの柱を含みながら、人生前半期を守る社会環境の整備として重要と思われることを指摘したい。

▼移行期の試行錯誤を認める

工業化時代に確立した日本型（戦後型）青年期モデルに代わる成人期への移行モデルを構築する必要

がある。企業の新卒一括採用による学校から仕事への典型移行だけでなく、多様な試行錯誤ができる移行期間が若者に与えられるべきである。また、年齢にかかわらず再チャレンジのチャンスが与えられなければならない。

▼職業教育・訓練機会を保障する

労働市場に入るために、若者には学校内外でいつでもどこでも教育・訓練の機会が保障されるべきである。経済的理由でその機会を利用できない若者が少なくないことを踏まえ、教育・訓練における経済保障を重視する必要がある。

▼非正規雇用労働者の処遇見直し

急速に増加した非正規雇用は、賃金・社会保障・雇用の継続性において、正規雇用との格差が極めて大きく、生計維持が困難なほど劣悪な処遇に苦しむ若者が増加した。法的規制をかけ、正規雇用と非正規雇用の格差を縮小する必要がある。また、非正規雇用者のキャリア形成の可能性を高め、社会保障の権利を確立しなければならない。

▼失業と離転職が負の経験とならない社会体制

グローバル化に翻弄される労働市場において、離転職や失業がダメージとならないような仕組みを確立する。

▼積極的労働市場政策と仕事の多様化

仕事に就くための支援の強化(積極的労働市場政策)を若者のために発動すべきである。その際、仕事を狭義の「雇用」に限定せずハンディのある若者のニーズに添った「多様な仕事」を豊富に作る取り組みが必要である。

▼支援環境の豊富化

リスクを抱えた若者が支援サービスを受けやすい環境を整備する。若者の多様なニーズに応じるきめ細かいステップが用意されている必要がある。

▼社会への参加を保障する能動的福祉政策

就労支援だけでは救済できない複合的リスクを抱えた若者を対象とする能動的福祉政策が必要である。これと積極的労働市場政策とのセットが新しい若者政策であり、これらによって、社会に参加することが保障される。

▼若者の社会保障制度の構築

長期化する成人移行期を踏まえて、若者が安定した生活基盤を築けるような社会保障制度を構築する。その内容には、教育・訓練、求職者手当、住宅、情報提供・相談、家族形成支援と子どもの養育費負担の軽減などがある。

若者と社会保障制度

若者移行政策を構想する際に気づくことは、若者を対象とする社会保障制度が極めて未発達だという点である。若者移行政策は、成人期への移行（つまり自立）を後押しすることと若者期に特有のリスクに対してセーフティ・ネットを張るというミッションを持っているが、日本の社会保障制度はその点で極めて弱体だからである（金川二〇〇八：一二六―一四五）。

まず、家族体制にもとづく制度枠組みを前提とし、「若者」を社会保障における固有の対象(主体)として問題にしてこなかった。若者は「雇用される」ことによってのみ「企業福祉」という保障を得る権利を手にすることができる。それがない場合には親の責任が無制限に期待されてきたし、現在もそれは変わってはいない。

たとえば大都市の年収二〇〇万円未満の若者(二〇～四〇歳未満)の八割弱は親と同居していて、結婚をあきらめ将来の展望を失っている。欧州のいくつかの国では、低家賃の社会住宅の供給や、低所得者向けの住宅手当、公的家賃保障などにより住宅保障を充実させ、若者の貧困や自立・世帯形成の困難に対応している。他方日本では、公営住宅の多くが若年者の単身入居を制限しており、低所得の若年世帯の住宅確保を可能にする公的住宅手当も普及していない。若年低所得者の八割弱が親と同居し将来への展望をもてない状態にあるのは、このような社会制度の結果でもある(ビッグイシュー基金編二〇一四)。

若者に対する社会保障制度(とくに経済給付)が未発達であるために、若者支援サービスが実施されてもその手が及ぶ範囲は限定的である。とくに若者の経済給付が制度的に確立していないために、権利と責任を担う主体として、若者が支援サービスを利用する体制がない。第7章で樋口明彦が述べている通り、就労支援サービスは経済給付と一体となっていなければサービスの捕捉率は低いままで、不利な状況に置かれた若者ほど支援からこぼれてしまうのである。

生活保護制度に関して見ると、稼動能力があるものの低収入の若者層の救済は忌避されてきた。また、健康保険に関していえば、家族療養費規定は若者へも適用されるものの、法的に見ると若者が権利の主体として健康保険に加入し社会参加するとは位置づけられてこなかった。また、障害者自立支援法、発達障害者支援法、精神保健福祉法、児童虐待防止法においては、若者を特有のニーズを持つ存在として把握する視点は見られない。つまり、人生の発射台に立つ若者を社会保障制度は位置づけていないのである。

二〇〇〇年代に入り若者支援は社会的テーマを担う新しい社会勢力として陣容を整えつつあるが、それを支える法制度の基盤は脆弱なままである。若者の日々の支援に終わらず、社会保障制度のなかに若者保障を確立するという目標を、若者支援関係者が共有することが必要な段階にある。

幼少期から若者期までの一貫性のある子ども若者政策を打ち立てる

若者に限らずすべての人々の生活にとって、家族セクターと労働セクターの不安定化が生活保障の再構築を考えるうえでもっとも大きな要因となっている。ところが日本の社会保障の構造は、従来の社会構造の影響を受けて、質的に転換していない。

政策分野別に社会支出の国際比較をすると、日本の場合、「高齢」が四六・五%でもっとも大きく、「保健」が三二・四%とそれに次ぎ、両者を合わせると約八割を占めている点に特徴がある。逆に、「家族」(子ども手当、保育、育児休業給付、ひとり親給付)は五・七%とアメリカに次いで少なく、イギリスの一六・九%、スウェーデンの一二・二%と比べるとかなり少ない。また、「積極的労働市場政策」(職業紹介サービス、訓練、採用奨励、障害者の雇用促進、直接的な仕事の創出、仕事を始める奨励)は〇・八%と、アメリカ、イギリスに近いタイプである(国立社会保障・人口問題研究所二〇一四。統計値は二〇一一年度のもの）。つまり、高齢者政策中心の社会支出になっていて、生活保障の根底を揺るがしている家族の不安定化、労働生活における不安定化を前提とした社会保障にはなっていない。換言すれば、人々が社会に参加できるための条件整備ができていないのである。

また、子ども・若者政策を再構築するためには、近代社会の専門分化した諸機関、諸制度を横断するホリスティックな視野が必要であり、諸機関・制度を横につなげるための架け橋や人材が必要である。そのことは、家族（自助）と会社（雇用）による生活保障の枠組みから脱却することと一体である。また、高齢期を中心とする社会保障制度から生涯を通した生活保障へと転換することが必要である。とくに現役世代と子ども・若者の生活保障を確立する必要がある。

若者が家庭の事情に左右されず人生のスタートラインに立てるためには、幼少期から成人期までの養育保障と教育保障がすべての子ども・若者に適用されなければならない。なぜなら幼少期・学齢期の問題が若者期に引き継がれていくからである。低所得層の拡大を背景に、誕生から乳幼児期の諸困難がそのまま若者期の諸困難につながっている現実を見れば、幼少期の対策の重要性がたちどころにわかるはずである。これらの目標は、人生前半期の社会保障を充実させることと重なる。

留意すること

若者の成人期への移行を支える社会システムを社会のインフラとして打ち立てることをめざす上で課題は少なくない。そのひとつは支援が必要な若者に関与する人材の養成である。若者支援の歴史が浅いため、高齢者、障がい者支援の世界と比較すると支援に従事する人々の社会的地位と処遇には課題が多く、力のある支援者が定着しないという実態がある。また、現場の実践をもとに短期間のうちにノウハウが築かれてきたため、体系的な養成システムが確立していない。それだけ支援者の質にムラがある。若者支援を社会のインフラとして確立するには、このような問題を改善しなければならない。

今、私たちは、目線をもっと遠くに向けて、長期的な視野で若者への社会投資が必要であることを認識し、教育・労働・福祉・保健医療・住宅・文化などの分野横断的な若者移行政策を打ち立てなければならない。

恒常的で持続性のある若者支援体制を打ち立てるには、若者支援の理念を定めた法律の裏付けが必要である。これが若者にとってのセーフティ・ネットになる。とりわけ、複合的なリスク要因を抱えてひとりではどうすることもできないとき、問題を解きほぐし適切な社会資源につなぎ、多面的に解決の道筋をつけるサポート体制がいつでもどこにでもあるためにはそれを法律で定める必要がある。

「支援する人―支援される人」という関係を固定化してはならない。もし若者が支援サービスの受け手として固定化してしまえば、将来まで主体的に生きる力を奪われてしまうことが懸念されるからである。

若者にとって望ましいくらしや社会のありようを決めるのは若者自身である。だから、若者移行政策の策定やプランニングの過程への若者の参画を必須条件とする。そして、若者が自らの最善の利益のために自らの力を発揮することを尊重する社会へと転換したいものである。

おわりに

日本は、二〇三〇年には三人に一人が六五歳以上という超高齢社会になる。若者たちはその社会の担い手となる世代である。しかし、今もこれからの時代も、工業化時代のように旺盛な経済発展のパワーに若者の自立を委ねることは難しい。しかも社会的格差が拡大するなかで、社会的に不利な立場に置かれる若者がさらに増加する可能性がある。その動きを放置せず、すべての若者の自立を支える社会環境の整備を急がねばならない。

深刻な財政難と少子高齢化のなかで、社会保障制度の立て直しは喫緊の課題であるが、人生前半期の社会保障を強化することは、若者の自立のリスクを軽減し、結果として社会の担い手を確保する確実な方法だろう。

本書が、日本の将来を見据えて若者問題を考えるきっかけとなることを願っている。

参考文献

金川めぐみ(二〇〇八)「若者をめぐる家族・福祉政策」、脇田滋・井上英夫・木下秀雄編『若者の雇用・社会保障——主体形成と制度・政策の課題』日本評論社。

国立社会保障・人口問題研究所(二〇一四)『平成二四年度社会保障費用統計』。

ビッグイシュー基金編(二〇一四)『若者の住宅問題——住宅政策提案書［調査編］ 若年・未婚・低所得層の居住実態調査』住宅政策提案・検討委員会、ビッグイシュー基金。

ビッグイシュー基金編(二〇一五)『若者政策提案書——若者が未来社会をつくるために』若者政策提案・検討委員会、ビッグイシュー基金。

執筆者紹介

長須正明(ながす　まさあき)

1955 年生．九州産業大学教授．教育実践論，教育社会学，進路指導論．『生徒指導・進路指導の理論と実際　改訂版』(共著，図書文化社，2015 年)，『新　教職概論　改訂版』(共著，学文社，2014 年)ほか．

佐藤洋作(さとう　ようさく)

1947 年生．特定非営利活動法人「文化学習協同ネットワーク」代表理事．不登校・ひきこもり支援．『教育と福祉の出会うところ——子ども・若者としあわせをひらく』(共編著，山吹書店，2012 年)，『ニート・フリーターと学力』(共編著，明石書店，2005 年)ほか．

白水崇真子(しろうず　すまこ)

1967 年生．一般社団法人「ライフデザイン・ラボ」代表理事．キャリアコンサルタント，若年者・生活困窮者支援．『若者政策提案書——若者が未来社会をつくるために』(共著，ビッグイシュー基金，2015 年)，『下層化する女性たち——労働と家庭からの排除と貧困』(共著，勁草書房，2015 年)ほか．

岩本真実(いわもと　まみ)

1971 年生．株式会社「K2 インターナショナルジャパン」勤務，湘南・横浜若者サポートステーション統括コーディネーター，NPO 法人ヒューマンフェローシップ代表理事．

関口昌幸(せきぐち　よしゆき)

横浜市政策局政策部政策課担当係長．

津富宏(つとみ　ひろし)

1959 年生．静岡県立大学教授．犯罪学．『若者就労支援「静岡方式」で行こう!!——地域で支える就労支援ハンドブック』(クリエイツかもがわ，2011 年)，シャッド・マルナ『犯罪からの離脱と「人生のやり直し」——元犯罪者のナラティヴから学ぶ』(共訳，明石書店，2013 年)ほか．

樋口明彦(ひぐち　あきひこ)

1971 年生．法政大学教授．若者政策．『若者問題と教育・雇用・社会保障——東アジアと周縁から考える』(共編著，法政大学出版局，2011 年)ほか．

西村貴之(にしむら　たかゆき)

1971 年生．北翔大学准教授．学校教育学，青年期教育．『18 歳の今を生きぬく——高卒 1 年目の選択』(共著，青木書店，2006 年)ほか．

編者紹介

宮本みち子

1947年生．放送大学副学長・教授．社会学，家族社会学，若者政策．『下層化する女性たち――労働と家庭からの排除と貧困』(共編著，勁草書房，2015年)，『若者が無縁化する――仕事・福祉・コミュニティでつなぐ』(ちくま新書，2012年)ほか．

すべての若者が生きられる未来を
――家族・教育・仕事からの排除に抗して

2015年9月17日　第1刷発行
2016年6月6日　第2刷発行

編　者　宮本《みやもと》みち子《こ》

発行者　岡本　厚

発行所　株式会社　岩波書店
〒101-8002 東京都千代田区一ツ橋2-5-5
電話案内 03-5210-4000
http://www.iwanami.co.jp/

印刷・三陽社　カバー・半七印刷　製本・松岳社

ISBN 978-4-00-001083-2　Printed in Japan

生活保障の戦略
——教育・雇用・社会保障をつなぐ——
宮本太郎編
四六判二三八頁
本体一七〇〇円

最低所得保障
駒村康平編
四六判二五二頁
本体一九〇〇円

シリーズ　教育の挑戦
教育困難校の可能性
——定時制高校の現実から——
脇浜義明
B6判一九八頁
本体一七〇〇円

シリーズ　若者の気分
学校の「空気」
本田由紀
B6判一四八頁
本体一五〇〇円

子どもと教育
大人になることのむずかしさ　新装版
——青年期の問題——
河合隼雄
四六判二一二頁
本体一八〇〇円

若者たちに「住まい」を！
格差社会の住宅問題
日本住宅会議編
岩波ブックレット
本体　四八〇円

「ひきこもり」から家族を考える
——動き出すことに意味がある——
田中俊英
岩波ブックレット
本体　四八〇円